思政课教师教学导引

郝双才　著

清华大学出版社
北京

内 容 简 介

《思政课教师教学导引》一书旨在帮助思政课教师系统掌握教学理论，尤其是教学设计的理论和方法，提高他们的学科素养和学科能力。本书紧紧围绕思政课教师专业成长过程中的核心需求，通过分析教学内容、了解学生学情、陈述教学目标、优化教学策略、设计教学流程、构思精美板书和进行教学反思等重要内容的学习，引导教师正确认识目前思政课教学设计存在的问题及其原因，培养思政课教师的教学设计能力，打造"思政金课"，切实提升思政课的育人实效。

本书不仅适用于中小学思政课教师和教研员，而且适用于高校思政课教师和辅导员，还适用于学科教学(思政)研究生、思想政治教育专业本科生，同时能够满足思想政治工作者的学习需求。

图书在版编目(CIP)数据

思政课教师教学导引 / 郝双才著. -- 北京：清华大学出版社，2025.9.
ISBN 978-7-302-55111-9

Ⅰ.G641

中国国家版本馆 CIP 数据核字第 2025WQ1963 号

责任编辑：石　伟
装帧设计：李　坤
责任校对：李玉茹
责任印制：杨　艳
出版发行：清华大学出版社
　　　　网　　　址：https://www.tup.com.cn, https://www.wqxuetang.com
　　　　地　　　址：北京清华大学学研大厦 A 座　　　邮　　　编：100084
　　　　社 总 机：010-83470000　　　　　　　　　邮　　　购：010-62786544
　　　　投稿与读者服务：010-62776969, c-service@tup.tsinghua.edu.cn
　　　　质量反馈：010-62772015, zhiliang@tup.tsinghua.edu.cn
　　　　课件下载：https://www.tup.com.cn, 010-62791865
印 装 者：三河市人民印务有限公司
经　　销：全国新华书店
开　　本：185mm×260mm　　　印　　张：12.75　　　字　　数：310 千字
版　　次：2025 年 9 月第 1 版　　　印　　次：2025 年 9 月第 1 次印刷
定　　价：49.00 元

产品编号：110064-01

编 委 会

序：让学生因"我"的存在而感到幸福

道由白云尽，春与青溪长。
时有落花至，远随流水香。

——唐·刘眘虚《阙题》

学生在听课时往往会有四种不同的感受：享受、接受、忍受和难受。教师不一定每节课都能做到让学生享受，但起码应该是接受，千万不要让学生感到忍受和难受。因此，就学生而言，课堂教学的最高境界是让学生充分地享受：享受自由和快乐，享受自主和愉悦，享受交流和进步……一句话，课堂教学是学生生命成长的摇篮。思政课教师要善于运用一些新的教学方法和技巧，使学生能够在课堂教学中尽情地品味其中的快乐。同时，教师也在享受自己的教学过程。享受着学习的学生和享受着教学的教师，他们都是幸福的。

为了使学生能够愉快地学习，思政课教师需要遵循教学规律，掌握必要的教学技巧，从而使师生都能享受教学与学习的过程。当然，要达到享受教学的境界并非一蹴而就，它需要每位思政课教师长时间的经验积累、足够的实践性知识、良好的学科素养和教学能力。因此，从教师职业生涯的开始，就有必要理解一些基本的教学理论，例如，教学方法与教学方式的区别，教学设计与备课的不同，课堂教学与说课的差异等。这些问题不应等到退休后还未弄清楚。有些教学技能和技巧需要被认识到并加以矫正，比如，一些教师口头禅过多、语病严重，一节课中"啊""那么""然后"等词语使用频繁；有些教师手势过多，教态不自然，体态语言不佳。这些问题不应一直伴随着教师的教学生涯。特别是工作后，同事们听课时往往只提到优点，而忽略缺点，导致教师难以自我意识到这些问题，使得一些不良的教学行为和习惯可能伴随整个教学生涯，这是非常遗憾的。

为了使思政课教师能够轻松上阵，不留教学遗憾，在入职之初就需要理解一些最基本的教学诀窍。教学涉及的问题众多，窍门也不少，那么我们应从何处入手？我认为，从教学设计的内容和结构入手较为简洁，也容易把握，因为教学设计是教师开展教学的"理想图"，而课堂教学是进行教学的"施工图"。课堂教学虽有随机生成的内容，但更多的是预设性生成，而预设性生成正是教师的教学设计通过课堂教学实施的结果。通过教学设计的具体内容，能够充分展现思政课教师的学科素养与教学能力。

教学设计是一门新兴的综合性和技术性很强的教育学科。它源自教与学的实践，并促进教与学实践的发展。半个多世纪以来，教学设计的理论和实践大体上经历了从以"教"为中心到以"学"为中心，再到"教"与"学"并重等三个重大的发展阶段。目前，人们认为，教学设计是教师为达成一定的教学目标，对教学活动进行的系统规划、安排与决策。具体而言，教学设计是指教师以现代教学理论为基础，依据教学对象的特点和教师的教学观念、经验和风格，运用系统的观点与方法，分析教学中存在的问题和需求，确定教学目标，建立解决问题的步骤，合理组合和安排各种教学要素，为优化教学效果而制定实施方案的系统的规划过程。它是将教学理念或理论转化为有效教学行为和实践的中介，是对教学过程及其要素进行的系统设计和具体策划的过程。

教学设计的主要内容包括基本信息、教材分析、学生学情、教学目标、教学方法与手段、教学媒体、教学过程、板书设计和教学反思等。通过教学设计，思政课教师可以对教学活动的基本过程有一个整体的把握，能够根据教学情境的需要和教育对象的特点确定合理的教学目标，选择适当的教学方法和教学策略，采用有效的教学手段，创设良好的教学环境，实施可行的评价方案，从而保证教学活动的顺利进行。此外，通过教学设计，思政课教师还可以有效地掌握学生学习的初始状态和学习后的状态，从而及时调整教学策略和方法，采取必要的教学措施，为下一阶段的教学奠定良好的基础。从这个意义上讲，教学设计是思想政治课教学活动得以顺利进行的基本保证。好的教学设计可以为教学活动提供科学的行动纲领，使教师在教学工作中事半功倍，取得良好的教学效果。忽视教学设计，则不仅难以取得好的教学效果，而且容易使教学走弯路，影响教学任务的完成。

一提到教学设计，人们常常会产生一个疑问：教学设计与备课究竟是不是一回事？其实，教学设计与备课是两个相关而又不同的教学技术概念，它们既相互联系又有本质区别。一方面，不管是教学设计还是备课，它们都属于教学准备阶段，是对同一个教学内容的教学准备，并且教学设计是在备课的基础上逐步发展起来的，二者具有一致性；另一方面，二者又有本质的不同，与备课相比，教学设计是在一定技术、一定理念的条件下产生的，二者的区别具有时代性和条件性。其区别具体表现在以下四个方面。

(1) 从思政课教师的准备依据来看，备课主要依照教材和教参确立教学目标，凭借个人经验选择教法，实施教学；教学设计则是以先进的教育教学理念为依据，对教学过程中的各种因素进行分析，以期达成教学目标的系统化设计。

(2) 从思政课教师的着眼点来看，备课关注的是"课"，教师为如何讲而做准备；教学设计则关注的是"学"，探究的是"以学定教"，展示的是教师如何使学生处于最佳的"学"的状态，突出"学"的人文理性，表达强烈的人性化特点。

(3) 从思政课教师的作用发挥来看，备课更多研究的是如何传授好已准备的知识内容，教师的个性、教学的创造性体现得不太明显；教学设计则要求教师成为课程的开发者，开展创造性的教学活动，为促进学生的发展而努力。

(4) 从使用教学媒体情况来看，由于受时代所限，备课考虑使用教学媒体比较少；教学设计则能够充分发挥现代教育设备的技术特点，充分实现高科技条件下的物化优势，为提高教与学两方面的效益奠定了坚实的基础。

当然，教学设计仅仅是教学实施的"理想图"，不是课堂教学，在真实的课堂教学中出现的随机情况教师不可能全部预想到。正因为如此，思政课教师更应该在教学设计时多花一些心思，多考虑一些问题，甚至像指挥战争的将军一样，事先设计出应对战争变化的几套预案(即可以把一次讲课内容细分为基础的、进阶的和挑战的三个层次)。正如习近平总书记所说："教材给出的是教学的基本结论和简要论述，要让不同类型的学生都爱听爱学、听懂学会，需要做很多创造性工作。要在教学过程中进行多样化探索，通过多种方式实现教学目标。"①只有做很多创造性工作和多样化探索，思政课教师才能在课堂教学中做到胸有成竹、气定神闲、游刃有余。

接下来，我们将依循教学设计的相关内容，剖析思政课教师在教学中经常出现的一些问题，提出一些有价值的参考建议，助推他们专业发展与成长，促进其教学质量不断提高，从而不负时代、不负韶华，为实现"为党育人、为国育才"的教育初心和使命做出自己应有的贡献。

---

① 习近平. 思政课是落实立德树人根本任务的关键课程[J]. 求是，2020(17)：16.

目　　录

第一章 选择恰当的讲课题目

利害有常势，取舍无定姿。

——唐·韩愈《君子法天运》

目前，思政课教师在公开课展示、参加各类教学技能比赛及入职应聘考试等场合中，面临的讲课题目通常有两种情形：一是自定讲课题目，二是限定讲课题目。自定讲课题目是指教师按照自己的兴趣在思想政治学科中选择一个或几个比较熟悉的教学内容；限定讲课题目是指应聘单位或举办方根据自己的要求或意愿，在思想政治学科中为教师直接指定一个教学内容。自定讲课题目又分为两种：选定一个教学内容和选定几个教学内容。如果选定一个教学内容，由于内容比较确定，教师自己也比较熟悉，相对来说比较好把握；如果选定几个教学内容，试讲时会在这几个内容中随机抽取一个，从而使讲课的难度增大。不管是自定讲课题目还是限定讲课题目，都存在选择或限定范围的问题，思政课教师在讲课时应掌握一些不同的处理方法和应对之策。

第一节 自定讲课题目存在的问题及其产生的原因

在自定讲课题目时，教师可能会面临一系列问题，而这些问题的产生往往有多个原因。

一、自定讲课题目时存在的问题

自定讲课题目存在的问题，可能源于选题的角度、范围、容量、表述方式和可操作性等诸多方面。

(一)选题时比较迷茫

如同大学生或研究生写毕业论文时确定选题一样，有些思政课教师在选择讲课题目时也会感到茫然，不知从何下手。他们觉得这个题目好那个题目也好，这也想讲那也想讲，思想斗争比较激烈，难以决定。究竟是讲"我国的根本政治制度"，还是"我国的基本政治制度"？是讲"法治国家""法治政府"，还是"法治社会"？是讲"科学立法""严格执法"，还是"公正司法""全民守法"？这些题目越看越乱，越想越烦，最后没了主意，干脆随意确定一个题目，结果往往是确定的题目很不理想。一是目标不明确。由于对思想政治课的内容还不太熟悉，教材中也没有十分感兴趣的研究方向，面对众多的教学内容或话题，教师难以确定一个既具吸引力又适合自身能力的题目。二是听课对象不明确。对于思想政治课的教学对象缺乏深入的研究，对学情的了解不够深入，选择的讲课题目不是过于专业就是过于通俗，难以吸引目标听众，影响教学效果。

(二)内容过多或过少

当前，有些教学技能展示、教学比赛或者评职称讲课的时间都不太长，一般为 15 分钟左右。入职应聘讲课的时间更短，为 8～10 分钟。由于受时间的限制，所讲内容不宜过多、过长，最好选择一个教学片段(即一目中的部分内容)，否则根本讲不完。但是，由于缺乏教学经验，有些思政课教师会选择一个教学框题。一个教学框题往往包括两目或三目，一般是一节完整的课才能完成，也就是需要 45 分钟或 50 分钟。因此，往往会把课讲成"压缩饼干型"——面面俱到，却没有深度、没有重点，给人一种"水过地皮湿"之感。

当然，也有另一种情况，那就是选择的教学内容过少，课程不到 3 分钟就讲完了，并没有讲出实质性的内容，如同教学导入一般，让人感到相当费解。

(三)题目过难或过易

任何一门学科都包括两部分内容：一是理论性较强的内容，即学科的理论知识；二是具体性的知识内容，即学科的应用知识。理论知识是指概括性强、抽象程度高的知识体系，它不是分散的、零星的知识，不是个别性的、具体性的知识，而是系统的、有普遍意义的知识。例如，思想政治学科的理论知识包括该学科的性质或本质、地位、功能、过程与规律等。应用知识是指一门学科在剖析完理论问题之后所讲的个别方面的具体知识内容，它不是讲具体的操作和技巧，而是讲具体的内容、原则、模式、方法和途径等。一般来讲，学科的理论知识比应用知识更抽象、更深奥，因而也更难讲。如果思政课教师选择了这类题目，而自己的理论水平又不足以驾驭它，那么在讲解时就会遇到较大的困难，难以做到深入透彻。

选择学科的应用知识，也分两种情况。一种情况是应用知识中虽有一定的理论，但抽象程度不是太高，思政课教师能够应对。就如同前方有座山，但花些气力能够顺利翻越过去，有高峰，有低谷，教学节奏明显，教学重点突出，这样的题目是比较好的。另一种情况是应用知识比较浅显，深度不足。这类题目过于表面化，导致内容难以深入挖掘，缺乏独特的见解或创新点，让人感觉就像"喝凉水"一样，平淡无味。

二、自定讲课题目存在问题产生的原因

选择自定讲课题目时存在的问题，往往是由多方面的因素导致的。

(一)对课程内容理解得不透彻

思想政治学科的内容通常涵盖广泛的理论知识和价值观念，如果教师对课程内容理解得不透彻，就难以准确提炼出核心问题和研究点。同时，思想政治学科具有鲜明的政治性和思想性，教师在选题时若忽视这些特点，就会导致题目偏离课程主旨，无法达到预期的教学效果。因此，若自定讲课题目时出现上述问题，首要的原因可能就是思政课教师缺乏对课程内容的深入解读，以及忽视了课程的性质和特点。

(二)缺乏创新性和针对性

在自定讲课题目时，有些思政课教师过于依赖传统话题，缺乏创新性和时代感，难以激发学生的学习兴趣；或者没有充分考虑学生的实际情况和需求，导致选题缺乏针对性和实用性，难以引起学生的共鸣和思考。选题陈旧和忽视学生需求是影响自定讲课题目的第二个原因。

(三)受外部因素干扰

思想政治课的选题往往受到国家政策和社会热点等因素的影响，有些教师过于追求与政策保持一致，而忽视了学术性和独立性。同时，在选题过程中，个别教师会受到同事或领导意见的影响，导致选题缺乏自主性和创新性。政策导向的影响，以及同事或领导的意见是影响自定讲课题目的第三个原因。

(四)脱离教学实践和忽视学生反馈

在自定讲课题目时，有些教师缺乏教学实践经验，导致选题与实际教学需求脱节，无法有效指导教学实践；或者没有充分重视学生的反馈和意见，导致选题无法满足学生的期望和需求，从而影响教学效果。脱离教学实践和忽视学生反馈是影响自定讲课题目的第四个原因。

除此之外，科研素养和科研能力不足也是影响自定讲课题目的重要因素。它会导致教师无法准确把握思想政治课的重点和难点，无法准确判断题目的价值和可行性。

第二节　学会选择恰当的讲课题目

选择恰当的讲课题目是确保讲课内容吸引人、有价值且易于清晰传递的关键因素。因此，需要注意讲课题目的难易程度、内容多少、创新性和可操作性等。

一、选择讲课题目要难易适度

选择难易适度的讲课题目是教学工作中不可或缺的重要一环。所谓难易适度，就是指讲课题目既不难也不易。一个题目，如果大家都了解，难度就较小；反之，则难度就大了。讲课题目难易的选择是一门艺术。过易，如日光稀薄，难以激起教师和学生内心的波澜，缺乏挑战性；而过难，似烈日灼人，可能令教师难以讲解，挫伤其积极性。唯有适度，方能如春日暖阳，既温暖人心，又激发潜能，使教师准确地把握教学内容，把内容讲清、讲深、讲透。例如，"认识与实践"一目包括"认识是主体对客体的能动反映""实践是人们改造客观世界的物质性活动"两个方面。如果选择"认识是主体对客体的能动反映"这部分内容，难度就较大，因为这部分内容涉及感性认识的三种形式——感觉、知觉和表象，以及理性认识的三种形式——概念、判断和推理。感性认识和理性认识的三种形式不太好理解，教材中也没有过多的阐释，要想把它们讲清楚的确比较困难。如果选择"实践是人们改造客观世界的物质性活动"这部分内容就相对容易，因为实践的三个特点(客观物质性、主观能动性和社会历史性)比较好理解，教材中阐释得也比较清晰。

从学生的接受程度来讲，不同学段选择思想政治课的教学内容应该是不一样的。例如，"珍爱生命"是人生的永恒主题。关于这一主题，小学、初中、高中甚至大学的教材里都有，但生命在不同学段的含义是不同的，内容选择也存在差异。在小学阶段，要教孩子如何珍爱小动物、植物，因为小学生还没有多少自我意识，这时不需要给他们讲深刻的人生道理。到了初中阶段，学生逐渐有了自我意识，这时就要帮助和引导他们珍爱自己的生命。不过，这里的生命更多的是指自然生命，即不能因为受到批评、遭受挫折，就又哭又闹甚至做出极端行为。到了高中阶段，就不能只谈自然生命了，而要更多地谈社会生命，也就是人生价值。人生在世，要做对社会和他人有意义的事情，这是高中生应该懂得的道理。从关爱动植物的生命，到珍爱自己和他人的自然生命，再到懂得人的社会生命，这就是学生在成长的不同阶段对"生命"这一主题的认识和理解。而进入大学后，大学生应该更多地思考如何实现人生价值，如何服务与奉献社会，即如何践行的问题。因此，不同学段选择思想政治课的教学内容是有区别的。

综上，选择难易适度的讲课题目，需要注意以下两个问题。

(一)分析教师自身条件

科学合理地选择教学题目，使之既符合思想政治课程的标准要求，又能满足学生的发展需求，关键在于提升思政课教师的综合条件与能力。这是一个多维度的概念，主要包括学科素养、知识结构、教学能力和教育理念等。

第一，学科素养。学科素养涵盖了教师在思想政治学科内的专业知识、专业技能和专业态度。它是教师进行思想政治课教学的基石，决定了教师对思想政治学科知识的理解程度，进而影响教学题目选择的准确性。学科素养高的教师，能够精准把握思想政治学科的核心概念和关键技能，从而选择更具针对性和有效性的讲课题目。

第二，知识结构。它是指思政课教师必须拥有的知识体系和知识更新能力。知识结构影响着教师对教学题目的选择范围和深度。一位知识结构完善、知识更新能力强的思政课教师，能够广泛涉猎相关领域的最新研究成果和前沿动态，为讲课题目的选择提供丰富的素材和广阔的视野。

第三，教学能力。它包括教学设计、课堂组织、教学评价等多方面的能力。教学能力直接决定着教学题目的实施效果。教学能力强的思政课教师，能够根据学生的实际情况和教学目标灵活设计教学方案，采用多样化的教学方法和手段，使教学内容得以有效实施并取得良好效果。

第四，教育理念。思政课教师的教育理念决定他对教育目标的理解和追求，从而影响讲课题目选择的导向性。

(二)正确区分课程类型

课程类型是根据不同的分类标准对课程进行的分类。若根据课程任务进行分类，可以把课程分为基础类课程、专业类课程、拓展类课程、实践类课程和研究类课程等。每一种课程类型对于学生素养的培育都具有不同的价值导向，这也决定着思政课教师的讲课题目选择难度。例如，基础类课程是思想政治学科的基石，旨在为学生打下坚实的学科基础，培养他们逻辑思维，以及分析问题与解决问题的能力。对于基础类课程，讲课题目的难度应适当降低，以确保每名学生都能跟上节奏。实践类课程则侧重于培养学生的创新思维、实践动手能力和团队协作能力，是提升学生综合素质的重要途径，对于这类课程，可适当提高讲课题目的难度，以激发学生的好奇心和探究欲。

讲课题目犹如旅程中的道路，它决定了旅程的体验。如果道路过于平坦，就会让人感受不到跨越的喜悦；如果道路陡峭难行，则会让人心生畏惧。理想的讲课题目应该是既有青山绿水的宁静美好，也有峭壁悬崖的惊险刺激，这样的旅程才让人回味无穷，心生向往。

二、选择讲课题目要容量适当

讲课题目的容量是指一个题目所涵盖的知识范围、深度及教学时间的综合考量。所谓容量适当，就是指讲课题目大小适宜、内容适度。它要求思政课教师在选择讲课题目时，既要考虑教学内容的全面性和系统性，又要兼顾学生的接受能力和教学时间的限制，确保讲课题目既不过于宽泛，也不过于狭窄。当题目过于宽泛时，往往难以在有限的教学时间内覆盖所有内容，导致教学节奏过快，学生难以充分理解和消化知识，整个教学过程难以深入；当题目过于狭窄时，则会使教学内容显得单调乏味，限制学生的视野，缺乏挑战性，不利于培养学生的综合能力和创新思维，整个教学过程缺乏拓展空间。例如，"正确发挥主观能动性"一目包括"人能够能动地认识世界""人能够能动地改造世界""意识的能动作用是巨大的，但不是无条件的"等三个方面的内容，如果想在 10 分钟内把它们都讲清楚是比较困难的，不如把这一目的内容分开来讲。比如，可以只讲前两个内容(题目可以改成"认识世界和改造世界")，也可以只讲后一个内容——"意识的能动作用"，甚至可以从其中选择一个片段内容。这样，讲课题目的容量与时间匹配得就比较好，思政课教师能够游刃有余地把握课堂教学节奏，将教学内容讲深讲透就成为可能。选择容量适当的讲课题目，需要注意以下三个问题。

(一)依据教学目标和教学时间确定题目

首先，明确本节课所要达到的教学目标。这些目标应该具体、可衡量，并与学生的实际学习需求紧密相连。根据教学目标来确定讲课题目的范围和深度，确保所有内容都服务于这些目标。其次，根据讲课时间的长短来规划讲课题目的容量。确保在规定时间内能够完整地讲解所选题目，同时留出足够的时间供学生提问、讨论和练习。避免因时间不足而匆忙结束讲课，或因时间过多而导致内容冗长乏味。

(二)依据学情和教学重难点确定题目

不同背景的学生对同一教学内容的接受程度存在着差异，因此，了解学生的知识背景、学习能力、学习兴趣及学习风格是确保讲课题目容量适当的重要前提。思政课教师在选择讲课题目时，要充分考虑学生的实际情况，避免选择过于简单或过于复杂的教学内容。同时，在选择讲课题目时，要突出重点和难点内容，这些内容是学生需要重点掌握的，也是讲课过程中需要花费更多时间和精力去讲解与讨论的。

(三)依据教学资源和教学反馈确定题目

在选择讲课题目时，要考虑可用的教学资源和环境条件。例如，是否有足够的教具、设备或场地来支持讲课内容的展示和讨论，是否需要考虑学生的在线学习需求并准备相应的电子资源。另外，在讲课过程中，如果发现所选题目容量过大或过小，可以根据学生的反应和教学效果进行灵活调整。例如，可以适当增加或减少讨论时间，调整讲解内容的详略程度或引入新的教学案例等。

总之，选择容量适当的讲课题目需要综合考虑多个因素。思政课教师应认真分析和合理规划，确保讲课题目既不过于庞大也不过于琐碎，从而提高思想政治课的教学效果和学习者的满意度。

三、选择讲课题目要有创新性

对于思政课教师而言，自定讲课题目要具有创新性，这是一项既具有挑战又充满机遇的任务。创新性不仅意味着要打破常规，更要在保持课程核心价值的基础上引入新的视角、方法和内容等，具体如下。

(一)挖掘课程内容

首先，深入理解课程精髓。思政课教师需要深入理解课程的核心理念和价值观念，把握课程的整体框架和重点内容。其次，提炼新颖观点。在理解课程的基础上，思政课老师要尝试从不同的角度提炼出新颖、独特的观点，作为题目的核心。最后，注重题目表述的吸引力和准确性。题目应简洁明了，能够准确传达讲课的核心内容和目的；同时，思政课教师能运用生动的语言和表述方式，使题目具有吸引力和趣味性，激发学生的兴趣和好奇心。

(二)捕捉社会热点

思政课教师要紧跟时代步伐，密切关注国家政策、社会热点和时代变迁，将这些元素融入讲课内容中，使学生能够从思想政治课中感受到时代的脉动，增强课程的时效性和吸引力。思政课教师要将课程内容与社会现实相结合，分析当前社会存在的问题和面临的挑战，如环境保护、社会公平、文化传承等，设计具有现实意义的讲课题目，引导学生进行深入思考。

(三)进行跨学科融合

思政课教师要善于将思想政治课与其他学科(如历史、哲学、经济学等)进行交叉融合，从新的角度解读思想政治课的内容，从而拓宽学生的知识视野和认知眼界。同时，思政课教师要结合不同文化背景下的思想政治元素，设计跨文化比较的讲课题目，培养学生的全球视野和跨文化交流能力。此外，思政课教师要运用逆向思维，从相反或不同的角度审视课程内容，提出具有挑战性和创新性的讲课题目。

(四)征求学生意见

思政课教师应积极与学生沟通，了解学生需求(如兴趣点、疑惑和期望)，并将这些元素融入讲课内容中，以激发他们的主动性和积极性。在初步确定讲课题目后，思政课教师可以征求学生的意见和建议，对讲课题目做进一步的修改和完善。

(五)注重实践应用

思政课教师应选取具有代表性的案例，如社会热点问题、著名历史事件等，作为讲课题目的切入点，引导学生进行深入分析和讨论。同时，思政课教师要结合课程内容，设计社会实践项目或活动，如志愿服务、社会调查等，使学生在实践中加深对思想政治课内容的认识和理解。

第三节 限定讲课题目的应对策略

限定讲课题目是一种常见的教学现象。这些限定题目通常是基于课程标准的要求、学科竞赛或应聘方的指定主题、特定教育项目的核心内容等方面的考虑。它有助于确保教学内容的规范性、评价标准的一致性，同时为学生提供一个明确的学习框架。限定的讲课题目具有明确的主题范围、研究视角或方法论要求，需要思政课教师在有限的时间和空间内进行深入挖掘，同时保持讲课的创新性和深度，这不仅考验他们的知识储备、教学设计与创新能力，还直接影响学生的学习效果与兴趣激发。因此，我们有必要探讨应对限定讲课题目的策略，为思政课教师提供一些较为实用的方法，以促进他们教学能力和教学水平的不断提升。

一、重新确定讲课题目的范围

限定的讲课题目范围非常明确，内容基本上是确定的。当选到或抽到这类讲课题目时，思政课教师一定要保持头脑冷静，思考一下该题目的范围。有时候，评委给出的讲课题目范围会比较小，恰好是一个框题中的一目，与讲课时间的要求相对匹配，不需要进行调整。例如，"探索认识的奥秘"一课包括"人的认识从何而来"和"在实践中追求和发现真理"两个框题。评委会在第一个框题"人的认识从何而来"中选择一目：可能是"认识与实践"，也可能是"实践是认识的基础"。同样，他们也会在第二个框题"在实践中追求和发现真理"中选择一目：可能是"真理是客观的"，也可能是"真理是具体的有条件的"，抑或是"追求真理是一个过程"。但多数情况下，评委会把一个框题确定为讲课题目，如让参评教师讲"人的认识从何而来"或者"在实践中追求和发现真理"。这类题目范围大、内容多，一般在规定的时间内难以讲完，这就非常考验思政课教师的智慧了，他们在确定题目范围时需要具备一定的灵活度和处理教材的能力。

针对这类问题，首先需要缩小讲课题目的范围。前面我们分析了自定题目的容量大小问题，该建议对于限定讲课题目的情况同样适用。如果限定讲课题目是一个框题，内容多、容量大，需要教师临时缩小讲课范围，在一个框题中选择一目。例如，在"在实践中追求和发现真理"这一框题中，可以选择一目：或者是"真理是客观的"，或者是"真理是具体的有条件的"，抑或是"追求真理是一个过程"。不过，这种选择与自选讲课题目也有不同之处，它需要教师在讲课过程中有一个明确的交代，即把三目的内容贯穿起来，以体现该框题内容的完整性。如果选择主讲"真理是具体的有条件的"这一目，需要在导入部分说明上一节课我们已经学习过"真理是客观的"，并在结尾部分预告下一节课将学习的内容——"追求真理是一个过程"。这样，通过一个完整的教学环节把三目内容连接在一起，使评委或学生能够感受到"在实践中追求和发现真理"这一框题的完整性。这里强调一点，教师资格证面试的讲课题目是确定的，但教学内容一般比较少，仅有两三行文字，因而需要根据教学内容结构化的一般形式——"是什么、为什么和怎么做"，进行必要的补充和完善。

其次，选择难易适度的题目范围。当限定讲课题目给定的范围比较大时，需要思政课教师进行智慧的处理。如果一个框题中包括三目内容，并非选择中间的就好，方便导入和结尾的内容连贯，而应该首先考虑题目的难易程度，选择一个难易适度的题目范围。例如，"在实践中追求和发现真理"这个框题中有三目——"真理是客观的""真理是具体的有条件的""追求真理是一个过程"。它们的难易程度比较接近，因而可以选择中间一目。然而，对于"人的认识从何而来"这一框题，情况却不一样。"认识与实践"一目中的感性认识和理性认识的三种形式较难理解，也比较难讲；而"实践是认识的基础"一目中的"实践是认识的来源""实践是认识的动力""实践是检验认识的真理性的唯一标准"等内容相对容易理解。因此，应选择"实践是认识的基础"一目作为讲课题目，而不是选择"认识与实践"一目。

二、明确讲课题目的教学主题

教学主题是教学活动的核心与灵魂，它不仅是知识的载体，更是引导学生思维发展、情感共鸣和能力培养的关键。因此，当抽到限定讲课题目之后，思政课教师要第一时间概括出教学的主题。教学主题是指在教学过程中围绕某一教学内容抽象概括出来的中心思想或核心概念。它不仅是知识逻辑体系的灵魂，更是学生学习经验、情感态度与价值观的集中体现。教学主题能够明确教学目标和方向，为教学活动提供清晰的指引；能够将零散的知识点串联起来，形成系统的知识体系；能够作为评价学生学习效果的重要依据，促进教学反馈与调整。

确定教学主题是一个综合考虑多方面因素的过程。它要求思政课教师根据课程标准、学生需求、教学资源及教育目标等多方面因素进行综合分析和决策。对此，笔者在《如何做一个智慧的思政课教师》[①]一书中进行了较为详细的阐述。确定教学主题不仅要选择一个切合主题的角度，而且应符合一定的规范和标准，如符合学生的认知逻辑，符合学科的政治逻辑，顺应教科书的内在逻辑等。同时，还需要掌握一些有效的方法和技巧。

第一，根据讲课题目的类型来确定教学主题。教材中的课文题目类型千差万别，大致可以归纳为直接表述类、寓意深刻类、概括总结类、因果关系类和单元整体类等类型。教师可以根据这些不同讲课题目类型的特点和要求进行深入分析。

第二，根据讲课题目的关键词来确定教学主题。用关键词确定教学主题，需要教师紧扣课程标准，抓住讲课题目的关键词，进行认真细致的剖析。

第三，根据讲课题目的转换来确定教学主题。在教学过程中，教师可以巧妙地运用课文题目的转换来帮助学生理解课文主旨。例如，可以运用化大为小、化虚为实、化抽象为具体、化纷繁为单一等方法，也可以使用加词、减词、变换顺序、换名和多方设问等方式。

三、理顺教学内容的基本框架

在明确教学主题和教学目标后，思政课教师应根据讲课题目梳理相关知识点，形成逻辑清晰、结构完整的知识体系。在这一过程中，应注重知识点的内在联系，避免孤立讲授，以促进学生的整体认知。

(一)梳理教学内容中的知识点

明确所讲内容的教学主题之后，思政课教师就要围绕教学主题重组教学内容。而重组教学内容的首要工作，就是梳理教学内容中的知识点及它们之间的逻辑关系，并根据教学目标再次明确教学的核心知识点或技能。同时，思政课教师还要进行知识点的分类整理，

---

① 郝双才. 如何做一个智慧的思政课教师[M]. 北京：中国社会科学出版社，2022：73-84.

即根据知识点的性质、难易程度或相关性进行分类，形成一个有条理和逻辑自洽的知识体系。犹如概括教学的主题一样，这也是一个"从繁到简"的过程。

(二)把典型案例融入教学内容之中

如果说梳理教学内容中的知识点是"从繁到简"，那么，把典型案例融入教学内容之中就是"从简到繁"。为了增强教学的生动性和趣味性，思政课教师应结合讲课内容精选一些典型案例，并将其融入教学中。在选择案例时，应采用"线穿珍珠"(也称"一例到底")的教学设计方法，从已选的经典案例中挑选一个，根据教学进程和可能的教学情境选择具有连续性的事件。

第一，案例的选择应贴近学生生活。案例应具有代表性和启发性，能够帮助学生更好地理解抽象概念，并提升他们解决问题的能力。

第二，案例的选择应整合课程资源。思政课教师可以利用文本资源、实物资源、音像资源、网络资源、人力资源等多种课程资源，对教学内容进行深度挖掘与拓展，使它更加贴近学生的实际生活，从而增强教学的吸引力。

第三，案例的选择应进行跨学科融合。思政课教师应尝试将所讲教学内容与其他学科相结合，进行跨学科教学。这种教学方式有助于拓宽学生的视野，培养他们的综合思维能力。例如，在教授思想政治课中的某一概念时，可以引入语文、历史、地理等相关学科的知识，进行跨学科的综合分析。

(三)规划出教学的大致结构

教学环节具有完整性，包括导入阶段、主体阶段和结尾阶段。

第一，导入阶段。设计引人入胜的导入环节，能够激发学生的学习兴趣和好奇心，为后续学习做好铺垫。

第二，主体阶段。它包括逐步展开、举例说明和互动环节等。逐步展开是按照知识点的逻辑关系，逐步展开教学内容，确保学生能够从易到难、由浅入深地进行学习。举例说明是结合具体实例或案例，帮助学生更好地理解抽象概念和理论。互动环节包括设计提问、讨论、练习等环节，鼓励学生积极参与，以加深对知识点的理解和记忆。

第三，结尾阶段。对所学内容进行总结回顾，帮助学生巩固记忆，形成完整的知识体系。同时，根据学生情况和学习进度，适当进行知识拓展或延伸学习，以满足不同层次学生的需求。

例如，针对"憧憬美好集体"一课，思政课教师可以设计如下所述的教学结构。首先，利用视频、故事、图片等多媒体手段，引导学生思考自己理想中的集体是什么样的，激发学生对美好集体的憧憬。其次，引导学生分组讨论美好集体的特征、作用及如何建设美好集体等问题，鼓励学生发表自己的见解，培养学生的合作意识和交流能力。最后，教师进行总结，让学生认识到集体对于个人成长的作用和团结的力量，引导学生思考如何改进和提升自己为集体做贡献的能力。同时，安排学生课后参与班级管理、志愿服务、团队合作等活动，让他们在实践中体验集体生活的美好，增强集体荣誉感和归属感，激发学生对美好集体的向往和追求。

思考与探究

1. 自主确定思想政治学科讲课题目需要注意哪些问题？

2. 上示范课与参加教学技能比赛，哪一个确定思想政治学科讲课题目的难度更大？为什么？

3. 如果参加市级以上教学技能大赛，当抽到思想政治学科讲课题目时，你会怎么做？

4. 举一个限定讲课题目的实例，并说明确定这类题目应注意的问题。

第二章　深入分析教学内容

千淘万漉虽辛苦，吹尽狂沙始到金。

——唐·刘禹锡《浪淘沙·其八》

教学设计中的前两个栏目是"分析教学内容""了解学生学情"，之后是"确定教学目标"。也就是说，确定教学目标是以分析教学内容和了解学生学情为前提的。为了设定准确、具体的教学目标，首先需要分析教学内容。教学内容作为教学活动的核心要素，其合理性、科学性和有效性直接影响着学生的学习成效及全面发展。那么，怎样深入分析教学内容呢？接下来，我们进行较为细致的剖析。

第一节　分析教学内容的内涵和意义

一、分析教学内容的内涵

分析教学内容是指对培养方案、课程标准、教材等教学材料中的知识、能力、学科核心素养等要素进行系统梳理和评价的过程。它包括梳理知识结构，确定教学重点和难点，以及评估内容价值三个方面。

第一，梳理知识结构。梳理知识结构指的是对教材内容进行系统梳理，明确各章节、各知识点之间的逻辑关系和内在联系，形成清晰的知识结构图或思维导图。这有助于思政课教师从整体上把握教学内容，避免知识点的孤立和割裂。

第二，确定教学重点和难点。教学重点是指在教学过程中学生必须掌握的基础知识与基本技能，包括基本概念、基本规律及由这些内容所反映的思想方法。教学重点也称为学科教学的核心知识。教学难点则是学生不易理解的知识或不易掌握的技能与技巧。教学难点不一定是教学重点，而有些教学内容既是教学难点又是教学重点。

第三，评估内容价值。评估内容价值涉及分析教材内容的教育价值、科学性和时代性，判断它是否符合课程标准的要求，以及是否能够满足学生的发展需要。对于过时、不准确或与学生生活脱节的内容，思政课教师应进行适当的删减或替换。

二、分析教学内容的意义

分析教学内容旨在优化教学内容结构，确保教学内容的适宜性和有效性。其意义主要表现为以下几个方面。

(一)促进知识的系统化和连贯性

教学内容不是孤立的知识点堆砌,而是相互关联、构成体系的知识网络。分析教学内容可以帮助思政课教师梳理知识间的逻辑关系和层次结构,使教学更加系统化,更具连贯性。这样,学生在学习过程中就能更好地理解并掌握知识的内在联系,形成完整的思想政治学科知识体系。

(二)确保教学重点突出、难点有效突破

分析教学内容有助于思政课教师明确教学的重点和难点,并通过知识传授使学生达到预期的能力水平和核心素养水平。通过深入分析教学内容,教师可以确定哪些思想政治学科的知识点是核心和关键的,哪些是次要的。这样在教学中就可以有所侧重,确保教学重点突出,难点得到有效突破。

(三)适应学生的学习需求

不同的学生具有不同的学习背景、兴趣爱好和学习能力。分析教学内容可以帮助思政课教师更好地了解学生的学习需求,包括他们的知识基础、认知特点和学习风格等。在此基础上,思政课教师可以采用差异化的教学策略和方法,以满足不同学生的需求,促进他们的全面发展。

(四)提升教学质量和学习效果

通过深入分析教学内容,思政课教师可以发现教学中存在的问题和不足,如知识点讲解不清、难点突破不力等。针对这些问题,教师可以及时对思想政治课教学内容进行调整和优化,从而提升教学质量和学习效果。同时,通过分析教学内容,思政课教师可以预测学生在思想政治课学习过程中可能遇到的困难和挑战,进而设计预案并提前做好准备,为学生提供有效的支持和帮助。

(五)促进思政课教师专业成长

分析教学内容是思政课教师的重要素养之一,也是思政课教师专业成长的重要途径之一。通过不断分析、反思和优化教学内容,思政课教师可以提升自己思想政治课的学科素养和教学能力,积累丰富的教学经验和教学资源。这样,思政课教师就能更好地适应教育改革和发展的要求,成为具有创新精神和实践能力的优秀教师。

第二节　分析教学内容存在的问题及其产生的原因

在分析教学内容的过程中，常常会遇到各种问题，这些问题表现为多个方面，如教材本身、教师能力、学生需求及教学环境等。

一、缺乏对教学内容的结构化分析

教学内容的结构化是指教学内容内部各要素之间相互联系、相互依存和相互制约的关系，以及它们按照一定的逻辑和顺序组织起来的整体框架。在分析教学内容时，如果没有考虑结构化，确实会对学生的学习效果和教学质量产生不利影响。目前，教学内容没有实现结构化，导致了一些低效的学习现象，具体表现为以下几个方面。

第一，知识碎片化。缺乏结构性的教学内容往往导致知识点之间缺乏联系，呈现碎片化状态。这使得思政课教师难以将零散的知识点整合成一个完整的知识体系，无法形成对学科的整体认识和深刻理解。同样，学生在学习过程中也容易形成碎片化的知识。

第二，教学路径不清晰。结构化缺失的教学内容，无法为教师提供清晰的教学路径，也无法为学生提供明确的学习路径。如果思政课教师不清楚教学内容的先后顺序和逻辑关系，他们就容易在教学过程中迷失方向，难以做到纲举目张；同样，如果学生不清楚学习内容的先后顺序和逻辑关系，他们也容易在学习过程中迷失方向，难以有效掌握相关知识和技能。

第三，不利于知识的长时记忆和迁移。结构化的信息更易于被大脑记忆和加工。当教学内容缺乏结构性时，学生难以将所学知识进行有效的组织和编码，从而难以形成长时记忆。这不仅会导致学生在学习后很快遗忘所学内容，影响学习效果；也会限制学生的迁移能力，使他们难以将所学知识应用于新情境或解决实际生活中遇到的一些具体问题。

第四，难以培养学生的高阶思维。高阶思维是发生在较高认知水平层次上的认知能力，它主要包括信息整合能力、新知构建能力、逻辑思维能力、批判思维能力、创造性思维和评价反思能力等。这些能力的培养，需要学生在掌握基础知识的基础上进行深入的思考和探究。而缺乏结构化的教学内容，往往只关注基础知识的传授，忽视了对学生高阶思维的培养。

教师不善于对教学内容进行结构化分析，主要是由于对思想政治课的内容整体把握能力不强，或者缺乏对教学内容结构化分析的意识。

二、知识点存在遗漏或重复现象

知识点遗漏指的是在教学过程中因教材编排不当、思政课教师讲解疏忽或受教学资源限制等因素而导致应传授给学生的关键信息或技能未能被充分覆盖或提及。它常出现在跨学科整合不足、课程内容跳跃性过大、教师个人知识体系局限等情境中。

知识点重复是指相同或相似的内容在不同教学环节、不同教材或不同教师间被多次提及，造成学生的学习时间与精力的浪费。它包括教材间内容重叠、思政课教师备课不充分导致的重复讲解，以及复习阶段无针对性的机械重复等。

知识点存在遗漏或重复现象的原因是多方面的，可能是教材编写滞后、课程体系不完善，也可能是思政课教师知识更新不快、教学设计能力不足，还可能是教学资源匮乏或利用效率低，以及学生反馈渠道不畅或反馈处理不及时等。这种现象的存在，既会使学生的学习兴趣减弱和学习效果下降，也会使思政课教师的职业成就感降低和教学负担增加，同时还会使教育资源浪费和整体教学质量下降等。

三、缺少实践性教学内容

思想政治学科的教学内容理论性比较强，有时也容易滞后于社会的发展，导致其内容与时代发展不同步，部分内容陈旧。如果教师在分析教学内容时未能及时补充实践性的教学环节和实践活动，学生就难以将所学知识应用于实际情境中，这会影响他们解决问题和创新能力的发展；如果教师在分析教学内容时未能及时增加反映思想政治学科的最新研究成果和发展动态的内容，学生将无法接触到前沿知识，难以形成对本学科的全面认识，这会影响他们对未来职业发展的规划。此外，教学内容也存在难度过高或过低的现象，与学生的实际能力和认知水平不匹配，思政课教师如果不及时进行调整，就会导致学生产生畏难情绪，影响学习积极性，同时无法满足学生的学习需求，限制其潜能的发挥等。

四、分析教学内容时出现错位

分析教学内容时，需要考虑的要素包括学科知识的核心地位、技能和技巧的培养、情感态度和价值观的引导、经验和方法的传授、教学内容的层次结构和关系分析、教学重难点分析等多个方面。这些要素共同构成了教学内容的完整框架。但是，有些思政课教师在分析教学内容时，常常会涉及教学目标、学生情况、教学资源、教学环境、教学设计等。这些问题的确需要考虑，但它们不是教学内容的基本要素。例如，在分析教学内容时，许多教师会强调：要充分明确教学目标，使教学内容与教学目标之间紧密联系；要以班级整体为对象，考虑学生之间的个体差异和学习需求；不能依赖传统的讲授式教学方法，应使用多样化和创新性的教学手段等。这样的分析实际上是舍本逐末，没有分析思想政治课教学内容本身，而是分析了教学内容的外部影响因素，因此对教学内容的理解不够深刻。

第三节 教学内容结构化的主要形式

在分析教学内容时，最主要的是形成对教学内容结构化的认识。教学内容为什么要结构化呢？郑金洲教授提出了几点理由。第一，结构化的知识是基础知识存在的主要形态。量子力学的创始人之一马克斯·普朗克说："科学是内在的统一体，它被分解为单独的部门不是由于事物的本质，而是由于人类认识能力的局限性。实际上存在着从物理学到化学，从生物学和人类学到社会学的连续链条。"科学本身就是一个统一的整体，每门学科都是这个整体的一部分，它们也都自成一个整体。第二，结构化的知识强化了知识的整体性。任何知识都不是片段、孤立存在的，它既有生活实践的基础，也与其他知识相关联。第三，结构化的知识是能力形成的基础。知识是能力的基础，能力是知识的表现形态，如果没有知识做后盾，能力的表现就会受到很多限制。但不是所有的知识都有助于能力的提升，只有结构化的知识对能力的形成才有促进作用，因为这样的知识具有较强的黏合力、较严密的逻辑性和较丰富的关联度，可以为灵活地迁移和运用知识服务。

心理学的研究表明，大脑处理信息时有两大特点，一是它不能同时处理太多的信息，二是它倾向于处理有规律的信息。基于这两个特点，人们为了使信息(或知识)传递得更有效率，往往会把信息结构化。结构化的信息自然变得更有规律，大脑处理起来也就更容易一些。知识结构化就是将知识加以归类和整理，使之有一定的秩序和结构。通俗来讲，就是让知识之间建立联系，并通过一定的关系结合在一起。这样，可以用基本知识点组成小结构，再由小结构组成大结构，最终形成知识结构体系。其基本要素包括知识分类、知识关联和知识层次三个方面，它其实回答的是"是什么"的问题。然而，当我们向他人传递信息时，不能仅仅讲"是什么"，还要讲"为什么"和"怎么做"。

一、教学内容结构化的一般形式

教师在教学时，教学内容的结构化首先表现为"是什么—为什么—怎么做"的结构。这种形式是人类的一种思维方式，也是知识体系结构化的一般形式，它适用于任何一门学科。在哲学上，"是什么"代表世界观，"为什么"代表认识论，"怎么做"代表方法论。在分析教学内容时，"是什么"涵盖知识分类、知识关联和知识层次三个要素，具体包括下定义、分类、说明关系、分层、分析要素和说明特点等；"为什么"包括说明原因、性质、产生条件、理论或实践依据、基本原则、主要机理、重要作用或意义、时代价值等;"怎么做"包括解决问题、具体落实、迁移应用、实践操作、具体做法等。思想政治学科可以依此进行教学内容的结构化,这样做既方便简洁,又科学准确。

例如,"我国政府的经济职能"一目包括我国政府的经济职能和作用、科学的宏观调控是政府的主要经济职能之一、财政政策和货币政策是宏观调控最常用的经济手段等三部分内容。教材内容仅仅讲了"是什么"和"怎么做"两部分内容,缺少"为什么"部分内容。因此,分析教学内容时就要以结构化的形式为依据,把缺少的内容补全。这样,第一部分讲的是"是什么",即我国政府的经济职能和作用——制定战略规划制度、宏观经济政策、产业政策、区域政策、市场经济管理政策、公共服务政策等。这部分内容需要教师进行提炼和归纳。教材内容中采用几段话并列的形式,虽然知识点很明确,但概括程度不高,学生很难记住。第二部分讲的是"为什么",即我国政府具有经济职能的原因——基于宪法赋予的此项权力、市场经济发展的缺陷需要政府管理。这部分内容由于教材中未涉及,需要教师凭借自己的学识、理解,尤其是思维判断来完成。内容不必过多,但一定要涉及。第三部分讲的是"怎么做",即进行科学的宏观调控,这包括经济的、法律的、行政的手段等。教材中主要介绍了财政政策和货币政策,它们属于宏观调控中的经济手段。但上述环节在制定者、目标、工具和影响方面是不一样的,这一点一定要讲清楚、说明白,特别是不能把"科学的宏观调控"与"财政政策和货币政策"并列起来。同时,要简单介绍一下法律的手段和行政的手段包括哪些内容,这样学生对于宏观调控就有了一个整体的把握。

另外,分析该教学内容时还存在一个最大的问题,就是不少教师受固有思维的影响,常常把"我国政府的经济职能"讲成政府宏观调控与市场微观运行,即分析"一只看得见的手"与"一只看不见的手"的内容、缺陷和关系。这样的教学内容分析即使遵循"是什么—为什么—怎么做"的结构形式,也已经偏离了教材内容,是不可取的。因此,不能徒有形式而忽视内容,无论什么时候,形式都是为内容服务的。

二、教学内容结构化的特殊形式

针对不同学科和不同教学内容,教学内容结构化有多种特殊的表现形式,具体概括如下。

(一)自然类学科的表现形式

自然类学科教学内容的结构化一般有以下两种表现形式。

1. "概念—性质—应用—拓展"的结构

这是一种常用的组织信息的方式,在科学、技术和产品设计等领域中被广泛应用。概念是认识和理解一个事物的起点，它是对某一类事物或现象的共同特征的高度概括；性质是事物本身所固有的，用以区别于其他事物的特征；应用是将概念和性质转化为实际价值的过程；拓展则是在现有基础上进行的深化和扩展。例如，在初中数学的"图形的旋转"教学中，就可以把教学内容概括成"旋转的概念""旋转性质""旋转作图""旋转应用"等几个步骤。

2. "感知—提升—应用—感悟"的结构

这是一个从个体认知到实践再到深层理解的递进过程，比较适用于描述学习、技术应用等场景。感知就像是我们打开心灵的窗户，去感受这个世界的美好；提升是我们在感知的基础上不断学习、不断进步，让自己变得更强大；应用就是把所学所得用到实际生活中去，创造价值；感悟是在这一系列的过程中，我们逐渐领悟到的生命真谛。例如，在小学高年级数学的"用转化的策略解决问题"教学中，可以把教学内容概括为"回顾感知——把未知转化为已知""探索提升——由复杂转化为简单""拓展应用——练习展示""总结感悟——同桌交流、教师引导"等几个阶段。

(二)人文社会学科的表现形式

人文社会学科教学内容的结构化也有两种表现形式，具体如下。

1. "起因—经过—结果—启示"的结构

这是一个经典的叙事结构，它构成了一个完整的故事或事件，在语文、外语、历史、地理和思想政治等学科教学中经常运用。起因标志着故事的开始，是引发整个事件或情节发展的最初原因，它可能是一个决定、一个冲突、一个意外事件，或者是一个人的欲望、需求等。经过是故事的发展过程，是连接起因和结果的桥梁，它包括各种挑战、困难、转折和冲突等，这些元素会让故事更加有趣和引人入胜。结果是故事的结束，是起因和经过之后必然产生的后果。这个结果可能是成功的，也可能是失败的，但它都是对起因和经过的回应。启示是人们在理解起因、经过和结果之后，从中获得的深刻认识或教训。它可能涉及决策、团结、勇气、坚持和智慧等方面的主题。例如，在"伟大的改革开放"一课中，教学内容分析包括改革开放的背景、改革开放的进程、改革开放取得的成果及其意义等。

2. "关联—简化—影响—应用"的结构

这是一个理论知识学习的基本结构，在法学、经济学、管理学等学科教学中经常运用。关联是将新知识与已有的知识、经验或生活实例相联系。在学习新知识时，巧妙地进行关联，可以更容易地理解并掌握新内容。简化是将复杂的教学内容或问题转化为更简单、更易于理解的知识。通过简化，可以去除冗余和不必要的细节，专注于问题的核心和关键点。影响是指学习的知识对自己、他人、社会乃至自然所产生的作用或效果。这有助于提高学生对于学习内容重要性的认识、预测其发展趋势，并制定相应的策略。应用是将所学知识、技术或理论付诸实践的过程。通过将所学内容应用于实际问题解决或社会服务中，我们可以验证其有效性和实用性，并推动其进一步发展和完善。例如，可以通过使用价格变动的例子，将价值规律与人们的日常生活联系起来；尽量使价值规律的知识和公式通俗化、深入浅出；重点强调学习价值规律对于个人和社会的影响；最后选择一些价值规律方面的实例，分析其中的经济问题和解决方法等。

(三)单一问题的表现形式

在一般情况下，由于教学时间所限，思政课教师只能讲某一方面的问题，如概念的界定、事件的影响或意义、具体举措等。针对这种情况，教学中就不能生搬硬套"是什么—为什么—怎么做"的结构形式，而应该有所变化，进行针对性、灵活性的结构设置。

1. 概念界定的表现形式

"引入—本质属性归纳—下定义—辨析巩固"是概念教学常用的一种结构形式。引入是指在教学中教师使用实例、问题和旧知识等方式激发学生的好奇心和求知欲，顺利导入所讲概念。本质属性归纳是通过使用观察、分析、比较等方法，引导学生抽象概括出概念的本质属性。下定义是用简洁明了的语言对概念进行准确的界定，明确其内涵和外延。辨析巩固是指通过辨析和练习，加深学生对概念的理解，巩固所学知识。例如，"意识形态"这一概念比较抽象，为了使学生更好地理解它，可以列举马克思主义、宗教、文学艺术作品等进行导入。通过比较分析，概括出意识形态的社会性、系统性、阶级性、相对独立性等本质特征，之后下定义：意识形态是与一定社会的经济和政治直接相联系的观念、观点、概念的总和，包括政治法律思想、道德、文学艺术、宗教、哲学以及其他社会科学等意识形态。最后，通过正反两方面事例的辨析，巩固学生对意识形态这一概念的认识。

2. 事件影响或意义的表现形式

在教学内容中，常常涉及某一重要历史事件的影响和意义，以及某一重要历史人物的影响等。针对这类问题，可以采用"简要说明—影响—关系"或"简要说明—意义—关系"的结构。使用这种结构时，需要对所讲内容进行简要说明，重点是分析影响或意义，最后注意分析这些影响或意义的关系。而分析它们之间的关系，是很多思政课教师容易忽视的问题。一般来说，事件的影响或意义无非是关于人和社会的。而社会包括国内和国际两大方面，国内又包括经济、政治、文化和民生等内容。例如，在讲高中思想政治必修 1《中国特色社会主义》"胜利的征程——新民主主义革命"一目中的"中国共产党成立的重大意义"内容时，需要对中国共产党成立的背景进行简要说明，重点讲"三个深刻改变"：深刻改变了近代以后中华民族发展的方向和进程，深刻改变了中国人民和中华民族的前途和命运，深刻改变了世界发展的趋势和格局。之后，认真思考"三个深刻改变"存在着怎样的逻辑关系。通过这样的分析，实现了教学内容的结构化，不仅使教学内容得以升华，也帮助解决了许多思政课教师在教学结尾时的难题。

3. 具体举措的表现形式

如果教学内容中一个框题的最后一目有些是讲措施或对策的，这时可以采用"概念说明—举措—关系"的结构。讲措施或对策时，一般都有主题内容，例如，《习近平新时代中国特色社会主义思想概论》第十七章第四节"建设长期执政的马克思主义政党"，"如何进行党的自我革命"的主题内容就是党的自我革命。首先，需要对党的自我革命进行简单的说明，与上一节课的内容相衔接。然后，重点分析党的自我革命的措施：加强党的政治建设，加强党的思想建设，严明纪律整饬作风，打好反腐败斗争攻坚战，锻造敢于斗争勇于自我革命的干部队伍，建立健全党内法规制度体系等。在讲这部分内容时不能平均用力，而应有所侧重，之后还要分析它们之间的关系，以体现出教学内容的结构化，揭示所讲内容的主题思想，尤其是实现立体性教学。关于立体性教学的详细论述，在第六章"妙设完美的教学流程"中会进行专门论述。

除此之外，还有问题探究、教学研究和实践教学等表现形式。它们的结构与前面所讲内容不完全一致，需要思政课教师进行细心探究、慢慢摸索。我们前面分析的几种结构化类型，针对思想政治学科的不同内容，切不可生搬硬套，而应该机动灵活地进行重新设计。只有这样，教学才能拥有广阔的视野和清新的氛围，教学的过程才能成为享受，师生的生命才能不断绽放出璀璨夺目的光芒！

第四节　教学内容结构化的关键在于提高思政课教师的学科素养

思政课教师的学科素养是指教师在思想政治学科所具备的专业知识、教学技能、教育理念以及对学生学习需求的深刻理解。它包括教师了解思想政治学科的课程结构体系、知识背景、教学重点、学生学习该学科的难点；能够准确把握该学科的概念、定理、法则、公式等的逻辑意义；能够深刻领悟该内容所反映的思想方法，具有挖掘知识所蕴含的科学方法、理性思维过程、价值观资源的能力和技术，并善于区分核心知识和非核心知识等。

为了使思政课教师具有教学内容结构化的意识和能力，提升其学科素养就显得尤为重要。接下来，我们介绍一些提升思政课教师学科素养的方法。

一、拓宽思政课教师的学科知识面

拓宽思政课教师的学科知识面是一个持续且系统的过程，这对于提升教学质量和思政课教师专业素养具有重要意义。一是要持续学习。《中共中央 国务院关于弘扬教育家精神加强新时代高素质专业化教师队伍建设的意见》指出："在中小学教师培训中强化学科素养提升，推动教师更新学科知识，紧跟学科发展。"[①]思政课教师应保持对学科知识的持续关注和学习，及时了解思想政治学科前沿动态和最新研究成果。他们可以通过阅读专业图书和期刊、参加专业培训和学术研讨会、在线学习，以及参与研究课题和项目实践等方式，不断提升自己的专业素养。二是勇于跨学科学习。《中共中央 国务院关于弘扬教育家精神加强新时代高素质专业化教师队伍建设的意见》强调："适应基础学科、新兴学科、交叉学科发展趋势，支持高校教师开展跨学科学习与研究，加强学科领军人才队伍建设，发挥引领带动作用。"[②]思政课教师要通过跨学科阅读和跨学科交流，了解其他学科的知识体系和教学方法，以便在教学中更好地融入跨学科元素，培养学生的综合素养。

二、提升思政课教师的教学技能

提升思政课教师的教学技能是一个综合性的过程，涉及多方面的努力和实践。一是不断创新教学方法。《中共中央 国务院关于弘扬教育家精神加强新时代高素质专业化教师队伍建设的意见》要求："推动教师站在学科前沿开展教学、科研，创新教学模式方法。"[③]思政课教师应积极探索和尝试新的教学方法及手段，如情境教学、项目式学习、合作学习、翻转课堂等，以提高学生的学习兴趣和参与度。二是积极进行教学反思与改进。思政课教师应定期进行教学反思，总结教学中的成功经验和不足之处，并据此调整教学策略和方法，不断提升自己的教学技能和水平。

三、加强思政课教师的教育科研能力

《礼记·学记》曰："教学相长也。"实际上教研也是相互促进的。思政课教师只有在自己的领域不断探究，提出新思想、新观点，才能有效地将这些成果融入教学中，从而

---

① 中共中央 国务院关于弘扬教育家精神加强新时代高素质专业化教师队伍建设的意见[EB/OL]. 中华人民共和国中央人民政府，2024-08-26.

② 同①。

③ 同①。

提高课程的质量和水平。尽管我们不认同"科研、教研搞得好，课就上得好"这种观点，但科研、教研搞得好对于提升教学质量有着显而易见的影响。因此，思政课教师一方面要积极参与课题研究，通过行动研究解决教学中的实际问题，提升自己的教育科研能力；另一方面要将自己的研究成果撰写成学术论文，并在学术期刊上发表，以提升自己的学术影响力和知名度。

四、建立思政课教师发展支持体系

提升思政课教师的学科素养，需要政府、学校、教师、学生及社会各界的共同努力。一是政策支持。教育行政部门应出台相关政策措施，明确思政课教师学科素养提升的重要性和目标，为思政课教师学科素养的提升提供政策支持和保障。目前，在教学的"三要素"中已经出台了两个核心素养——学生发展核心素养、学科核心素养，唯独缺少教师发展核心素养，需要教育行政部门尽快编制完成，使原来"不对称"的两轮驱动变成"为了学生发展"对称的两翼齐飞。二是提供培训资源。政府、社会和学校应为思政课教师提供丰富的培训资源和学习机会，如在线课程、工作坊、研讨会等，帮助思政课教师不断提升自己的专业素养和教学能力。三是搭建交流平台。学校应通过网络和信息技术为思政课教师建立交流平台，促进思政课教师之间的经验分享和合作研究，共同推动教育教学的发展。

思考与探究

1. 在进行教学设计时，你是如何分析教学内容的？
2. 如何理解"分析教学内容"的重要性？
3. 举例说明思想政治学科教学内容结构化的一般形式。
4. 思想政治学科教学内容结构化的特殊形式有哪些类型？
5. 如何理解思政课教师的学科素养？

第三章　全面了解学生学情

少无适俗韵，性本爱丘山。

——东晋南北朝·陶渊明《归园田居·其一》

教学需要考虑把"学生话题"与"理论问题"有机结合起来，形成"教学议题"，并最后达成"教学主题"。"学生话题"就是学生学情分析，它是教学设计中的第二个栏目，与教学内容分析一同构成了确定教学目标的重要基础。了解学生学情对于确定教学目标、选择教学方法和开展教学活动具有十分重要的意义。因此，了解、分析、研究并激励学生，是思政课教师永不停歇的工作。

第一节　学生学情的内涵及其教学论意义

了解学生学情是思政课教师开展教学的基础和前提。那么，什么是学生学情？它包含哪些内容？它有怎样的教学论意义？这些问题是我们首先要搞清楚的。

一、学生学情的内涵

学生学情，顾名思义，就是学生在学习过程中展现出的各种状况、特点、需求及能力等方面的综合情况。它涵盖了学生的学习基础、学习态度、学习习惯、学习方法及学习需求等多个方面。

第一，学习基础是教师确定教学起点和难度的重要依据。思政课教师通过分析学生掌握知识的程度和水平，能够确保教学内容与学生的实际水平相匹配。

第二，学习态度对于学生学习效果有十分重要的影响。思政课教师可以通过观察学生的课堂表现、作业完成情况及与学生的交流情况来了解学生是否有对知识的渴望、对学习的热情，以及面对困难时的坚持和毅力等。

第三，良好的学习习惯能显著提高学生的学习效率。思政课教师可以通过日常观察、与家长沟通，以及定期检查学生的作业和笔记来了解学生的学习习惯。

第四，学习方法对于学生来说至关重要。思政课教师可以通过观察学生的学习过程、与学生交流及提供多种学习方法供学生选择，来帮助他们找到适合自己的学习方法。

第五，学习需求对于思政课教师提供更加个性化的教学服务、满足学生的不同需求有十分重要的意义。在学习过程中，学生有多方面的学习需求，如知识需求、技能需求、情感需求及心理需求等。思政课教师要根据这些需求进行教学设计，选择教学方法，安排教学活动。

不同学段的学生，学情是不同的。即使是同一学段不同年级的学生，学情也是不同的。例如，初一学生遇到的主要问题是如何走向新的学习生活，适应新的学习环境。初二是学生向青春期过渡的主要时期，面临因学习分化、同学关系等各种问题而引发的心理矛盾，因此，他们要处理好方方面面的关系。初三是义务教育的最后一个阶段，学生面临着多种选择：是选择劳动就业还是升学？是读公办高中还是读民办高中？是读普通高中还是上职业学校？是读重点高中还是读普通高中？如何选择和规划未来，是他们面临的主要问题。再如，高一学生面临的主要问题是"难"，他们正处于"心理断乳"的适应期，学习的深度、跨度和难度突然增大，数学、物理、化学等学科的难点比较集中。高二学生面临的主要问题是"分化"，包括学习上的分化和思想表现上的分化，从而引发各种心理和思想矛盾。高三学生面临的主要问题是"成熟"和"紧张"，他们的思想道德和各种心理素质基本成熟，理论思维快速成长，对于许多问题的看法趋于独立。随着高考和就业选择的临近，学生和家长都有一种强烈的紧迫感和无形压力，有时会感到不知所措和烦躁。

综上所述，学生学情是一个复杂且多维的概念，它需要思政课教师全面、深入地了解和把握。只有充分了解学生的学情，思政课教师才能制定出更加符合学生实际的教学方案，进而提升教学效果和质量。

二、学生学情的教学论意义

学生学情的教学论意义体现在多个方面，它们的影响深远且广泛，在教育教学领域中具有重要的地位和价值。

(一)影响着教学设计的质量

学情分析是教学设计中不可或缺的一环。在教学设计过程中，思政课教师需要充分考虑学生的实际情况和需求，以确保教学活动的针对性和有效性。通过了解学生的已有知识水平和学习能力，思政课教师可以明确教学目标，确定教学内容，选择教学方法和评估教学效果，从而设计出符合学生特点和需求的教学方案；通过对学生学习风格和兴趣点的分析，思政课教师可以提前预判学生在学习过程中可能遇到的困难和挑战、出现的偏差和误解，从而有针对性地设计教学策略，帮助学生克服学习障碍，顺利实现学习目标。

(二)有利于个性化教学的开展

学情分析是实施个性化教学的重要前提。每名学生都是独一无二的个体，他们有着不同的学习需求和兴趣爱好。通过收集和分析学生的学习数据与行为，思政课教师可以深入了解每名学生的学习习惯、兴趣和能力水平，从而为他们量身定制教学活动和指导策略，提供更加个性化的教学服务，因材施教，帮助学生充分发挥自己的潜能和优势，促进其个性化发展。个性化教学不仅能够激发学生的学习兴趣和动力，还能有效提升学生的学习效果和满意度。

(三)促使思政课教师不断改进教学

学情分析为思政课教师不断改进教学提供了有力的依据。在教学过程中，思政课教师通过分析学生的学习数据，可以及时发现教学过程中存在的问题和学生的学习困难。这些信息对于思政课教师调整教学策略、改进教学方法具有重要意义。通过持续的学情分析，思政课教师可以不断优化教学过程，提升教学效果，促进教学质量的稳步提升。

(四)对于学生成长提供持续支持

学情分析有利于学生全面了解自己的学习状况，发现自身的优势和不足。通过思政课教师的指导和支持，学生可以制订个性化的学习计划，有针对性地提升自己的学习能力和学业成绩。同时，学情分析还能够帮助学生养成良好的学习习惯和生活态度，为未来的学习、生活和工作奠定坚实的基础。

(五)使教育公平得以实现

学情分析还能够间接地促进教育公平。教育公平包括教育机会(或起点)公平、教育过程公平和教育结果公平。学情分析属于教育过程公平的一部分，通过关注每名学生的学习情况和需求，思政课教师可以为不同背景和能力的学生提供平等的学习机会及支持。这种关注和支持能够缩小教育差距，实现教育资源的均衡分配，进而推动教育公平和社会公正。

第二节　学情分析中存在的问题及其产生的原因

学生学情分析在教学设计中具有至关重要的作用。深入分析学生学情，能够帮助思政课教师更精准地把握学生的学习状况，从而制定更加有效的教学策略。然而，在实际操作中，学情分析往往面临一系列问题，这些问题会影响教学的针对性、真实性和操作性。

一、简单套用一些理论或观点

与分析教学内容相比，教学设计中的学情分析更多的是流于形式。我们在阅读学情分析时会发现，不少描述用语雷同。有的是没有结合学生的实际情况，只是简单地套用教育学或心理学的理论或观点，如"心理学研究表明，当代学生有以下特点……""教育学认为，学生存在着个别差异……"等；有的是没有进行深入的调查和数据分析，过于依赖自己以往的教学经验或主观判断，如"我校属于城市中学，学生心理集中表现为……优点是……缺点是……""我校属于农村中学，学生心理集中表现为……优点是……缺点是……"等。这样的表述既忽略了学生群体的多样性和具体性，又忽视了客观数据的差异，缺乏针对性和具体性。

究其原因，一方面是技术手段不足。数据分析工具缺乏，使得分析过程烦琐且易出错；数据收集手段有限，使得传统的数据收集方式无法满足现代学情分析的需求，导致数据收集不全或效率低下。另一方面是教师在思想上不够重视。有些思政课教师认为，把教学内容分析到位、设计好就行了，不需要过多地研究学生，自己又不是班主任，手头没有现成数据，学情分析太麻烦。

二、表述比较笼统模糊

学情分析应该基于具体的数据和案例来表述，但缺乏这些关键元素，导致分析的结果空洞无物，有名无实。在具体的表述中，只能使用一些模糊的词语或语句，如"部分学生""大多数学生"等。这些词语或语句缺乏明确的指向性和具体性，使得分析结果难以被具体应用于教学实践中。特别是缺少学生对于某一门学科中的哪些问题感兴趣、哪些问题有疑惑、哪些问题有相反或错误的看法等调查数据，使整个教学只能在教师主观认知的框架内展开。同时，有的学情分析仅考虑学生当前的学习状况，忽视了学生的学习动态和发展趋势；有的学情分析仅关注学习成绩等单一维度，而忽视了学生的学习态度、兴趣、习惯等非智力因素；还有的学情分析仅局限于某一学科领域，缺乏跨学科知识的综合运用；等等。

出现上述问题，部分原因是有些数据的收集比较困难，如学生的学习态度、行为习惯等非数值化数据，难以通过量化手段进行收集和分析。要想获取这些非数值化数据，不仅需要开发有效的工具和方法(如质性研究方法)，还要加强家校沟通，了解学生在家庭和社会环境中的表现等。另外，思政课教师对学情分析的主动性不强，视野不宽广，缺乏预见性和前沿性，也是重要原因。

三、忽视学生的差异性

学情分析应该充分考虑学生的个体差异性和多样性。然而，有些思政课教师在进行学情分析时会采用"一刀切"的方式，对所有学生进行统一的分析和评价，忽略了他们的不同特点和需求。这种只关注整体而不考虑个别的做法，没有把整体与个别区分开来，类似于"只见森林不见树木"，缺乏深度的认知。忽视了学生的个体差异，导致教学措施缺乏针对性，无法满足不同学生的学习需求。

忽视学生的个体差异性，不仅仅是因为思政课教师对学情分析的主动性和积极性不足，还涉及对于学情分析的认识不到位和结果应用转化能力不足等问题。例如，有的教师将学情分析视为一项任务，而非持续的过程，缺乏持续改进和优化的机制，也缺乏将学情分析结果转化为实际教学措施的能力或意愿，导致学情分析的结果未能得到充分利用，难以指导教学决策和学生的学习。

四、数据分析不准确和不完整

在进行学情分析时，为了获得比较可靠和全面的数据，往往会使用一些有针对性的方法和技术手段。但是，有的思政课教师未能使用合适的分析工具或方法，导致分析结果存在偏差或误解；有的用于分析的数据本身存在缺失、错误或不一致的情况，如学生成绩记录不完整或遗失、评估标准不统一等，直接影响了分析结果的准确性和可靠性；有的对分析结果的解释不够准确或深入，导致教学决策的失误；有的是评估工具未能全面反映学生的学习状况和能力水平，存在偏差和局限性；等等。

数据分析得不准确和不完整主要源于技术方面的问题。例如，思政课教师缺乏必要的统计和分析知识，或者对分析工具和方法的理解不够深入；数据收集过程中的疏忽、系统错误、人为因素等也会导致数据质量问题；受到个人经验、偏见或情感因素的影响，导致对分析结果的解释存在偏差等。

第三节 学情分析要体现学生立场

教学一定要体现学生立场，而体现学生立场是通过学生学情分析来实现的。它包括理解学生的需求和挑战，关注学生的心理健康，鼓励学生参与和表达，提供多元化的信息资源和实用的学习方法、技巧等。目前，课程标准设置了许多议题，即课标议题，这些议题是学生立场的充分表达和积极体现。教学时，课标议题必须转化为教学议题才能实实在在落地。而设计教学议题首先要了解学生，进行学情分析，从而形成学生话题。学生话题是教学的基础，是学生立场的集中体现。

一、贯彻"以学生为中心"的思想

在思想政治课教学中，体现"以学生为中心"的思想，就是要让学生的学习体验和需求成为教学的核心。这不仅是一种教学方式方法的转变，更是一种教育教学理念的革新。

(一)尊重每名学生的个性差异和学习节奏

每名学生都是独一无二的个体，他们有不同的兴趣、能力和学习方式。思政课教师应该充分了解每名学生的特点，针对不同学生的学习风格、兴趣爱好和认知水平，提供个性化的学习路径和信息资源，确保每名学生都能在适合自己的节奏和方式下有效学习。

(二)激发学生的学习兴趣和主动性

通过引导学生参与课堂讨论、项目研究等实践活动，让他们成为学习的主体，而不是被动的接受者。这样学生可以更好地理解并掌握所学的知识，培养学生的自主学习能力和创新精神。

(三)关注学生的全面发展

除了学科知识的学习外，思政课教师还要关注学生身心健康、社会交往、艺术修养等方面的发展。通过提供多样化的课外活动和社会实践机会，让学生全面发展，成为具有综合素质的人才。

(四)建立积极的师生关系

思政课教师要关心学生的生活和学习，给予他们足够的关注和支持，帮助他们建立自信心和积极的心态，与他们建立深厚的情感联系。当学生遇到困难和挫折时，要及时给予帮助和支持，让他们感受到来自教师的温暖和力量。同时，还要鼓励学生表达自己的想法和观点，以便思政课教师不断改进教学方法和策略，更好地满足学生的需求。

总之，"以学生为中心"的思想需要思政课教师在教学过程中不断思考和实践，只有这样，才能为学生的全面发展创造更加良好的环境和条件。

二、努力寻找学生话题

学生学情分析的落脚点是寻找学生话题。寻找学生话题是一个既需要创意又需要系统思考的过程。因此，它不仅需要遵循一定的学情分析方法，还要考虑思想政治学科的要求和学生的认知水平。

(一)遵循学情分析方法

全面了解学情是思政课教师在教学过程中至关重要的一环，它有助于思政课教师更准确地把握学生的学习状况和需求，从而制定出更符合学生实际的教学方案。

第一，收集学生基本信息。首先了解学生的年龄、年级、学习背景等基本信息，再通过查阅学生的成绩单、作业、课堂表现等，了解学生之前的学习经历，包括已经掌握的知识和技能。这些信息能够帮助思政课教师初步了解学生的群体特征和个别情况。

第二，评估学生当前的学习水平。设计一些与教学内容相关的前置知识测试，以评估学生对相关知识的掌握程度；通过作业、课堂表现、小组讨论等方式，评估学生的自主学习能力、团队合作能力、批判性思维能力等。这有利于思政课教师了解学生的学习起点，为后续教学提供依据。

第三，保持学情动态调整。学情分析是一个动态的过程，需要随着教学进程的推进不断进行调整和完善。学生的学习情况和需求会随着时间的推移而发生变化，因此，思政课教师需要定期重新评估学生的学习情况，以便及时调整教学策略和方法。

第四，采用多种分析方法。学情分析的方法有多种，如观察法、谈话法、测试法、调查法和作品分析法等。这些方法使用广泛、简便易行。①观察法。观察法是指教师通过观察学生在课堂上的表现、参与度、互动情况等，来了解学生的学习态度和行为习惯。这种方法能够让思政课教师获得第一手资料，为教学目标的确定和教学内容的重组提供必要的依据。②谈话法。谈话法指的是教师与学生进行面对面的交流，通过这种方式，教师可以了解学生的学习感受、困惑和建议等。这种方法既可以帮助学生放松心情，也可以让思政课教师更深入地了解学生的思考方式和问题所在。③测试法。测试法是通过组织各种类型的测试(如笔试、口试、操作测试等)，使教师量化地了解学生的学习成绩和能力水平。测试结果为思政课教师提供了可量化的数据，便于进行统计与分析。④调查法。调查法是通过向学生发放调查问卷或进行在线调查，收集学生的基本信息、学习基础、学习能力、学习方法、学习需求等多方面的数据。这种方法可以覆盖更多的学生，收集到大量的数据，帮助思政课教师进行整体分析和把握班级学情。⑤作品分析法。作品分析法是通过分析学生的作业、实验报告、作文等作品，来评估学生的创造力和实践能力。这种方法能够使思政课教师更了解学生的学习成果和能力发展情况。

(二)考虑学科自身要求

探寻学生话题，一定要结合思想政治学科发展的理论和实际情况，进行综合性的学术梳理。

第一，与学科方向相结合。思想政治学科有自己的研究领域和不同的研究方向，而每个研究方向都有自己的研究重点和热点问题。因此，选择合适的话题需要紧密结合思想政治学科自身的特点。

第二，与学科前沿相结合。关注思想政治学科的最新研究成果和发展趋势，选择具有前瞻性和创新性的话题。学科前沿的话题往往具有较高的研究价值和创新性，能够锻炼学生的科研能力和创新思维。这可以通过查阅思想政治学科的学术期刊、参加该学科学术会议、关注该学科专家动态等方式来实现。

第三，与热点问题相结合。关注当前的社会热点、政策导向、新闻事件、科学发现以及实际需求，如气候变化、环境污染、数字经济、人工智能、教育公平及人口老龄化等。这些话题往往具有时效性和现实意义，能够引发学生的关注和讨论。通过这些话题，能够引导学生思考它们背后的原因、影响及可能的解决方案。

(三)关注学生实际需求

寻找学生话题，需要与学生的实际需求紧密结合，具体包括以下几个方面。

第一，与学生的兴趣点相结合。学生兴趣点是指一些具体的、能够吸引学生关注的教学内容。就思想政治学科而言，能够引起学生兴趣的教学内容有很多，如时效性强的时政热点、贴近生活的社会热点、具有历史深度的内容、历史人物与榜样力量、文化传承与创新发展、具有思想引领性的内容、结合学生实际需求的内容，以及教学方法和形式的创新等。

第二，与学生的问题点相结合。学生问题点是指被学生视为一个需要被回答或解决的疑问、难题或挑战。它可能是一个具体明确的问题，也可能是一个宽泛抽象的主题或议题。在思想政治学科中，抽象性的理论概念比较多，如马克思主义基本原理、社会主义本质等，这对于缺乏相关背景知识的学生来说，理解起来较为困难；重点理论堆砌比较严重，如不同学派的政治学、经济学和社会学理论，学生缺乏简单容纳这些内容的能力；教学内容较为严肃和理论化，导致有些学生缺乏兴趣，甚至个别学生存在抵触情绪。另外，还存在教学方式和教学方法的问题等。

第三，与学生的困惑点相结合。学生困惑点是指学生在面对某一个学习问题、情境或决策时，感到疑惑、迷茫、不知所措的关键点。这些关键点涉及知识的缺乏、理解的障碍和选择的冲突等。在思想政治学科中，涉及对学生价值观和信仰进行教育的问题。在当今社会多元价值并存的背景下，学生可能会受到不同价值观的影响，对教学内容中的某些观点可能产生疑问或困惑，也可能在信仰和现实之间感到不解，不知道如何平衡个人信仰与社会现实之间的关系。此外，思想政治学科中经常涉及历史事件和人物，对于缺乏历史基础知识的学生来说，可能难以完全理解这些历史事件和人物的背景及意义，也无法理解历史对现实的影响和启示等。

三、准确表达学生话题

学生话题来自课前对学生的调研。每学期上第一节课时，思政课教师要针对所教课本中的众多理论问题进行有选择的调查，应了解学生对哪些问题感兴趣，对哪些问题有疑惑，对哪些问题有相反或错误的看法，等等。只有这样，思政课教师才能归纳总结出分类层次比较明晰的学生话题。

(一)善于分类整理学生话题

在教学设计中的学生学情分析栏目，可以直接用学生话题来进行描述。学生话题是一个广泛且多元的概念，涵盖与学生生活、学习、成长等方面。例如，如何高效学习？如何掌握知识的重点和难点？如何规划自己的未来？如何与教师沟通、与同学相处？如何调节自己的情绪？如何发挥个人优势？如何承担社会责任？这些问题会一直困扰着学生，希望思政课教师予以帮助和解决。同时，这些问题在思想政治课教学过程中需要进行个性化的处理，并呈现出不同的特点。

学生在学习思想政治课的过程中会提出各种各样的问题，这些问题通常反映了他们对课程内容的思考、疑惑，以及对现实世界的关注。归纳起来，主要有以下几个方面。

第一，理论性问题。理论性问题是指那些涉及原理、概念、假设或理论框架的问题，它们探讨的是事物背后的本质、规律或逻辑。这方面的问题包括：马克思主义是如何解释人类社会发展规律的？剩余价值理论在当代经济体系中是否仍然适用？中国特色社会主义制度是如何形成的？其优越性体现在哪里？如何理解"四个自信"在中国特色社会主义建设中的作用？

第二，现实性问题。现实性问题是指那些与现实生活、实际情况或具体现象直接相关的问题，它们关注的是实际存在的事物、事件或状态。这方面的问题具体包括：当前社会中的贫富差距问题如何用思想政治理论来解释和应对？在全球化背景下，如何保持和弘扬中华民族的优秀传统文化？国家最新出台的某项政策(如乡村振兴、绿色发展等)背后的思想政治逻辑是什么？如何评价某项政策在实施过程中的成效与不足？

第三，历史性与比较性问题。历史性与比较性问题涉及对历史事件、人物、制度、文化和现象等进行深入分析及比较。这方面的问题具体包括：从思想政治角度来看，中华人民共和国的成立对中国社会产生了哪些深远影响？苏联解体等历史事件对中国特色社会主义道路有何启示？中国特色社会主义与西方资本主义制度有哪些本质区别？在全球化背景下，如何看待不同国家间的政治制度差异？

第四，个人发展与社会责任问题。在个人追求发展的同时，也需要考虑如何承担社会责任，实现个人与社会的和谐共生。这方面的问题包括：思想政治课如何帮助学生塑造个人的世界观、人生观和价值观？在面对社会选择时，如何坚持正确的价值导向？作为青年学生，如何在实现个人价值的同时承担社会责任？思想政治课如何培养学生的社会责任感和使命感？

第五，教学方法与形式问题。教学方法与形式问题是教育领域中的重要议题，它们直接关系到教学效果和学习体验。这方面的具体问题包括：能否增加更多案例分析和互动讨论环节，以增强课程的趣味性和实效性？如何将理论与实践更好地结合，让学生在实践中深化对思想政治理论的理解？是否可以引入更多前沿的思想政治研究成果和热点问题，以拓宽学生的视野？如何平衡课程的系统性与时代性，使课程内容既符合学科要求又贴近学生实际？

这些问题只是学生提出的一部分具有代表性的问题，实际上学生在学习过程中会根据自己的兴趣、经历和疑惑提出更加具体和多样的问题。作为思政课教师，应该认真倾听学生的心声，做一个有心人，将学生的实际感受与所讲理论很好地结合起来，解答学生的疑惑，激发他们的学习兴趣，发展他们的思考能力。

(二)把学生话题与理论问题贯通起来

将学生话题与理论问题贯通起来的过程，是一个将理论与实践相结合、促进知识内化和能力提升的过程。只有把学生学情分析形成的学生话题与课程标准或教材中的理论问题很好地衔接，才能形成比较好的教学议题。

1. 明确学生话题与理论问题的关联点

学生话题往往来源于他们的日常生活、学习经历或社会现象，理论问题则是对这些现象进行抽象、概括和解释的结果。因此，要找到两者之间的关联点，将学生的具体经验与抽象的理论知识相结合。例如，在思想政治课教学中，教师要敏锐地观察学生的日常生活、思想动态和关注焦点，从中挖掘出与思想政治学科理论问题相关的元素。这些元素可能涉及社会主义核心价值观、道德伦理、政治信仰、法治观念等方面。教师将这些元素与学生话题相结合，可以使学生感受到思想政治学科中理论的现实性和针对性。

2. 以学生话题为切入点引入理论问题

在教学过程中，可以以学生感兴趣或关注的话题为切入点，引导学生思考这些话题背后的理论问题。例如，在讨论"网络舆论与公民责任"这一学生话题时，可以引入网络舆论的定义、特征、存在的问题，以及公民应该承担的责任等理论问题，以帮助学生从更深层次理解这一话题。

3. 运用理论问题解析学生话题

当学生对话题有了初步的认识和感受后，思政课教师可以运用相关理论对它进行深入解析。通过理论分析，学生可以更清晰地看到话题背后的原因、机制和影响，从而加深对话题的理解。同时，这种解析过程也有助于学生将理论知识应用于实际问题中，提高他们解决问题的能力。例如，在讨论"网络舆论与公民责任"这一学生话题时，可以引入马克思主义新闻观、媒介素养等理论进行解析，引导学生认识到网络舆论的重要性及其对个人和社会的影响。

4. 促进理论与实践的互动和融合

为了使学生更好地掌握理论知识并将它应用于实践中，思政课教师可以开展一系列互动式教学活动。这些活动可以包括小组讨论、角色扮演、案例分析等，让学生在参与中感受课程理论的魅力和力量。通过互动式教学活动，学生可以更好地理解理论问题与学生话题之间的内在联系，从而增强他们的学习动力和兴趣。

综上所述，将学生话题与理论问题贯通起来是一个复杂而重要的过程。

思考与探究

1. 你是如何理解"学生话题"的？
2. 学生学情包括哪些内容？思政课教师了解学生学情有什么意义？
3. 对于"以学生为中心"的思想，你是如何认识的？
4. 思想政治学科"课标议题"是如何体现学生立场的？
5. 思政课教师应如何寻找学生话题？
6. 思政课教师怎样才能准确表达学生话题？

第四章　贴切陈述教学目标

故立志者，为学之心也；为学者，立志之事也。

——明·王阳明《王文成公全书·卷八》

教学目标是教学活动的出发点和归宿，是教师根据课程标准、教材内容及学生学情等，对教学活动所要达到的预期结果的具体化、可操作化的描述。在进行教学设计时，陈述教学目标不能宽泛笼统，而要具体、细化。细化教学目标是教学设计中至关重要的一步，它有助于师生清晰地理解学习任务，实现"教—学—评"的一致性，确保教学活动更具针对性和有效性。

第一节　认识教学目标的两个指向

教学目标作为对教学活动所要达到的结果的一种预期，蕴含着教学将引领学生"到哪里去"的问题。因此，指向学科核心素养的教学目标，不能只是一个空洞的口号，而是需要有非常清晰的指向。这里的清晰指向包括宏观方向和微观刻画两个方面。

一、教学目标的宏观方向

宏观方向的教学目标是指对思想政治课的整个教学过程或某个较长教学阶段(如学期、学年)的总体期望和要求。它通常与思想政治课程标准、培养目标或教育目标紧密相关，具有全局性、指导性和长期性的特点。其内容体现为以下三个方面。

(一)依循课程标准

思想政治课程标准是国家对思想政治课程的基本规范和质量要求，是思想政治教材编写、教学、评估和考试命题的依据。教学目标的宏观方向应首先依据思想政治课程标准来确定，以确保教学活动与国家标准保持一致，并有效落实立德树人的根本任务。

(二)注重全面发展

宏观教学目标应关注学生的全面发展，包括知识与技能、过程与方法、情感态度与价值观三个维度，尤其是思想政治学科核心素养的培育。这就要求思政课教师在设定教学目标时，不仅要关注学生对知识的掌握和技能的提升，还要关注学生在学习过程中的体验、方法的掌握，以及情感态度和价值观的培养，更要关注学生政治认同、道德修养、法治观念等核心素养的形成。

(三)体现学科特点

思想政治学科具有鲜明的特点和特殊的要求，教学目标的宏观方向应体现这些特点和要求。思想政治学科的特点主要表现为政治性与社会性结合、理论性与实践性并重、综合性与指导性显著等，这就要求思政课教师在设定教学目标时，要考虑如何实现知识传授、能力培养和价值引导的完美结合。

二、教学目标的微观刻画

微观刻画的教学目标是指对思想政治课的具体教学活动(如一个单元、一节课)的特殊要求和期望。它是对宏观教学目标的细化和具体化，具有针对性、可操作性和可评估性的特点。

(一)应明确具体

微观教学目标应明确具体，避免模糊不清。例如，在思想政治课教学中，不能仅设定"政治认同"一级目标，而应具体化到"坚持和发展中国特色社会主义"二级目标；不能仅设定"法治观念"一级目标，而应具体化到"生命安全意识和自我保护能力"二级目标等。

(二)具有可观察性和可测量性

微观教学目标应具有可观察性和可测量性，以便教师和学生能够清楚地了解教学目标的达成情况。例如，在思想政治课教学中，可以设定"养成自尊自信的人生态度，在生活中磨炼意志，形成良好的抗挫折能力"这样的目标，然后通过学生的学业质量或作业来评估其达成情况。

(三)关注学生差异

微观教学目标的设定应充分考虑学生的个体差异，体现因材施教的原则。对于不同水平的学生，可以设定不同层次的教学目标，以满足他们的不同需求。《思想政治课程标准》把学科核心素养水平划分为 4 级，分别面对的是"简单情境问题""一般情境问题""复杂情境问题""具有挑战性的复杂情境问题"，相应的学业质量水平也分为 4 级。针对不同水平的学生可以分别设定相应的教学目标。

(四)与教学活动相匹配

微观教学目标应与思想政治课的具体教学活动相匹配，以确保教学活动能够有效地促进教学目标的达成。如在思想政治课教学中，教学目标应与学生将要进行的某一节课的教学内容紧密相关，以便学生在学习过程中能够明确自己的学习任务和目标。

综上所述，教学目标的设定需要从宏观方向和微观刻画两个层面进行综合考虑。宏观方向为教学活动提供了总体指导和方向，而微观刻画确保了教学活动的具体性和可操作性。两者相辅相成，共同构成了完整的思想政治课的教学目标体系。

第二节　设定教学目标时存在的问题

设定教学目标在教学过程中起着至关重要的作用，它指导着思政课教师的教学行为和学生的学习方向。然而，在实际操作中，设定教学目标时往往存在一些问题，这些问题会影响教学效果和学生的学习成果。

一、教学目标过于宽泛

有些思政课教师设定的教学目标过于宽泛，存在"假、大、空、虚"现象，无实质意义，形同虚设，给教师指导教学与评价学生学习成果带来了困难。这样的教学目标似乎可以写在任何教学设计中，但任何课堂教学都难以实现。例如，把思想政治课的教学目标设定为"政治认同"一级目标，但并没有明确说明是领导力量的认同、道路和制度的认同，还是国家、民族、文化的认同，以及价值观的认同等二级目标。这种模糊的教学目标既难以指导教学实践活动，也无法有效评估学生的学习成果。

二、教学目标过高或过低

教学目标过高，不仅会给思政课教师增加教学的难度，也会给学生造成巨大的压力，导致学习焦虑和学习动力不足；教学目标过低，则容易使师生产生懈怠情绪，积极性和主动性都比较低。在设定教学目标时，需要充分考虑师生的实际情况和学生的个体差异，确保教学目标既具有挑战性又具有可行性。例如，在思想政治课的教学目标设计中，如果把"社会意识形态"作为初中教学的内容，那么其深度和广度都超出了初中生的平均认知水平，也超出了课程标准的要求。

三、教学目标主体行为不明

明确的教学目标应该清晰地指出谁(主体)需要做什么(行为)，以及达到什么标准(结果)。那么，教学目标主要是针对学生、教师，还是其他学习者呢？在大多数情况下，教学目标的主体应该是学生。可是，许多教学设计写的却是"使学生……""培养学生……"。在这样的目标陈述中，思政课教师是使能者，学生是效应者。其实，教学目标应该陈述通过教学学生能学会什么，而不是陈述教师做什么。另外，教学目标还应描述学生执行的行为应该是可观察、可测量的，并且能够明确反映出学生对所学内容的掌握程度。这就需要尽量使用具体的、指向明确的"行为动词"来描述学生的行为。例如，"识别""解释""解决""应用"等动词，就比"学习""了解""掌握"等动词更清晰明了。如果把原来的教学目标"学习并掌握社会生产方式"调整为"学生将能够识别并解释社会生产方式的定义，以及应用社会生产方式解决简单的社会实际问题"，那么，主体(学生)、行为(识别、解释、应用)和结果(解决简单的社会实际问题)就变得更加明确具体了。

四、教学目标缺乏层次性

教学目标应该具有层次性，不仅包括基础性目标、提高性目标和拓展性目标等，还包括知识目标、能力目标、核心素养目标等。然而，在实际操作中，有些思政课教师往往只关注基础性目标，而忽略了其他层次的目标；只关注知识目标，而忽略了能力目标和核心素养目标；只关注结果性目标，而忽略了过程性目标。其后果可能导致无法全面发展学生的能力和素质。

五、教学目标缺乏动态调整

教学目标不是一成不变的，而是需要教师根据教学情况、学生学习情况和教学进度进行动态调整。但是，在实际教学中，有些思政课教师往往缺乏动态调整教学目标的意识和能力，这导致教学目标与实际教学情况脱节。因此，在设定教学目标时，需要设计教学预案，在充分考虑教学过程中的不确定性和变化性的条件下制定相应的调整策略，以确保教学目标具有针对性和实效性。

第三节　教学目标存在问题的原因分析

在教学设计中，有些思政课教师设定的教学目标存在着诸多问题，而形成这些问题的原因也是多方面的。这些原因直接影响教学目标的明确性、可操作性和达成度。

一、缺乏对教学目标的深刻认识

教学目标是培养什么人的问题，涉及学生的成长性，在教学中体现为"为人性"和"人为性"。为人性是指教学应秉持以学生为中心，以素养为导向，以实践为手段，利用有限的课堂教学时间设计与组织教学活动，实现教学的"为人"意义，即教学要以学生为中心，一切为学生服务。人为性是指在教学内容的选择、学习方式的变革及教学评价的改革中摆脱传统的知识观，完成对知识获得的思考与反省，实现知识意义的真正生成，即教学要充分发挥学生的主体性，实现知识的自我重新建构。关于教学目标的"为人性"和"人为性"，不少思政课教师并没有认识到，自然很难设定出具体且有发展性的教学目标。

除了对"为人性"和"人为性"认识不到位外，对落实"为人性"和"人为性"也缺乏具体的方法。其实，要落实教学的"为人性"和"人为性"，关键在于将教学目标与教学内容有机融合，"在场学习"就是比较好的融合学习方式。通俗地讲，"在场"就是直接呈现在学生面前的事物，它对于学习具有直接性、无遮蔽性和敞开性。用杜威的话来讲就是"教育即生活，教育即生长，教育即经验之改造"，即教育的核心要义在于活动化和生活化。教学不能脱离环境，不能脱离儿童眼前的生活，应与儿童身边的环境和生活融为一体。儿童的经验是从已知经验到未知经验的连续过程，这个过程不是简单地教给儿童既有的科学知识，而是让他们在活动中不断增长和改组自己的经验。因此，"在场学习"就是要去蔽，让学生身临其境地进行活动体验，通过亲身体验，把知识搞清楚、弄明白，达到无遮蔽的状态。通过去蔽，实现无遮蔽的敞开，就能够在与传统的主动接触和冲突中达到自由之境界。去蔽的基本路径就是介入，包括对师生主体的介入、对当下教学的介入，甚至对人类个体生存环境的介入等。通过介入，使学生的学习直接进入事物内部，与世界的原初经验接触，并通过本真呈现出来。对学生来说，在场学习更多的是激活、理解和连接。理解了"在场"的含义后，再去探究教学的知识意义，在心理意义、生活意义和社会意义中关注学生的生存现状，以创造课堂的新境界和新意义。

同时，我们也需要学会"出场"，将教学目标融入学习过程之中。这要求思政课教师从课程本身深入解析内容的脉络，到学生的风格指向，再到单元目标，包括知识意义、概念理解、迁移运用等目标。最后这些目标要落实到学习过程的设计中，涵盖核心任务、学科工具的研发及素养导向的评价等方面。

二、不能很好地把教学目标融入学习过程

有人认为，语文课的价值是"一手好字，一篇好文章，一副好口才，一生好积累"①；综合实践课的价值是"问题的解决，工具的思维，创造的能力，协作能力"。那么，思想政治课的价值是什么呢？思政课教师要善于把新课程标准转化成自己所任学科的期待和要求，研制出一种通俗易懂的表达方式。我们可以把思想政治课的价值确定为："一种好思维，一身好习惯，一股好精神，一流好品格。"以此为纲，再从两个维度进行贯通：一个维度是三个"全"，即全科阅读、全科思维、全科习惯，这是学科结构化、一体化建设所要求的；另一个维度是抓住学习的基本要素，即逻辑、理解、表达和精细动作，每个要素都会影响思想政治课的学业质量。但是，不少思政课教师心中没有这个"纲"和两个"维度"的概念，从而影响了他们的教学设计和学生的学习实践。

有了一个"纲"和两个"维度"，紧接着就要深入实践。譬如，学习"中国特色社会主义文化"时，在学习单的设计上，教师通过选一选、分一分、看一看、做一做、想一想，给学生提供线索，让他们自主探究。这不仅提供了线索，还要呈现出一种学习方式的设计，蕴含学习共同体的建设，帮助学生在参与中激活能量。同时，将学习目标设计在基础阶段和拓展阶段。其中，基础阶段的目标考查学生是课前、课中，还是课后获得的能力，而在推进中，教师还要观察学生拓展出了哪些目标。没有这个"纲"，教学中学生就会缺乏目标导向，他们所在的"学习场域"就难以形成结构化的影响力，无法通过知、情、思、创、行等方式实现"场域"的效应，激发更多的思维模块，形成相似的结构化内容。

三、难以把教学目标与课程育人目标相匹配

课程标准包括科学精神、人文素养、实践创新和学会学习等宏大的育人目标，这些宏大的育人目标是通过教师一节课一节课的教学逐步实现的。也就是说，教学时需要把课程育人目标细化为课时教学目标，以便更顺利地完成教学任务。然而，不少思政课教师对于这二者的结合往往感到力不从心或心有余而力不足，导致自己的课时教学目标与课程育人目标无法实现很好的匹配。其实，二者的匹配需要注意一些具体的操作方法，主要体现为以下几个方面。

第一，设计思想政治学科的学习罗盘。设计"树品德"的学习罗盘，可以把政治认同、科学精神、思维方式、关键能力及思想道德情感作为指针，把"树品德"作为载体，让学生在树品德的时空、效果、方式和内容中形成行动路径，把课时教学目标和育人目标

---

① 窦桂梅. 小学语文质量目标手册(6年级上册)[M]. 成都：四川教育出版社，2010：II.

融为一体。

第二，梳理思想政治学科的育人坐标轴。思想政治课育人坐标轴的横轴包括政治认同、科学思维、法治意识和公共参与等思想政治学科核心素养；纵轴包括思想政治学科的认识、情感、思维、语言等。思想政治课是横向成列按照年段递进，纵向成序按照要素进阶，最终形成低、中、高一体化的育人目标。在每一个要素中，教师清楚了方向，也就有了具体的抓手。

第三，描绘思想政治学科的核心知识图谱。新课程标准强调，学生的学科核心素养是在学科学习的过程中逐步形成的，而学科学习最基本的内容就是学科知识。因此，教师首先要弄清楚教学中培养的思想政治学科核心素养的知识起点在哪里。正如有的学者所说："教学活动离不开知识，教学活动对知识具有绝对的依赖性。""教学是通过知识的学习来提升人的素养的一种教育活动。"[①]如果知识起点不清，那么教学目标自然难明。从学习主体的角度来看，知识起点的背后是学生现有的学习基础，这是教学所要把握的基本学情，从中也能提炼出教学的基本路径。例如，思想政治学科核心知识的界定、筛选与体系建构；核心知识链及其起点、节点和拐点在各学段的呈现顺序与形式；教学内容简化与重组，非核心知识点与核心知识点的联系；核心知识教学的要求、原则、策略和方法；学科核心知识与关键能力、核心素养的有机结合；核心知识教与学的一致性、大中小学核心知识教学衔接的一致性；素养导向的"教—学—评"一致性等。

第四，制定出思想政治学科的关键能力发展循环圈。在上述学习罗盘、育人坐标轴和知识图谱的基础上，进一步激活学习的共同体、研究的探究泵、情感的体验场、实践的工具箱等要素，设计出与学生的智力背景、认知方式和学习风格等相匹配的支持体系，以促进学生形成思想政治学科的独特思维、特质及素养。

综上所述，只有掌握了课时教学目标与课程育人目标相匹配的操作方法，才能使二者很好地衔接起来。否则，教学效果可能不尽如人意。

第四节　教学目标的细化与描述

教学设计中所书写的教学目标，不仅是具体性的，而且应注意表达、用词和描述的准确性。这样的教学目标，阅读时就比较好理解，教学时就能够落实到位。

一、具体细化教学目标

将教学目标具体化和细化，不仅需要遵循一定的原则，还需要掌握基本的方法和技巧。

---

① 余文森. 核心素养导向的课堂教学[M]. 上海：上海教育出版社，2017：97.

(一)细化教学目标应遵循的原则

第一，可量化原则。教学目标应当可以被量化或观察到，即教师和学生能够明确地知道何时目标已经达成。例如，可以使用具体的数字或执行的行为表现来描述思想政治课的教学目标。

第二，明确性原则。教学目标应当清晰明确，不应产生歧义，避免使用模糊或模棱两可的词语，明确要求学生能够做什么、说什么或者展示什么。

第三，可操作性原则。教学目标应当能够转化为切实可行的教学活动。它要求学生在一定的环境条件下或时间内完成特定的任务，并给出明确的评判标准。

(二)细化教学目标的具体方法

1. 按学习任务分解

设定教学目标时，首先需要将大目标分解为一系列有序的学习任务，然后逐步实现这些任务以达成大目标。其核心内容是学科核心素养，逻辑思路为"是什么""为什么""怎么做"。例如，在思想政治课教学中，大目标是政治认同中的"认同中国共产党的领导"，小目标是"认识中国共产党产生的历史条件""了解中国共产党的阶级属性和宗旨使命""坚定党的领导是进一步全面深化改革、推进中国式现代化建设的根本保证"等[①]。这种分解方法有助于学生逐步完成学习任务，并在完成每个小任务的过程中积累经验和信心。

2. 按认知层次分解

根据学科性质和学科认知层次将大目标分解为小目标，其核心内容是知识和技能，逻辑思路为循序渐进、螺旋上升。例如，在思想政治课教学中，大目标可以是"认识劳动的价值和意义"，小目标可以是"知道财富是由劳动创造的""懂得劳动光荣、劳动不分贵贱""尊重各行各业的劳动者""初步了解职业道德规范，立志做未来的好建设者"等[②]。这种分解方法有助于逐步提升学生的认知能力，确保他们在学习过程中能够逐步掌握所需的知识和技能。

3. 结合学生学情进行分解

在细化教学目标时，需要充分考虑学生的实际情况和个体差异。例如，对于不同水平

---

① 中华人民共和国教育部制定. 普通高中思想政治课程标准(2017 年版，2020 年修订)[M]. 北京：人民教育出版社，2020：4.

② 同上。

的学生，可以设置不同难度的教学目标；对于具有特殊需求的学生，可以提供个性化的教学支持。通过了解学生已有的知识基础、学习能力和思想现状，思政课教师可以更准确地制定教学目标，并设计出适合学生的教学情境和教学活动。

4. 按行为动词分解

使用行为动词能够明确教学目标书写的具体操作要求。例如，如果大目标是"调控情绪"，那么小目标可以是"能够感知自己的消极情绪""能够识别消极情绪的危害""掌握自我调控情绪的方法""能够自主调控自身的情绪波动"等。行为动词的使用能够使学生更清楚地了解他们需要完成的具体任务，并有助于思政课教师评估学生的任务完成情况。

5. 采用多种评估方法

为了更准确地评估教学目标的达成情况，可以采用多种形式的评估方法。例如，将形成性评价与总结性评价相结合，将理论评价与实践评价相结合，将个人评价与小组评价相结合等。通过多种评估方法的综合运用，思政课教师可以更全面地了解学生的学习情况，并及时调整教学策略，以帮助学生更好地达成教学目标。

二、恰当描述教学目标

设定教学目标除了考虑教学内容和学生学情外，更多的是依据课程标准来确定。教学目标的设定主要包括以下三个方面的内容。

一是确定核心教学目标。核心教学目标是课程教学的"灵魂"。例如，高中思想政治必修 2《经济与社会》第一单元第二课第一个框题"使市场在资源配置中起决定性作用"一课的核心目标可以确定为：认识到市场在资源配置中起决定性作用，是党的理论创新即习近平新时代中国特色社会主义思想的重要表现之一，从而增强理论自信。之后，教师可以根据学生的知识水平和认知能力，将核心目标简化成若干个层层递进且便于操作的子目标——"市场是如何配置资源的"(认识市场，懂机制)、"市场配置资源有哪些优缺点"(分析市场，明利弊)和"如何更好地使市场在资源配置中起决定性作用"(建设市场，谋发展)。这三个子目标之间具有"是什么""为什么""怎么做"的内在逻辑联系。

二是筛选次要教学目标。在各种次要目标中，有的与核心目标关系密切，可以在实现核心目标的过程中同步实现；有的与核心目标关系不密切，要达到次要目标还必须"另起炉灶"，妨碍教学过程，打断整体教学过程；有的与核心目标看起来关系密切，但由于受时空或学生认知水平的限制，要真正实现这些目标还为时过早。因此，要保证课堂教学的高效达到，有必要对次要目标进行筛选，做简单化处理：有些次要目标要选择在适宜的时机去达成，即补白；有些次要目标要坚决舍去，即留白。什么是留白？庄子曰："虚室生白，吉祥止止。"我们经常讲绘画有留白，无画之处皆是妙境；文学有留白，不著一字尽得风流；建筑有留白，方寸之间空纳万境；音乐有留白，大音希声回味无穷；人生有留白，无用之用方为大用。而教学留白就是为学生"微微打开一扇通向一望无际的知识原野的窗子"，即教学的最终目的是使学生能够自主学习。

三是实现多重教学目标。学科核心素养是一个整体，也寓于知识传授和能力培养之中，而知识、能力和学科核心素养的内化又要经历一个自我体验、自我建构的过程。整合教学目标就是以知识传授和能力培养为基点，循序渐进，同时渗透学科核心素养，并将其充分落实在教学过程与方法之中。只有做到融合一体，才能使教学简单而又丰满。[①]

目前，可以把思政课教师书写的教学目标分为四个层次。一是"三位一体"的教学目标。这是按照旧课程标准的知识、能力、情感态度和价值观，或者知识与技能、过程与方法、情感态度和价值观来描述的。二是"一锅端"的教学目标。这是把新课程标准中的所有核心素养都写上，即要么写上《义务教育道德与法治课程标准》中的五个学科核心素养，要么写上《普通高中思想政治课程标准》中的四个学科核心素养。三是"具体性"的教学目标。这是指能够具体到一个学科核心素养，如高中思想政治的"政治认同"，但是还没有再进一步细致分层。四是"针对性"的教学目标。因为每个核心素养都是分水平、分层次的，所以教学目标的设定最好落实到这些层次当中。例如，政治认同核心素养包括四个方面：领导力量的认同，道路和制度的认同，国家、民族和文化的认同，价值观的认同。在这四个方面中选择一个，进行具体阐释。

我们不能满足于教学目标的"具体性"，即简单地写成"政治认同"，而应该达到"针对性"，即写出政治认同中的某一个方面。当然，教学目标不是只培养一个核心素养，不培养其他核心素养，而应该是以一个核心素养为主，兼顾其他。也不是只考虑核心素养，不依靠知识，不涉及能力，而是在传授知识的基础上发展能力，塑造核心素养，因为"三位一体"的课程目标与核心素养课程目标的关系是一种一致性和进阶性的关系。核心素养主要是对"三位一体"课程目标中"情感态度和价值观"的具体化或细化，也有个别涉及能力，但主要还是情感态度和价值观。关于这个问题，需要我们有清醒的认识，否则，会割裂知识传授、能力培养和价值塑造的关系。

下面我们分别以"伟大的改革开放"和"生命可以永恒吗？"为例，探寻教学目标并进行描述。

课例一：伟大的改革开放

"伟大的改革开放"是高中必修 1《中国特色社会主义》第三课第一个框题的内容。在确定本课的教学目标时，需要依循课程标准中的相关内容。

---

① 郝双才. 如何做一个智慧的思政课教师[M]. 北京：中国社会科学出版社，2022：34-36.

第一，在《普通高中思想政治课程标准》的"核心素养"中，它属于"政治认同"中第二个"坚持和发展中国特色社会主义"的内容，即道路和制度的认同。

第二，在《普通高中思想政治课程标准》的"课程目标"中，它属于"具有政治认同素养的学生"中的第一项内容。

第三，在《普通高中思想政治课程标准》的"学业质量水平"中，它属于水平 1-1"引用典型事例，证实选择中国特色社会主义道路的正确性"和水平 2-1"通过对中国近现代史的回顾，依循历史逻辑证实走中国特色社会主义道路是历史和人民的选择"的内容。

第四，在《普通高中思想政治课程标准》的"附录 1 思想政治学科核心素养水平划分"中，它属于"素养 1：政治认同"的水平 1"引证中国特色社会主义道路的成功事例"和水平 2"用中国近现代史证实只有社会主义才能救中国"的内容。

根据以上分析，我们可以把"伟大的改革开放"一课的教学目标确定为：学生认同中国特色社会主义制度。

教学目标可以具体陈述如下。

"伟大的改革开放"一课的教学目标和任务是"学生认同中国特色社会主义制度"。它属于"政治认同"核心素养中第二个层次"道路和制度的认同"的内容。中国特色社会主义既是一种理论，也是一条道路，更是一项制度。学生一旦认同中国特色社会主义，也就认同了社会主义道路和社会主义制度。除了"政治认同"核心素养，本节课也要让学生积极参与社会主义现代化建设，这体现了公共参与核心素养。同时，学科核心素养的形成还要与社会主义的相关理论知识学习紧密结合，要以知识点带动动情点和思想点。

课例二：生命可以永恒吗？

"生命可以永恒吗？"是初中《道德与法治》七年级上册第四单元第八课第一个框题的内容。在确定本课的教学目标时，需要依循课程标准中的相关内容。

第一，在《义务教育道德与法治课程标准》的"核心素养"中，它属于"健全人格"中的"自尊自强"——"正确认识自己，珍爱生命，能够自我调节和管理情绪，具备乐观开朗、坚韧勇毅、自立自强的健康心理素质"。

第二，在《义务教育道德与法治课程标准》的"总目标"中，它属于第四个目标——"学生能够正确认识生命的意义和价值，珍爱生命"；"学段目标"中的"健全人格"——"懂得生命的意义和价值，热爱生活，确立正确的人生观"。

第三，在《义务教育道德与法治课程标准》的"课程内容"中，它属于第四学段中的"生命安全与健康教育"——"树立正确的人生观和价值观，尊重和敬畏生命，热爱生活，追求生命高度，成就幸福人生"。

第四，在《义务教育道德与法治课程标准》的"学业质量描述"中，它属于第四学段中的"具有亲社会行为，敬畏生命，热爱生活"。

根据以上分析，我们可以把"生命可以永恒吗？"一课的教学目标确定为：正确认识生命的意义和价值，热爱生活，珍爱生命，确立正确的生死观和人生观。

教学目标可以具体陈述如下。

"生命可以永恒吗？"一课的教学目标和任务是"学生通过对个体生命过程的认识，懂得生命发展的规律是向死而生，生命的本质是殁而不朽，树立正确的生死观和人生观"。它属于"健全人格"中"正确认识自己，珍爱生命"的内容。珍爱生命是人生永恒的主题。生命教育贯穿于小学、中学和大学的每个阶段，其特点各有不同。对初中生进行生命教育要以自然生命为主，即不能因为受到批评、遭受挫折，就又哭又闹甚至做出极端行为。同时，有意识地引导学生由自然生命向社会生命即人生价值的方向发展，这是高中阶段生命教育的目标。通过本课的学习，学生能够认识到个体生命与种族生命、躯体与思想的关系，从而积极面对人生，奋发有为。

思考与探究

1. 如何认识教学目标的宏观方向和微观刻画？

2. 进行教学设计时，设定教学目标通常存在哪些问题？

3. 思想政治课的价值体现在"一种好思维，一身好习惯，一股好精神，一流好品格"，对此你是如何理解的？

4. 什么是教学留白？为什么教学需要留白？

5. 针对教学目标的基本要求，就思想政治学科的一课内容描述其教学目标。

第五章　善于优化教学策略

凡事预则立，不预则废。

——明·陈继儒《小窗幽记》

在教学设计的具体内容中，教材分析、学情分析和教学目标分析之后，紧接着就是教学方法、教学手段和教学媒体的选择和应用。教学方法、教学手段和教学媒体的综合运用构成了我们所说的教学策略。教学策略直接影响学生的学习兴趣、动力及最终的学习成果。

第一节　教学策略的组成要素和分类

教学策略是教学工作的指南，是教师为实现特定教学目标而采用的一系列有计划、有组织的教学行为方式和方法的总和。它包括教学方法的选择、教学媒体的选用、教学活动的组织与实施等要素。

第一，教学方法的选择。教学策略包括多种教学方法，如讲授法、讨论法、实验法、案例教学法等。思政课教师应根据教学内容和学生的特点，灵活选择适合的教学方法，或者采用多样化的教学方法，以激发学生的学习兴趣和积极性，从而提升教学效果。

第二，教学媒体的选用。随着现代教育技术的发展，教学媒体在教学中的作用越来越重要。教学策略需要合理选择和运用各种教学媒体，如黑板、挂图、标本、模型、多媒体课件和网络资源等。这些教学媒体可以帮助学生更直观地理解知识，从而提升教学效果。

第三，教学活动的组织与实施。思政课教师需要设计丰富多样的教学活动，如小组讨论、角色扮演、实验探究等，以激发学生的学习兴趣和主动性。同时，思政课教师还应注重教学活动的组织和管理，确保教学活动能够顺利进行。

目前，教学策略种类繁多，大致可以分为三大类：以教为主的教学策略、以学为主的教学策略、协作式教学策略。①

一、以教为主的教学策略

以教为主的教学策略是一种侧重于教师在教学过程中的主导作用，通过教师的系统讲

---

① 郝双才. 人文教育教学论[M]. 兰州：甘肃人民出版社，2011：142-149.

授、引导和组织，帮助学生掌握知识和技能的教学方法。它强调教师主导作用的发挥，属于"传递—接受"教学方式。这种教学策略的关键点包括明确教学目标、系统讲授、引导探究、注重反馈与调整、强化练习与巩固、关注个体差异和运用多种教学资源等方面。其具体形式主要有讲解传授策略、示范展示策略、复习巩固策略、因材施教策略、目标导向策略、评价反馈策略和资源利用策略等。

目前，比较流行的以教为主的教学策略有先行组织者教学策略、九段教学策略和"示范—模仿"教学策略等。

(一)先行组织者教学策略

先行组织者是由美国教育心理学家奥苏贝尔提出的。他认为，能促进有意义学习的发生和保持的最有效策略，是利用适当的引导性材料对当前所学新内容加以定向与引导。这种引导性材料就称为组织者。这种组织者通常是在新学习内容之前出现，所以又称为先行组织者。引导性材料和新学习内容之间存在类属关系、总括关系和并列组合关系等三种不同的关系。奥苏贝尔认为，对于上位组织者应采用渐进分化策略，对于下位组织者应采用逐级归纳策略，对于并列组织者则应采用整合协调策略。

(二)九段教学策略

这是美国教育心理学家加涅将认知学习理论应用于教学过程中提出的一种教学策略。加涅认为，教学活动是一种旨在影响学习者内部心理过程的外部刺激，因此，教学程序应当与学习活动中学习者的内部心理过程相吻合。根据这种观点，他把学习活动中学习者内部的心理活动分解为九个阶段，即预期、注意、模式识别、编码储存通道、记忆储备、检索、迁移、反应、强化等。相应地，教学程序也应包含九个步骤：动机阶段、选择阶段、了解阶段、获得阶段、保持阶段、回忆阶段、概括阶段、作业阶段、反馈阶段。

(三)"示范—模仿"教学策略

这种教学策略特别适合于实现动作技能领域的教学目标。"示范—模仿"教学策略是教师通过展示特定技能、行为或操作过程，为学生提供明确的榜样，学生则通过观察、模仿教师的示范来学习并掌握相应内容的教学策略。它强调直观性和操作性，能够让学生在实际观察和模仿中快速掌握技能和行为模式。其主要教学步骤是：定向→参与性练习→自主练习→迁移。

二、以学为主的教学策略

以学为主的教学策略是一种注重学生主体地位的教学方法，旨在通过激发学生的学习兴趣、主动性和创造性，促进学生全面发展。这种教学策略的具体形式虽然多种多样，但有一条主线贯穿始终，那就是"自主探索、自主发现"。以学为主教学策略的关键点包括明确学生主体地位、优化教学内容、创新教学方法、建立良好的师生关系、注重沟通交流，以及加强教学评估与反思等几个方面。其具体形式主要有自主学习策略、探究学习策略、情境教学策略、项目式学习策略、问题解决教学策略、合作学习策略、分层教学模式、反馈调整策略、技术支持策略和个性化教学策略等。

目前，比较流行的以学为主的教学策略主要有支架式教学策略、抛锚式教学策略和随机进入教学策略等。

(一)支架式教学策略

支架式教学策略指的是为学习者提供一种事先把复杂学习任务加以分解的概念框架，以便把学习者的理解逐步引向深入。建构主义者从维果茨基的思想出发，借用建筑行业中使用的"脚手架"作为概念框架的形象化比喻，其实质是利用概念框架作为学习过程中的脚手架。支架式教学策略包括搭脚手架、进入情境、独立探索等几个步骤。

(二)抛锚式教学策略

这种教学策略要求建立在有感染力的真实事件或真实问题的基础上。确定这类真实事件或问题被形象地比喻为"抛锚"，因为一旦这类事件或问题被确定了，整个教学内容和教学进程也就被确定了，就像轮船被锚固定一样。建构主义者认为，学习者要想完成对所学知识的意义建构，即达到对该知识所反映事物的性质、规律，以及该事物与其他事物之间联系的深刻理解，最好的办法是到现实世界的真实环境中去感受、去体验，而不是仅仅听教师关于这种经验的介绍和讲解。抛锚式教学策略包括创设情境、确定问题、自主学习等几个步骤。

(三)随机进入教学策略

事物的复杂性和问题的多面性，使得人们要做到对事物内在性质和事物之间相互联系的全面掌握，即真正达到对所学知识的全面而深刻的意义建构是很困难的。为了克服这一问题，在教学中就要注意对同一教学内容，要在不同的时间、不同的情境下，为不同的教学目的，用不同的方式加以呈现，这就是所谓的随机进入教学。学习者通过多次进入同一教学内容，能够全面而深刻地掌握该知识内容。这种多次进入，不是为巩固一般的知识、技能实施的简单复习，而是每次进入都有不同的学习目的、不同的问题侧重点，目的是使学习者获得对事物全貌的理解与认识上的飞跃。随机进入教学策略主要包括呈现基本情境、随机进入学习、思维发展训练等几个步骤。

三、协作式教学策略

协作式教学策略也称教与学通用教学策略，是指在教学过程中教师和学生之间，以及学生与学生之间通过相互协作、共同探索、分享资源和经验，以达到教学目标的一种教学策略。目前，协作式教学策略主要包括课堂讨论策略、角色扮演策略、竞争策略、协同策略和伙伴策略五种类型。

(一)课堂讨论策略

课堂讨论策略是协作式教学策略中最常见的一种。运用这种策略，教师会组织引导学生就某一学习主题进行讨论，讨论的问题由教师提出。讨论过程能够促进学生之间的交流与合作，加深对问题的理解和思考。讨论策略的设计通常有两种情况，一是学习的主题事先已知，二是学习主题事先未知。不管是哪种情况，都需要教师的全程组织和引导。

(二)角色扮演策略

角色扮演策略也称扮装游戏策略，它是通过让学生扮演不同的角色来模拟真实情境，从而加深学生对学习内容的理解和体验。这种策略通常有两种形式：一是师生角色扮演，即让不同的学生分别扮演学习者和指导者的角色，进行问题解答和检查；二是情境角色扮演，即按照与当前学习主题密切相关的情境，让学生分别扮演其中的不同角色，以营造身临其境的氛围。例如，在学习与法学有关的课程中，可以使用"模拟法庭"教学，让学生分别扮演法官、陪审员、原告、被告、证人等不同角色。

(三)竞争策略

竞争策略指的是两个或多个学习者针对同一学习内容或情境，通过计算机网络或其他方式进行竞争性学习，看谁能够首先达到教学规定的要求。这种策略能够激发学生的求胜心理，提高学习的积极性和专注度。然而，在运用竞争策略时，教师需要注意选择适当的竞争对象和竞争主题，以避免学生产生受挫感或因过度竞争而导致的不良后果。

(四)协同策略

协同策略强调多个学习者共同完成某个学习任务。在这一过程中，学习者发挥各自的认知特点，相互争论、帮助、提示或分工合作。协同策略能够促进学生之间的合作与交流，提升学习效率和效果。基于计算机网络平台，多名学生可以通过网络来解答所呈现的同一问题，他们之间的交流和协作可以通过公共的工作区来实现。

(五)伙伴策略

伙伴策略强调学生在学习过程中相互支持、相互帮助、相互交流、相互鼓励。这种策略类似于现实生活中学生一起做作业、讨论问题的场景。在网络条件下，学习者通常先选择自己需要学习的内容，然后通过网络查找正在学习同一内容的学习者，并选择其中之一，经双方同意结为学习伙伴。当其中一方遇到问题时，双方便相互讨论，从不同角度交换对同一问题的看法，相互帮助和提醒，直至问题解决。当他们感到疲倦的时候，还可以在聊天区闲聊一会儿，这使得学习过程不再枯燥和孤单，而是充满乐趣。

第二节　与教学策略相关的概念辨析

与教学策略相关的概念辨析，主要涉及教学策略与教学模式、教学方法、教学方式等概念之间的联系与区别。

一、教学策略与教学模式

教学模式是指在一定教学思想或教学理论指导下建立起来的一种较为稳定的教学活动结构框架和活动程序。它是教学理论联系实际的具体化，具有多样性和可操作性。教学策略与教学模式既存在紧密的联系，又具有各自的特点。

(一)教学策略与教学模式的联系

1. 它们都是教学理论的具体化

教学策略和教学模式都是教学规律、教学原理的具体化，都具有一定的可操作性。它们都是教学理论与实践之间的桥梁，能够将抽象的教学理论转化为具体的教学行为或框架。

2. 它们都是为了指导教学活动

无论是教学策略还是教学模式，都是为了指导教学活动而设计的。它们为教学活动提供了清晰的指导思路和操作程序，有助于教师更好地组织和实施教学。

3. 它们相互促进与制约

教学模式为教学策略的制定提供了宏观的框架和依据，教学策略则是对教学模式的具体化和细化。教学策略的制定和实施受到教学模式的制约；同时，教学策略的创新和发展也能推动教学模式的更新与完善。

(二)教学策略与教学模式的区别

1. 层次不同

教学模式处于较高层次，是对教学活动的一种宏观把握和系统设计。它规定了教学活动的整体框架和程序，包括理论依据、教学目标、操作程序、实现条件和教学评价等要素。教学策略是指在具体的教学情境中，为达到特定的教学目标而制定的教学方案或方法，它更具体、更灵活，往往指向单个的或局部的教学行为。

2. 稳定性与灵活性不同

教学模式一旦形成就比较稳定，它是对教学活动的一种规律性总结和概括，不会轻易改变。教学策略则较为灵活多样，它可以根据不同的教学目标、教学内容和学生特点进行调整及变化。教学策略的灵活性有助于教师更好地适应教学需求，提升教学效果。

3. 结构性与操作性不同

教学模式具有较为完整的结构体系，包括多个相互关联的要素和环节。它强调教学活动的有序性和系统性。教学策略虽然也具有一定的结构性，但其结构性相对较弱，更侧重于具体的教学方式、方法和手段的运用。教学策略的操作性更强，它能直接指导教师的教学行为。

4. 表现形式不同

教学模式的表现形式主要有"传递—接受"式、"自学—辅导"式、"引导—发现"式、"情境—陶冶"式、"示范—模仿"式、"目标—导引"式、"研究—探索"式和"活动—体验"式等；教学策略的表现形式主要有以教为主的教学策略、以学为主的教学策略和协作式教学策略等三大类。

二、教学策略与教学方法

教学方法是教师和学生为了实现共同的教学目标，完成共同的教学任务，在教学过程中运用的方式与手段的总称。它包括教师教的方法和学生学的方法，是教授方法与学习方法的统一。教学方法与教学策略既有联系又有区别。

(一)教学策略与教学方法的联系

1. 它们相互依存

教学策略与教学方法都是教学过程中的重要组成部分，它们相互依存、相互影响。教学策略的制定需要考虑教学方法的选择和运用，教学方法的实施则需要遵循教学策略的指导。

2. 它们有共同目标

教学策略与教学方法的最终目标都是实现教学目标，提升教学质量和效果。它们都是为实现教育目的而服务的手段和工具。

3. 它们相互补充

在教学实践中，教学策略与教学方法往往相互补充、相互促进。通过灵活运用不同的教学策略和教学方法，教师可以更好地满足学生的需求，提高学生的学习兴趣和积极性。

(二)教学策略与教学方法的区别

1. 层次不同

教学策略属于较高层次的教学设计，涉及教学活动的整体规划和安排；教学方法更侧重于具体的教学手段和方式，是教学策略的具体化。

2. 稳定性与灵活性不同

教学策略具有一定的灵活性和变通性，可以根据不同的教学目标、教学内容和学生特点进行调整和变化。它更注重对教学活动的整体把握和调控。教学方法则相对稳定，是教师和学生在教学过程中常用的、被证明有效的教学手段和方式。它更注重具体的教学操作和技巧。

3. 可操作性不同

教学策略虽然也具有一定的可操作性，但其可操作性主要体现在对教学活动的整体规划和安排上，而不是具体的教学行为上。教学方法则具有更强的可操作性，它可以直接指导教师的教学行为。例如，讲授法、讨论法、实验法、演示法、练习法和案例法等，这些都是具体的教学方法，它们为教师提供了明确的行动指南。

4. 内涵与外延不同

教学策略的内涵更广，它涵盖了教学方法的选择、教学媒体的选用、教学活动的组织与实施等要素；教学方法则更侧重于具体的教学手段和方式，其外延相对较窄。

三、教学方法与教学方式

教学策略中包含着教学方法和教学方式。教学方式是教学方法的具体实施细节和技术，直接比较教学策略与教学方式的难度较大，因为它们之间隔着教学方法这一层面。因此，在比较了教学策略与教学方法之后，我们可直接对教学方法与教学方式进行分析和比较。

(一)教学方法与教学方式的区别

"方式是方法的细节"。教学方式和教学方法虽只有一字之差，但二者的含义有着根本区别。教学方法是一个独立的结构单位，它服从于一定的教学目的，能完成规定的教学任务，带来预期的教学效果；而教学方式不能独立完成教学任务，它只是服务于一定的教学方法。也就是说，方法包括方式，方式的总和构成了方法。

一方面，任何一种教学方法都是由一系列的教学方式组成的，并可以分解为多种教学方式。例如，谈话法是一种独立的教学方法，其主要的教学方式是：①教师按照一定的逻辑顺序提出问题，学生进行解答。②教师评定学生的答案，纠正错误，并做出概括性的结论等。这些细节共同构成了谈话法的教学方式。

另一方面，在不同的教学方法中，可以利用和包括相同的教学方式；相同的教学方式也可构成性质不同的教学方法。例如，在研究法中，可以把使用教科书、利用文献资料、看录像、进行讨论等作为教学方式；而在复现法中，也可以把这些教学活动的细节作为教学方式。

(二)教学方法与教学方式的联系

教学方法包含多种教学方式，而一系列教学方式的总和构成了教学方法。但是，这种总和并不是简单地拼凑或相加，更不能否定教学方式在各种教学方法中的重要地位和作用。教学方式的特殊地位和作用主要表现在以下几个方面。

第一，同一种教学方式在不同的教学方法中所处的地位不同，教学方法的性质决定着教学方式的地位。例如，识记作为一种教学方式，在再现性教学方法中是最基本的方式，起决定性作用；而在研究法中，识记虽然不可或缺，但不占中心地位，只起辅助其他方式的作用。

第二，相同的方式可运用于不同的方法，但在某一种方法中，大都包含着某种不可缺少的特定的教学方式。例如，创设问题情境、确定研究任务、假设、证明等，在问题研究法和复现法中都是不可或缺的方式。一定的方法大都由相对稳固的几种方式表现出来。

第三，教学方式不能独立完成教学任务，但教师的教学风格和学生掌握知识的特征，主要是通过教学方式而不是教学方法体现出来的。

教学方法由教学方式构成，但相同方式在不同方法中的地位和作用会有所变化。同时，方式和方法虽然关系密切，但它们是两个截然不同的概念，不可混淆。

第三节　教学策略的优化

教学策略的优化是一个复杂的、灵活和多变的系统过程，旨在通过改进教学方法、教学媒体、教学手段和教学活动，提升教学效果和学生的学习成果。

一、制订个性化的学习计划

个性化学习计划是针对每名学生的独特学习需求、兴趣和能力而制订的一种教育计划。这种计划旨在提供个性化的教学支持和资源，以帮助学生实现学习目标并促进全面发展。

(一)找准个性化的学习需求

学生有多个方面的个性化学习需求。其中，弱项强化、兴趣培养和学习风格适配等非常重要。

1. 弱项强化

它是针对学生在思想政治课中的薄弱环节进行有针对性的加强和提升。弱项强化通过明确弱项、分析原因、制订计划、实施训练、监测评估及巩固提升等步骤的有机结合，有效帮助学生克服学习中的薄弱环节。

2. 兴趣培养

教学应结合学生的兴趣点，设计多样化的学习活动，根据学生的兴趣分类，设计一系列围绕思想政治课特定主题的学习活动。例如，成立各类兴趣社团，如文学社、摄影社、机器人俱乐部等；组织社会实践活动，如生产劳动、志愿服务、研学旅行等，为学生提供交流和学习的平台。

3. 学习风格适配

它是根据学生的学习风格，调整教学方法、学习资源和环境，以最大限度地提升学生的学习效果和兴趣。常见的学习风格包括视觉型、听觉型、动触型、理论型、社交型、个体型和综合型等。针对不同类型的学习风格，思政课教师应该采取不同的适配策略。例如，针对视觉型学习者，可以使用多媒体教学和图像化教学材料；而针对动触型学习者，可以提供实物和实际操作的机会，让学生亲自动手操作。

(二)提供个性化的学习资源

学习资源的种类很多，包括文本资源、音像资源、实物资源、人力资源和网络资源等。针对学习需求，思政课教师可以为学生提供个性化的多媒体学习资源、课外阅读材料、实践项目与活动等。

1. 多媒体学习资源

多媒体学习资源包括视频资源、音频资源、图像资源、在线课程和在线虚拟实境等。这些学习材料可以通过多样化的呈现方式，为学生提供丰富、生动、直观的学习体验。

2. 课外阅读材料

它是学生在学校课程以外主动阅读的各种图书、文章和资料。这些材料范围广泛，形式多样，包括文学作品、科普读物、历史与文化、时事评论和学术论文等。思政课教师可以根据学生的兴趣予以推荐。

3. 实践项目与活动

它包括艺术创作、文艺演出、体育比赛、社区服务和创新创业等。思政课教师要鼓励学生根据自己的兴趣选择一定的项目，如制作一部微电影，设计一款小游戏，开展几场社区慰问活动等。

(三)予以个性化的学习策略

个性化的学习策略是根据每名学生的特点量身定制的一种学习方法。这里我们主要分析时间管理技巧、记忆与复习方法和问题解决策略三个方面。

1. 时间管理技巧

它对于学生提高学习效率、平衡学习与生活至关重要。时间管理技巧包括制定时间表，识别关键任务并避免拖延，集中注意力，选择合适的学习环境，合理安排休息时间，利用学习工具和方法，保持健康的生活习惯，以及反思与调整等。

2. 记忆与复习方法

它是学习过程中不可或缺的重要环节，直接关系到知识的掌握程度和学习效果。记忆与复习方法包括联想记忆、分散记忆、尝试回忆、间隔复习、循环复习等。

3. 问题解决策略

问题解决策略是指人们在面对问题时，为了从初始状态转化为目标状态所采取的一系列认知操作和策略的总和。这些策略有助于人们更有效地应对挑战，找到问题的解决方案。它通常包括分解问题、探寻原因、分清主次、寻求帮助等。

(四)选择个性化的教学方法

个性化的教学方法是一种针对学生个体差异，旨在提升教学效果和学习体验的教学策略。以下三种个性化的教学方法十分重要。

1. 分层教学

分层教学是根据学生的学习特点和需求将学生分为不同层次的小组，并提供相应难度和内容的学习任务。这样，每名学生都能够在适合自己水平的小组中进行学习，避免了因学习任务难度过高或过低而产生的困扰。

2. 合作学习

合作学习强调学生之间的交流、协作和互动，通过团队合作来解决问题和完成任务。

3. 自主学习

自主学习指的是学生可以按照自己的学习节奏和方式进行学习，自主选择学习资源和学习路径。在这一过程中，思政课教师可以提供一些学习目标和指导，帮助学生制订学习计划和反思学习过程。

二、整合与优化教学资源

整合与优化教学资源是一个需要多方协调的综合过程，旨在提升思想政治课的教学效果和学习体验。其中，我们主要分析以下两个方面的问题。

(一)集体备课与资源共享

思政课教师之间可以开展集体备课活动，共同制定教学目标和计划，分享教学资源和经验。这有助于优化教学设计，提高教学效率。

1. 集体备课

集体备课是指同年级、同学科的教师有计划、有组织地共同制订教学计划，分析教材重难点，确定最佳教法并撰写教案的过程。其基本程序包括全组成员商议、个人初备、主备人说课、集体研讨和修改定案等几个步骤。在集体备课时，应注意三个问题：集体备课不能取代思政课教师个体备课，个体备课是集体备课的前提和基础；合作是关键，集体备课需要思政课教师共同参与、互相配合；集体备课要注重实效性和可操作性，避免流于形式。

2. 资源共享

资源共享是指在教学过程中，思政课教师通过集体备课、教学研讨等方式，共同分享和使用各种教学资源，包括教科书、教案、参考书、多媒体课件等有形资源，以及思政课教师对专业知识的掌握程度、教学风格特点、独特见解等无形资源。资源共享的实现方式包括建立教学资源库，开展教学研讨活动和利用现代信息技术等。同时，也要注意一些问题：资源共享要遵循相关法律法规和知识产权规定，确保资源的合法性和正当性；要注重质量和效果，避免盲目追求数量而忽视质量；要鼓励创新和个性发展，避免千篇一律、缺乏特色的现象发生。

(二)利用信息技术整合教学资源

通过信息技术手段，如在线课程平台、教学资源库等，整合优质教学资源，为学生提供更加丰富多样的学习材料。例如，利用云计算、大数据等技术搭建功能完善、操作便捷的在线学习平台。平台提供在线课程学习、作业提交、互动交流、学习评价等功能，满足学生在线学习的需求；对各级各类学校、教育机构等现有的优质课程资源进行梳理和整合，形成可供共享的资源库；整合现有优质课程资源，结合教育教学改革和课程教材建设的要求，组织专家和思政课教师共同开发新的优质课程资源。

三、采用多样化教学方法

设计教学策略时需要采用多样化的教学方法，并对这些方法进行优化组合，同时还要将它们与教学媒体、手段和活动等有机地整合在一起。

(一)采用互动式教学

互动式教学充分体现了学生的参与性、主动性和积极性。通过小组讨论、角色扮演、课堂问答等方法，能够激发学生的学习兴趣，促进知识的内化和应用。

1. 小组讨论

小组讨论是将学生分成小组，让他们针对特定主题或问题进行讨论。这种做法不仅能促进学生之间的交流与合作，还能培养他们的批判性思维和问题解决能力。

2. 角色扮演

角色扮演是通过模拟真实场景或情境，让学生扮演不同角色进行互动。这种教学方法能够激发学生的学习兴趣，帮助他们更好地理解并掌握所学的知识。

3. 课堂问答

课堂问答是在课堂上设置问答环节，鼓励学生提问和回答问题。这不仅能提高学生的参与度，还有助于教师及时了解学生的学习情况。

(二)引入技术辅助教学

引入技术辅助教学即技术赋能教学，是指利用多媒体技术、在线资源、智能教学系统、虚拟现实技术和数据分析技术等，使教学内容更加生动有趣，进一步提升教学效率和质量。

1. 多媒体教学

多媒体教学是利用 PPT、视频、音频等多媒体手段进行教学，使课堂内容更加生动、直观。这有助于吸引学生的注意力，提高他们的学习兴趣。

2. 在线资源

在线资源利用互联网上的丰富资源，如在线课程、教学视频、电子图书等，为学生提供了更多的学习途径和选择。

3. 智能教学系统

智能教学系统可以根据学生的学习情况智能推送学习资源，帮助学生进行个性化学习。例如，人工智能技术可以根据学生的学习进度和能力，提供定制化的教学内容和练习。

(三)实施翻转课堂

翻转课堂是将传统课堂中的知识传授环节移至课外(如通过视频学习)，课堂时间则用于讨论、实践和问题解决。也就是说，学生课前观看教学视频，课堂上则进行讨论和实践。翻转课堂能够让学生更好地掌握学习的主动权，从而提高学习的积极性和学习效率。

四、营造积极的学习氛围

营造积极的学习氛围是提升学生学习效果、促进学生全面发展的关键。其中，建立和谐的师生关系，以及鼓励学生提问与探索是需要特别注意的问题。

(一)建立和谐的师生关系

建立和谐的师生关系需要思政课教师在尊重与理解、沟通与倾听、鼓励与赞美、信任与支持、公平与公正、参与与合作、学习与提升等方面不断努力。只有这样，才能建立起一种基于相互理解和尊重的师生关系，为学生的全面发展和健康成长提供有力保障。

(二)鼓励提问与探索

鼓励学生提问与探索需要思政课教师在营造开放氛围、示范提问技巧、激发好奇心、设立奖励机制、促进合作学习、培养批判性思维，以及提供资源和支持等方面不断努力。只有这样，才能培养出具有创新精神和实践能力的人才。

思考与探究

1. 如何认识先行组织者教学策略？

2. 对于支架式教学策略、抛锚式教学策略和随机进入教学策略，你是如何理解的？

3. 协作式教学策略包括哪些策略？它们各有什么作用？

4. 谈谈教学策略、教学模式和教学方法的联系与区别。

5. 如何理解教学方法与教学方式的关系？

6. 学生个性化学习需求包括哪些内容？

第六章　妙设完美的教学流程

锦城丝管日纷纷，半入江风半入云。

——唐·杜甫《赠花卿》

教学流程也称教学过程，它是教学设计中的核心内容，也是教材分析、学情分析、教学目标分析和教学策略设计的集中体现。由于这部分内容比较多，有些内容随后单列成章进行分析，如统编教材使用、教学议题设计，以及教学明线与暗线交织等问题。这里，我们主要依循课堂教学的基本环节进行较为深入的分析。

第一节　课堂教学的基本环节概述

当谈到教学环节时，人们会感到有些迷茫。因为教学环节可以从广义和狭义两方面来讲。从广义上讲，教学环节指的是教学工作环节，它是构成教学活动整体结构、实现教学目标的必要程序，一般包括教学准备、课堂教学、课外作业的布置与批改、课外辅导、学业成绩的检查与评定等五个部分。这五个部分是相互关联、相互影响的整体结构，每个环节都不可或缺，共同构成一学期或一学年的基本教学任务。从狭义上讲，教学环节是指课堂教学环节，也称课堂教学阶段或课堂教学步骤，它是在教学过程中，为了实现教学目标而组织的一系列有序的课堂教学活动。这些活动按照一定的逻辑和时间顺序展开，旨在传授知识，培养技能，发展学生的思维能力和综合素质。那么，课堂教学的环节究竟由哪些部分组成呢？从古至今，人们进行了不懈的探索，形成了各种各样的观点和看法。在古代，孔子认为，教学环节包括学、问、习、思、行等五个部分；柏拉图认为，教学环节包括对话、辩论、思考、善等四个部分；朱熹认为，教学环节包括学、问、思、辨、行等五个部分。在近现代，夸美纽斯认为，教学环节包括模仿、发现、纠正等三个部分；赫尔巴特认为，教学环节包括明了、联想、系统、方法等四个部分；杜威认为，教学环节包括暗示、问题、假设、推理、验证等五个部分。[①]在教学论发展史上，赫尔巴特的教学理论影响比较大，后来赫尔巴特的学生对他的教学环节理论进行了补充，把教学环节修改为预备、提示、比较、总括、应用等五个部分。在此基础上，苏联教育家凯洛夫提出了"五环节教学法"，把教学环节分为组织教学、复习旧课、讲解新课、进行小结、布置作业等五个步骤。

目前，人们基本上把课堂教学分为组织教学、导入新课、学习新课、课堂小结、布

---

① 郝双才. 人文教育教学论[M]. 兰州：甘肃人民出版社，2011：94.

置作业等五个环节。不过，也有人把课堂教学分为组织教学、导入新课、讲授新知、巩固练习、课堂小结和布置作业等六个环节。课堂教学环节不是固定不变的，它可以根据具体的教学内容和学生的学习情况进行灵活调整，无论是五个环节还是六个环节，都是可行的。同时，各个教学环节之间也不是孤立的，它们之间相互联系、相互影响，共同构成了一个完整的课堂教学过程。在实际教学中，思政课教师应注重各个环节之间的衔接和过渡，确保课堂教学的连贯性和有效性。

从基本的课堂教学环节到完善的教学流程，我们可以把思想政治课的教学环节粗略地归纳为三大部分：导入环节、主体环节和结尾环节。如同写作一样，教学也要注意这三部分内容的妥善安排。元代明初陶宗仪在《南村辍耕录》中曾写道："作乐府亦有法，曰凤头、猪肚、豹尾六字是也。"其意是指，作乐府有专门的方法，就是文章的开头要奇句夺目、引人入胜，如同凤头一样俊美精彩；文章的主体要言之有物、紧凑而有气势，如同猪肚一样充实丰满；文章的结尾要转出别意、宕开警策，如同豹尾一样雄劲潇洒。在思想政治课教学设计中，完善的教学流程应做到：教学导入要引人入胜，教学主体要美不胜收，教学结尾要回味无穷。

第二节 教学导入要引人入胜

思政课教师在讲课时，如果没有做好引导和过渡的准备，直接进入新内容，就会使教学显得比较突兀，让听者感到惊愕。如同乐曲中的过门一样，教学也需要序曲，这个序曲就是导入。俗话说："织衣织裤，贵在开头。"可见，课堂教学的导入非常重要，应该像凤头一样小巧精美、引人入胜。

一、教学导入的主要类型

教学导入是教师引导学生做好学习新课的心理和认知准备，并激发学生学习兴趣的一种课堂教学行为方式。按照不同的分类标准，教学导入可以分为多种类型。如果按照导入所依托的主体进行分类，教学导入可以分为以教师为主体的导入、以学生为主体的导入和以素材为主体的导入等三大类。

(一)以教师为主体的导入

以教师为主体的导入主要强调教师在教学过程中的主导作用，通过不同的策略和手段引导学生进入学习状态。它主要包括直接导入、悬念导入、问题导入、观念冲突导入、复习导入、演示导入、示范导入、动作导入、实验导入和激情导入等类型。

虽然这些导入类型都是以教师为主体的导入，但并不适用于所有的教学内容或学生。因此，思政课教师在使用这类导入时应充分考虑教学的实际情况，灵活运用各种策略和手段，以达到最佳的教学效果。同时，思政课教师还应注意对导入环节的时间控制，避免过长或过短，以免影响后续教学内容的开展。

(二)以学生为主体的导入

以学生为主体的导入强调的是学生在学习过程中的主动性和参与性，通过激发学生的兴趣和好奇心，引导他们积极参与课堂活动，从而自然地进入学习状态。它主要包括预习导入、讨论导入、情境导入、游戏导入、活动导入、角色扮演、练习导入、小品导入和生活经验导入等类型。

这些导入类型都比较注重教学情境的设置，以及学生的参与和体验，旨在通过激发学生的好奇心和求知欲，引导他们自主地开展活动，深度参与课堂教学，从而顺利过渡到对新知识的学习。在选择这类导入时，思政课教师应根据教学内容、教学环境、教学条件和学生特点灵活运用。

(三)以素材为主体的导入

以素材为主体的导入主要是围绕与教学内容紧密相关的具体材料来引导学生进入学习状态。这种方法能够帮助学生直观地理解和感受所学知识，激发他们的好奇心。它主要包括直观展示、故事叙述、案例分析、数据导入、时政导入、音乐导入、图片导入、实物导入及音视频素材导入等类型。

这些类型都比较注重通过具体、生动的素材来引导学生进入学习状态，帮助学生通过直观感受形成直接经验，掌握新知识。在使用这类导入时，思政课教师应根据教学内容和学生特点，选择相关性比较强的素材，为我所用、灵活对接，从而选出最恰当的导入方法。

二、教学导入遵循的重要原则

良好的导入应该是能引人入胜的，文学上称为"一见钟情"。为了设计好的教学导入方法，应该遵循以下四个重要原则。

(一)导入内容相关性原则

导入内容的相关性也称为"内容之导"，是指引导性材料与新学习内容以及学生认知具有很高的关联度和一致性。它包括两个方面：一是引导性材料要与教学内容关联度高；

二是引导性材料要与学生的思维水平和学习特点关联度高。

教学不仅需要创造性，更应该保持原生态的自然模样。在思想政治课教学中，不宜以比较生硬的"今天，我们这节课来学习……"这样的表述作为开头，而是需要一个导入，尤其是一个精心设计的导入。导入最基本的要求和功能就是能够自然而然地引出新学习的内容。不管是采用复习导入法的"以旧导新"，还是采用情境导入法的"以境导知"；不管是采用直接导入法的"直奔主题"，还是采用设疑导入法的"曲径通幽"，它们共同的追求都是通过先行组织者顺利导入新内容的学习，为接下来新课的教学和学习奠定坚实的基础。总之，导入不能偏离主题，也不能空洞无物。例如，在"传统文化中的价值观教育"这一内容的教学中，可以用《孔融让梨》《愚公移山》等经典故事导入，引导学生理解其中蕴含的谦让精神、坚韧不拔等传统美德和价值观等。

(二)导入思维深刻性原则

导入思维的深刻性也称为"思维之导"，是指教师能够深入挖掘教学内容的本质和内在联系，通过精心设计导入环节，引导学生从更深层次上理解和把握知识。这种深刻性不仅体现在教师对教学内容的把握上，还体现在对学生思维能力的引导和启发上。

我们都知道，教学内容的背后是人的思维，内容之导的背后是学生的思维之导。与内容之导相比，思维之导更高级、更深层、更隐蔽。思维之导的实质是处理好内容与思维之间的关系：内容之导一旦脱离思维，就会显得机械、呆板；同时，思维之导也离不开内容，否则就会陷于虚无、乏力之窘境。思维之导就是引发学生达到一种"愤悱"的心理状态，即学生处于"心求通而未达"时的及时开导，处于"口欲言而未能"时的及时点拨。一个未能激活学生思维的导入，肯定算不上理想的导入。因此，思维之导是考察导入成功与否的一个关键因素。例如，在"社会公正与平等"这一内容的教学中，可以通过多媒体展示就业歧视等社会不公正现象的短片或图片导入新课，因为就业歧视与社会公正与平等具有内在的逻辑关系——就业歧视违背了社会公正与平等的一些基本原则。

(三)导入情感丰富性原则

导入情感的丰富性也称为"情感之导"，是指教师能够充分调动和运用各种情感因素，以情动人，以情促学，使学生在情感上产生共鸣，进而激发他们的学习兴趣和动力。这种丰富性不仅体现在教师自身的情感表达上，还体现在教师与学生之间的情感交流和互动中。它包括情感真挚、情感多样、情感共鸣、情感引导和情感激励等内容。

学习是一种受智力因素和非智力因素综合影响的复杂活动。从学习心理学的角度来看，智力因素包括注意力、观察力、记忆力、想象力和思维力等，非智力因素包括动机、兴趣、情感、意志和性格等。显然，思维之导侧重的是学生的智力因素，而新学习内容的导入还必须在非智力因素层面下功夫。其中，学生情感的激发——对学习的情感、对学科的情感和对课程的情感等，是新课导入的重要构成部分。思政课教师可以灵活运用多种情感元素和多样化的情感表达方式，如喜悦、惊讶、好奇、悲伤、振奋等，使导入更加生动有趣，引人入胜。例如，对于"爱国主义教育"这一内容，可以用魏巍的报告文学《谁是最可爱的人》导入新课。其中，松骨峰战斗是写志愿军战士对敌人的恨，马玉祥火中救儿童是写志愿军战士对朝鲜人民的爱。这种爱与恨的思想基础是什么呢？它就是作者在防空洞中与一名小战士的对话："……我在这里吃雪，正是为了我们祖国的人民不吃雪……我在那里蹲防空洞，祖国的人民就可以不蹲防空洞呀……"[①]通过这段对话，让学生深刻理解爱国主义(包括对国土、国民和国家的爱)中"对人民的爱"的深刻内涵，从而顺利导入新课程。

(四)导入目的整体性原则

导入目的的整体性也称为"状态之导"，是指教师设定的目标需要具有全面性和连贯性，旨在引导学生进入良好的学习状态。状态之导包括两个方面：一是指向全体学生；二是指向课堂教学的整个进程。

如果说内容之导、思维之导、情感之导侧重的是导入的具体方面，那么状态之导侧重的则是导入的整体；如果说内容之导、思维之导、情感之导侧重的是导入的具体途径或者手段，那么状态之导侧重的则是导入的最终目的和落脚点。从这个意义上说，状态之导是衡量一个导入是否成功的根本标准。只有引导学生进入良好的学习状态的导入才是好的导入，反之，就是不成功的导入。例如，对于"大家排好队"一课，思政课教师可以使用"模拟观光车"设置情境，进行情境导入，如图6-1所示。这种方法不仅适用于全体学生，也可以贯穿整个教学过程。

图6-1　学生乘坐"模拟观光车"教学图

---

① 魏巍. 谁是最可爱的人[M]. 北京：人民文学出版社，2020：123.

三、教学导入的基本要求

导入环节看似简单，实则颇具挑战性。高尔基曾说："开头第一句是最困难的，好像音乐里的定调一样，往往要费很长时间才能找到它。"教学导入需要反复琢磨、不断推敲，并且要有一定的教学经验积淀，善于把握导入的技能和技巧等。

(一)导入内容应该脉脉相通

目前，导入材料与思想政治课的新学习内容关联性不强是教学导入中常见的一个问题。它们之间缺乏紧密的联系，学生无法从导入中明确接下来的学习重点和方向，这可能导致他们对整节课产生困惑或失去兴趣。那么，导致导入内容关联性不强的原因是什么呢？归纳起来，主要原因包括：思政课教师缺乏认真的准备和规划，对教学内容理解得不透彻，过于追求新颖和趣味性等。因此，先行组织者一定要与新学习内容具有高的关联度，使它们之间脉脉相通、相互印证。例如，在"创造性转化与创新性发展"一课中，有的教师选用 2024 年央视春晚《山河诗长安》进行导入，看似关联度比较高，实则不然。尽管《山河诗长安》引用了多首古代诗词，如李白的《将进酒》、王维的《山居秋暝》等，运用了多种文化元素，如舞蹈、戏剧、服饰等，特别是运用了现代科技手段进行创新展示，但对于这些古诗词的内涵没有任何改变，仍然停留在朗诵的形式上，难以体现文化的创造性转化与创新性发展。如果选用刀郎《山歌寥哉》专辑中的《翩翩》或《花妖》，情况就会完全不同，因为无论从内容还是表达形式上，这些歌曲与蒲松龄的原作已有很大区别。

(二)导入表达应该恰如其分

导入表达提炼不足是教学导入中又一个常见的问题。在导入时，有的思政课教师语言冗长且繁杂，学生难以迅速抓住重点；有的表述含糊其词，逻辑不够清晰，导致学生产生困惑；有的内容涵盖多个方面，缺乏重点，导致学生无法集中注意力；有的缺乏情感投入，表达显得平淡无奇，无法引起学生的共鸣；等等。因此，导入表达一定要经过加工提炼、精益求精，内容宜少不宜多，线条要简洁，不能绕弯子。例如，在"学生发展的特点"一课中，有的教师选用"人从出生到老的生长过程图"(见图 6-2)，展示了好几张图片，用冗长的话语进行说明，但并没有揭示出什么道理。

其实可以这样设计导入环节：

课件上出示"向死而生"几个字，然后问学生。

师问：同学们，你们知道"向死而生"是谁说的吗？

生答：海德格尔。

师说："向死而生"讲的是人的生命发展的规律。人出生以后必然走向死亡，这是客观规律，不以人的意志为转移。因此，为了不辜负这一生，我们需要锐意进取、积极作为。"向死而生"是从哲学的角度揭示人的生命发展的规律，那么，从心理学的角度如何认识呢？接下来，让我们共同学习"学生发展的特点"这一课。

图 6-2　人从出生到老的生长过程图

(三)导入形式应该别具一格

导入形式缺乏新颖性是教学导入中经常出现的一个问题。导入缺乏吸引力，除了导入与教学内容脱节、缺乏与学生互动外，还有几个重要的原因，那就是形式单调重复，缺乏创新元素，运用新的技术手段不足，内容过于陈旧，等等。如果思政课教师经常采用相同的导入方式，缺乏变化和创新，就会让学生感到乏味；如果导入未能运用现代信息技术手段、结合时事热点或流行文化等，就会让学生感到陈旧，无法激发他们的学习热情和好奇心；如果选择的素材缺乏新颖性，也会使学生感到索然无味，无动于衷。因此，导入应该别具匠心，给人以耳目一新的感觉。

在实际教学中，我们看到过一些令人难忘的导入，它们将现代信息技术和手段运用得十分纯熟，甚至炉火纯青。然而，这种高超的技术并不是谁都能运用的。不少思政课教师尝试使用视频来导入，但效果并不理想。究其原因，一是不会剪辑视频，所要播放的片段和时间难以控制；二是播放的视频与所讲内容脱节，播放前不强调，播放完直接提问，而所提问题学生在观看视频时却没有留意。对于思政课教师来讲，使用图片导入效果比较好。在使用图片导入时，要坚持"宜少不宜多"的原则，能用一张图片的绝不用两张。如果使用两张以上的图片，要注意按照由古到今、由远及近、由小到大的顺序进行排列。当课件中出现"纯"图片时，还要配上相应的文字、数字或符号等。这样，图片一下子就被激活了，能够与新课内容自然融合，也能与思政课教师的讲解很好地匹配。例如，在"家的意味"一课中，可以精选学生的一篇作文《泪》进行导入(见图 6-3)。由于内容感人，学生的情绪一下子就被点燃了，效果很好，并且该作文的内容可以贯穿于整节课的教学之中。

(四)导入要旨应该拨云见日

导入的目的是引起学生注意，激发学生的学习动机，更重要的是能够启发学生对整节新课的思考，实现深度学习。然而，有些导入的内容过于浅显和表面化，没有触及学科知识的核心或关键问题，从而无法有效地激发学生的深度思考；有些导入则缺乏有效的问题引导，学生很难被激发起探究的兴趣和动力。因此，导入的要旨应该是拨云见

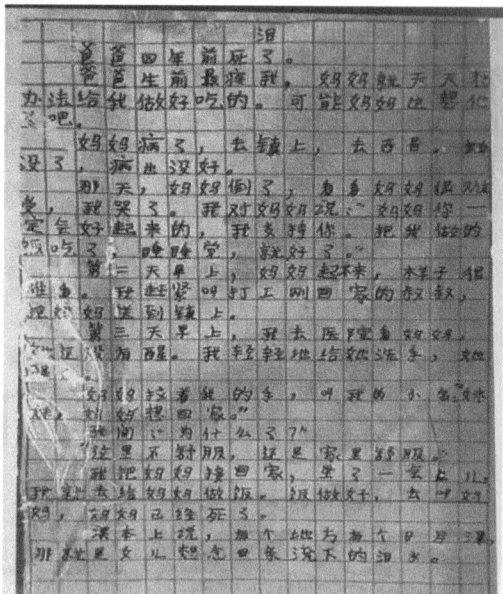

图 6-3　作文《泪》

日，让学生受到启发，思想豁然开朗。作文《泪》就能够达到拨云见日的效果。

另外，教学导入还要注意控制好时间。如果是 45 分钟或 50 分钟的课，导入时间不能超过 2 分钟；如果是 15 分钟的课，导入时间不能超过 1 分钟；如果是 10 分钟的课，导入时间不能超过 40 秒。

因此，教学导入贵在方法之妙，妙在语言之精，精在时间之少。

第三节　教学主体要美不胜收

教学的主体部分要像"猪肚"一样，内容充实、有理有据。教学主体可以根据内容的不同分为几个部分，就像人体分为手臂、上身和腿等一样。教学主体包括的内容较多、耗时较长。授课时，思政课教师要引经据典、承上启下，在技能和技巧上综合展现，并采用多种方法和途径。下面我们主要分析两个问题，其他问题将在后面章节做进一步说明。

一、教学主题统领教学流程

教学需要有一条主线，这条主线就是教学主题。教学主题直接影响着课堂教学的逻辑性、流畅性和吸引力，关系到整个教学质量的高低。

(一)教学主题统领教学环节

在导入新课后直至课程结束前，思政课教师通常会设置一些情境开展教学。目前，对于这一时段还没有一个统一的称呼，我们暂且称之为"主体教学环节"。在这个环节中，教师会各显神通，运用各种教学手段，使教学形式多种多样。从素材来看，有的教师使用"美文"让学生眼前一亮，有的教师使用"热点"让学生异常兴奋，有的教师使用"俗语"让知识通俗易懂，有的教师使用"问题"让学生陷于思索等；从步骤来看，有的教师使用"环节一、环节二、环节三、……"，有的教师使用"抉择一、抉择二、抉择三、……"，有的教师使用"剧情一、剧情二、剧情三、……"等形式，令学生目不暇接。不管使用什么素材，运用什么形式，都要以教学主题为统领，切不可离题万里。

例如，在"伟大的改革开放"一课中，教学主题为"精神与物质同在同辉"，设计主体教学环节时就要遵循该主题，使教学主题体现在每一个教学环节之中。本课内容可以设计为三个环节，即"三程"。启程：一位老人·一个创举(穷则变)；历程：一辈先锋·一种精神(变则通)；前程：一代青年·一份使命(通则久)。需要特别强调的是，"启程"环节主要是讲改革开放的背景或原因，通过"一位老人·一个创举"表现出来。改革开放中的"改革"与"开放"，它们开始的时间不同，并且解决的问题也不一样。"改革"解决的主要是生产关系不适应生产力发展的问题，即处理饥饿与温饱、计划与市场的关系；"开放"解决的主要是我国发展落后的问题，即解决缺资金、缺技术和缺人才的问题。在教学的三个环节中引入"穷则变，变则通，通则久"(《易经·系辞下》)这句古训，不仅能帮助学生更容易理解课程内容，而且能有意识地对学生进行中华优秀传统文化的教育。

(二)教学主题统领教学议题

由于议题式教学条理清晰且具有思辨性，学生通过"事实叙述""深度辨析"和"说理论证"等教学步骤，能够自主建构知识体系，并在学习知识的过程中感悟生活、思考人生。因此，在当前思想政治课教学中，教师应广泛采用议题式教学。在开展议题式教学时，通常会设置总议题和分议题。而不少教师设置总议题时往往以课文的标题为主，分议题的设置则五花八门。这样的设置，有的教学效果比较好，有的则不太理想，其原因是多方面的，但主要是教学议题的设置没有以教学主题为统领。如果能够按照教学主题进行设计，那么总议题的设置会比较到位，分议题的层次性、递进性和深刻性也会更加突出。

例如，在"伟大的改革开放"一课中，教学主题是"精神与物质同在同辉"，也就是说，改革开放既体现为一种精神，也取得了巨大的物质成就。这种精神就是改革开放精神，即开拓创新、勇于担当、开放包容、兼容并蓄。那么，改革开放何以"伟大"呢？

"伟大"又表现在哪些方面呢？这些方面值得我们认真思考。结合课文内容和教学主题，我们能够认识到改革开放的"伟大"体现在三个方面，即改革开放的革命性、深刻性和广泛性。因此，可以把教学总议题设置为：为何说改革开放是"伟大的"？教学分议题设置为如下三个。分议题一：如何理解改革开放的革命性？分议题二：如何理解改革开放的深刻性？分议题三：如何理解改革开放的广泛性？这样的教学议题设置，能够抓住教学内容的本质，而非停留在课文内容的字面含义上，自然会引起学生的情感共鸣，促使他们自主地建构知识，形成思辨性认识和正确的价值判断。

(三)教学主题统领教学案例

在科学领域，当我们说"有一种理论"时，这通常蕴含着对已有材料的概括或解释和对未现事物的预言；当我们说"有一批材料"时，这通常意味着在某种理论指引下进行了观察或实验。人们普遍认为，材料罗列得足够多，道理自然就出来了，理论是蕴含在材料之中的。其实，这是一种错误的认识。实际上，即使材料罗列得再多，也无法自动呈现出理论。例如，我国关于哈雷彗星的记载是最早也是最全的，但直到很久以后才意识到这些记录指的是同一颗星。理论的形成，并不是简单的材料堆砌，而是通过实验研究论证得出的。因此，理论决定材料，而不是材料决定理论，教学案例的选择一定要以教学主题为前提。

在"伟大的改革开放"一课中，我们围绕"精神与物质同在同辉"的教学主题，采用"线穿珍珠"的设计方法，按照"一位老人·一辈先锋·一代青年"的线索进行铺陈。"一位老人"是指改革开放的总设计师邓小平同志，他团结带领全党全国各族人民，深刻总结我国社会主义建设正反两方面的经验，做出把党和国家工作重心转移到经济建设上来，实行改革开放的历史决策。进行这样的历史变革，需要具有深刻的历史洞察能力和历史自觉性，更需要有对现实阻力排除万难的决心和勇气，充分体现出改革开放的开拓性和革命性。"一辈先锋"是指改革开放过程中在各行各业涌现出的优秀践行者，他们敢冲敢干、富于创新，为社会提供了巨大的物质财富和丰富的精神食粮，体现了改革开放的深刻性和广泛性。"一代青年"是指新时代青年，他们是改革开放事业的传承者和开拓者，也是中华民族伟大复兴的践行者，更应该具有革命精神、开拓精神和创造精神。总之，这条"线"是不同时代的人物，这粒粒"珍珠"体现的是改革开放精神。

二、教学过程凸显立体性

教学是有节奏的，这个节奏表现为快与慢、动与静、疏与密、起与伏、抑与扬、明与暗、张与弛等。如果把这个节奏想象成一幅画面的话，那么它是唯美的，也是流动的和立体的。让学生享受的教学应该体现出这样的画面：凸显教学的立体性。

"立体性"这一概念是针对"平面性"提出来的。在教学实践中，有些思政课教师教学效率不高，与教学的平面性和单一性有着密切的关系。虽说学生学到了一些知识，但这些知识是呆板的；学生的思维有所发展，却是机械的；学生的能力有所提高，却是单一的。而教学的立体性体现在许多方面，包括目标、内容、资源、方法、过程和结果等方面。其中，教学内容的立体性是最重要的，它能够在教学中突出教学的重点、难点，以及揭示知识点之间的逻辑关系。

(一)确定教学重点和难点

关于教学的重点和难点，前文已经论述过。这里，我们主要从教学内容的重组来讲。在思想政治课教学中，教师对于教学内容往往平均用力，导致课堂教学平淡无奇，没有重点与非重点之分，也没有高潮可言。没有高峰、低谷或者跌宕起伏的教学，给人的感觉是乏味的。教师进行教学设计时，首先需要对教学内容进行取舍，重组教学内容，使教学内容结构化。但是，仅仅做这样的处理是不够的，还需要分析教学的重点和难点，尤其是教学重点。当讲授某一事件的意义或完善某一事件的措施时，其内容包括三至四个方面，切不可平均用力，要选择其中的一个作为重点，其余则为次重点或次次重点。重点内容花费的时间要多一些。例如，45分钟的课，重点内容用时需要25分钟以上；10分钟的课，重点内容用时需要5分钟以上。其余次重点或次次重点内容的用时，可以按照这一比例进行适当的缩减。当按照这样的教学设计上课时，学生最后在头脑中形成的画面将类似于"正态分布图"，知识点的层次非常明晰，无须教师多言，重点内容一目了然。这样的教学无疑是高质量的。

(二)剖析内容之间的逻辑关系

当学生听课时，如果感觉某位教师讲解得层次清、思路明，这通常意味着教师对于思想政治课教学内容之间的逻辑关系分析得比较透彻。教学内容之间的逻辑关系体现在两个方面：一是各部分知识点之间的关系如何？二是各部分知识点与教学主题之间的关系如何？分析这些关系一般会在教学结尾时用于升华主题。对于这个问题，可以运用一些典型的、具体的事例进行分析。例如，讲授中华优秀传统文化时，可以选用"晋商精神"进行阐释说明。那么，晋商文化的内涵是什么呢？我们说，晋商是儒商典范、德商表率和义商善贾，其集体人格表现为诚道义德、儒魂侠魄、仁心创术、修齐治平。因此，晋商文化的内涵主要体现为"晋商精神"，即诚实守信、和衷共济、开拓进取、务实经营和经世济民。其中，诚实守信可以概括为晋商商道——诚道(诚信笃实、商道酬诚)；和衷共济可以概括为晋商商法——和法(和衷共济、和合共富)；开拓进取可以概括为晋商商术——创术(创业有路、创富有道)；务实经营可以概括为晋商商器——算器(精打细算、多谋善算)；经世济民可以概括为晋商商德——义德(利以义制、重义尚德)。在讲授"晋商精神"这五个方面的内容时，一定要选择一个方面作为重点。如果选择的内容重点和难点兼备，那就更为理想了。教学结尾时，切记要通过揭示知识点(即晋商精神的内容)之间的关系或者揭示知识点与教学主题之间的关系，来实现教学的瞬间升华，令学生反复咀嚼，回味无穷。

第四节　教学结尾要回味无穷

俗话说，"编筐编篓，重在收口"，"画龙画凤，重在点睛"。教学也应该做好"收口"和"点睛"的工作，设计出一个耐人寻味的结尾。教学结尾是教学过程中至关重要的一个部分，它不仅是对教学内容的总结和提升，也是对学生学习效果的检验和反馈。

一、教学结尾的主要类型

教学结尾的类型多种多样，包括归纳总结、练习巩固、首尾呼应、悬念设置、拓展延伸、画龙点睛、比较异同、列表概括、师生对话、联系实际、竞赛抢答、讨论交流、情境再现和游戏活动等。下面我们主要对其中五个教学结尾类型进行分析。

(一)归纳总结

归纳总结是通过对大量具体材料的分析，找出其内在规律和特征，进而形成一般性结论的过程。其特点是提纲挈领，即以准确简练的语言对本节课的主要内容进行回顾和总结。归纳总结可以由思政课教师进行，也可以由学生进行。如果是由思政课教师进行，那么要对本节课的知识点进行简洁明了的总结，帮助学生回顾和巩固所学内容；如果是由学生进行，则由学生总结本节课的收获和体会，培养学生自主学习能力和总结能力。

(二)练习巩固

练习巩固是通过反复练习来加深学生对所学知识的理解和记忆，从而巩固学习成果。其特点是知识和能力的迁移，即通过有针对性的练习或活动，提高学生的应用能力。巩固学生所学知识，可以在课堂上进行练习，也可以通过布置适量的课后作业进行练习。

(三)首尾呼应

首尾呼应指的是在课堂教学结束时，通过回顾和总结开头部分的内容，与结尾部分形成相互照应和呼应，从而加深学生对知识的记忆和理解。这种类型的结尾有助于构建清晰的教学结构，使学生能够更好地把握学习重点，同时提升教学效果。其特点是前后贯通，即帮助学生回顾和理解所学内容，增强课堂的整体性和连贯性。

(四)悬念设置

悬念设置就是在课堂教学的结尾，通过提出一个或多个未解决的问题、引发思考的情境或留下待探索的线索，来激发学生的好奇心和探究欲。其特点在于开放性和启发性，能够引导学生走出课堂，进入更广阔的学习空间。这种类型的结尾不仅能够增强课堂的吸引力和趣味性，还能够促进学生进行自主学习和深度学习。

(五)拓展延伸

拓展延伸就是教师在课堂教学的结尾，通过引导学生将所学知识应用到实际情境中，或者鼓励他们进行更深入的学习和研究，以达到巩固知识、拓宽视野和提升能力的目的。其特点在于开放性和实践性，这不仅能帮助学生将所学知识与现实生活紧密联系起来，促进知识的内化和迁移，还能拓宽学生的视野和思路，培养他们的综合素养。

二、教学结尾遵循的重要原则

教学结尾应该是回味无穷的，文学上称为"回眸一笑"。为了设计好的教学结尾，需要遵循以下五个重要原则。

(一)总结性原则

总结性原则是指在课堂教学结尾时，教师对所学内容进行筛选、整理和提炼，简化为学生易于记忆和理解的形式。它强调对信息的整合、要点的突出及经验的总结，以便更好地巩固学习成果，提高教学效率。

在教学结尾时，思政课教师首先要引导学生回顾本节课的学习过程，包括知识的引入、讲解、示例、练习等环节，让学生重温学习经历，加深记忆和理解。其次，思政课教师要对整堂课的教学内容进行高度概括。这种概括应简洁明了，具有逻辑性，并突出重点；通过思维导图、知识树等工具，帮助学生构建知识网络，形成系统化的认知体系。再次，思政课教师要提炼出本节课的核心概念、关键原理或重要方法，使学生能够清晰地把握学习要点。通过提炼，学生可以更深入地理解教学主题，提高学习效率。

(二)启发性原则

启发性原则是指在教学结尾阶段，教师采用能够激发学生思考、引导学生探索未知的教学策略，以此促进学生知识迁移、思维拓展和创新能力的发展。这一原则体现了教育过程中对学生主体性的尊重和对未来学习的引导。

在教学结尾时，思政课教师首先要通过提出具有启发性、开放性的问题，引导学生对所学内容进行深入思考。这些问题可以是对知识点的延伸、对现象的解释、对方法的改进等，旨在激发学生的好奇心和求知欲。其次，思政课教师要设置一些悬念或未解之谜，激发学生的探索欲望。这些悬念可以是对下节课内容的预告，也可以是对某个知识点的深入探究，旨在引导学生主动寻求答案，保持对学习的持续兴趣。

(三)巩固性原则

巩固性原则强调教学应引导学生在理解的基础上牢固地掌握知识和技能，并能长久地保持在记忆中，根据需要可迅速再现出来，从而有利于知识和技能的运用。这一原则不仅关注学生对知识的记忆，更强调对学生理解和运用知识能力的培养。

思政课教师可以通过布置作业、练习或回顾复习等方式，帮助学生巩固所学知识，加深记忆和理解。例如，教师精心设计课堂结尾，对所学内容进行概括和提炼，帮助学生形成系统的知识框架；布置与本节课内容紧密相关的作业，要求学生在课后进行复习和巩固；传授一些有效的记忆方法，如联想记忆法、口诀记忆法等，帮助学生更好地记忆知识点；鼓励学生将所学知识应用于实际生活中，通过实践来加深记忆和理解等。

(四)反馈性原则

反馈性原则是指在教学活动的结尾，教师根据学生的学习表现和成果，给予及时、准确、具体和有效的反馈信息的原则。这个原则旨在通过反馈帮助学生了解自己的学习情况，明确自己的优点和不足，从而调整学习策略，提升学习效果。

该原则重视反馈的及时性，即反馈应在教学活动接近尾声时立即进行，以便学生能够及时了解自己的学习状况，并据此进行调整和改进；重视反馈的客观准确性，即反馈的内容应基于学生的实际表现，客观、准确地反映学生的学习情况，避免使用模糊、笼统或带有偏见的表述；也重视反馈的具体性，即反馈应细致地指出学生的优点和需要改进的地方，以便学生能够清楚地了解自己的学习状况，并找到努力的方向等。

(五)灵活性原则

灵活性原则是指在教学活动的结尾，教师应根据教学实际情况和学生的学习状态，灵活调整教学策略和方法，以确保教学结尾的有效性和吸引力。这一原则旨在通过灵活多样的方式巩固学生的学习成果，激发学生的学习兴趣，并为后续学习做好铺垫。

灵活性原则主要体现在教学方法、时间安排、内容选择、互动方式和创新思维等方面。例如，教师可以采用讨论、总结、提问、案例分析、角色扮演等多种方式，使教学结尾既有趣又富有启发性；教师可以根据课堂实际情况灵活调整教学时间，确保教学结尾既不过于仓促也不过于冗长，在必要时，可以适当延长或缩短某些教学环节，以保证教学结尾的完整性和有效性；等等。

遵循这些原则，思政课教师能够设计出既有效又吸引人的教学结尾，为学生的学习之旅画上圆满的句号。

三、教学结尾的基本要求

在培训思政课教师时笔者发现，与教学导入相比，教学结尾是比较难的。经过一个阶段的教学技能训练，教师基本上学会了如何导入，但是，结尾常常不尽如人意：不是让学生做几个练习，就是把讲过的内容复述一遍，难以揭示出本节课的主题或灵魂。不知道本节课的教学主题，结尾就不会升华，难以给人以力量。接下来，通过一些典型事例，分析教学结尾应注意的一些问题。

(一)教学结尾应水到渠成

一个好的教学结尾应该是自然流畅、水到渠成和顺理成章的。在教学过程中，教师应根据学生的学习进展和课堂氛围，自然而然地引导到教学结尾，而非生硬地附加或简单地总结。它要求思政课教师在教学过程中注意逻辑连贯、自然过渡、强化重点、引发思考和情感共鸣等方面的工作。只有这样，才能使学生真正理解并掌握所学知识，为他们的未来发展奠定坚实的基础。例如，在讲"伟大的改革开放"一课时，教师首先揭示了教学的主题——"精神与物质同在同辉"。通过引入背景、理论讲解、案例分析、讨论交流等教学环节，最后自然而然地讲道："同学们，通过今天的学习，我们不仅认识到改革开放的伟大意义，也看到了不同时期的青年在各自领域的奋斗身影。改革开放既体现为一种精神，也体现为巨大的物质成就，它是精神与物质同在同辉。作为新时代的青年学子，我们要继承和发扬改革开放精神，勇于担当时代赋予我们的责任和使命，用我们的智慧和汗水书写属于自己的青春华章。让我们携手并进，在新时代的征程中不懈奋斗！"这样的结尾，把改革开放精神与新时代青年的使命紧密联系在一起，自然流畅，一气呵成。

为此，在教学结尾时应该注意两个问题：一是切忌生硬突兀，造成教学结尾在内容上与前面的教学内容相脱节，甚至出现教学结尾和教学内容完全成为"两张皮"的现象；二是切忌人为拔高，造成教学结尾在教学立意或者情感升华上与教学过程相割裂，给人一种"喊口号"或"假大空"的感觉。

(二)教学结尾应画龙点睛

教学结尾是一堂课的收官之笔、定音一锤。好的教学结尾应该是画龙点睛之笔，能为整个课堂教学增添亮色。教学结尾的画龙点睛，意味着在课堂的结尾，教师应该以一种精练而深刻的方式对整堂课的内容进行概括、提升或启发，如同画家在画龙时最后点上的那双眼睛，使得整幅画瞬间生动起来，给人留下深刻的印象。它要求思政课教师在课堂结尾时注意做好概括总结、提升深化、启发思考等方面的工作。只有这样，才能使学生在结束一堂课时不仅收获了知识，还激发了兴趣，拓展了思维，从而为他们的学习和发展注入新的动力。例如，在"科技创新与社会发展"一课中，可以利用虚拟现实技术，让学生在课程结束时"穿越"到未来世界，亲眼见证科技是如何改变生活，推动社会进步的。随后，教师引导学生回到现实，总结道："同学们，刚才我们体验的未来并非遥不可及，它正由我们这一代人的智慧和努力所塑造。让我们携手并进，用智慧之光点亮成长之路，用科技创新点亮未来之途。"再如，在"青年责任与担当"一课中，让学生写下自己对未来的期许和承诺，并封存在一个"时光胶囊"中。课程结束时，教师带领学生一起将"时光胶囊"埋藏在校园内的一个特定地点，并约定在未来某个时刻共同开启。教师总结道："同学们，今天你们种下的不仅是希望，更是责任。愿你们在未来的岁月里，不忘初心、勇担使命，为实现自己的梦想和国家的繁荣富强而努力奋斗。"这些结尾，通过创意性的教学设计，不仅巩固了学生的课堂所学，还激发了他们的思考、感悟和行动意愿，达到了"画龙点睛"的效果。

为此，在教学结尾时应该特别注意两个问题。一是切忌简单重复。教学结尾不能只是前面教学内容的简化版，也不能是纯粹的内容复述式小结。如果这样做，充其量仅仅是一次"温故"，但不能"出新"，尚在"画龙"，而非"点睛"。二是切忌画蛇添足。课堂结尾不能忘了教学目标，避免弄巧成拙，否则不仅无法起到"点睛"的功效，反而可能成为课堂教学的败笔。

(三)教学结尾应余音绕梁

教学结尾是一堂课的尾声，但结尾并不是结束，好的结尾应该能带来回响，引人回味，形成课已尽而意无穷的意蕴。教学结尾的余音绕梁，意味着教学结尾应该给学生留下深刻的印象，如同美妙的音乐在耳边久久回荡，让人难以忘怀。它要求思政课教师在设计教学结尾时应注意情感共鸣、思维启迪、简洁明了、留下悬念，以及强调实践等方面的工作。只有这样，才能使教学结尾成为学生心中久久回荡的美妙旋律，激发他们的学习兴趣和动力。例如，在讲"家国情怀与责任担当"一课时，教师小声播放《我和我的祖国》这首歌曲，同时配以深情的旁白："同学们，家是最小国，国是千万家。我们每个人都是这个大家庭中的一员，我们的命运与国家的命运紧密相连。让我们携手并肩，共同为祖国的繁荣富强贡献自己的力量！当我们回首往事时，能够自豪地说，'我无愧于这个时代，我无愧于我的祖国！'"这样的结尾，通过情感共鸣和价值观升华，让学生在心中种下家国情怀的种子，激励他们为实现中华民族伟大复兴的中国梦而不懈奋斗。

为此，在教学结尾时应该注意两个问题。一是切忌语言索然无味。语言是思想的载体，也是展现教学魅力的重要形式，索然无味的语言是不可能达到余音绕梁的效果的。二是切忌内容空洞。教学结尾的吸引力，归根结底，来自内容的丰盈及由此带来的智慧的润泽，从而让课堂教学引发学生的共情、共鸣，让学生沉浸在教学的美好中，流连忘返。

(四)教学结尾应开启新篇

教学结尾应起到承前启后的作用，既是为一堂课画上句号，也是下一堂课新的开始。因此，好的教学结尾要为学生开启一个更大的天地，引领学生进入一个更宏大的知识世界、更广阔的生活世界和更丰富的内心世界。正如怀特海在《教育的目的》中所讲，"教育应该在研究中开始，在研究中结束"。这也是我们常讲的"要让学生带着问题走进课堂，带着更多的问题离开课堂"的意境所在。例如，在讲"延续文化血脉"一课时，教师可以选择林则徐的《赴戍登程口占示家人》进行吟诵。在吟诵过程中，教师引导学生感受林则徐虽遭受不公待遇，但仍然心系家国、不计个人得失，展现出粉身碎骨、在所不辞的崇高精神。这就是民族的脊梁，就是自强不息民族精神的集中体现，从而使学生对于中华优秀传统文化的精髓有了更加深刻的认识。

为此，在教学结尾时应该注意两个问题。一是切忌就课论课。如果不能跳出学科知识的桎梏，就难以拓展学生的生活宽度，升华学生的情感高度和拓宽学生的思维深度。二是切忌急功近利。教学结尾如果只是围着考试转、盯着分数上，忘了活生生的学生及其成长，就会使课堂变得越来越小，教学变得越来越死。

思考与探究

1. 如何区别教学工作环节与课堂教学环节？课堂教学环节包括哪几个方面？

2. 以教师为主体的导入、以学生为主体的导入和以素材为主体的导入分别包括哪些类型？它们各自的适用范围是什么？

　　3. 思政课教师如何才能使教学导入引人入胜？

　　4. 什么是教学主题？教学中应该如何贯穿教学主题？

　　5. 什么是教学立体性？思政课教师在教学中如何体现立体性？

　　6. 思政课教师如何才能使教学主体部分美不胜收？

　　7. 教学结尾的主要类型有哪些？

　　8. 思政课教师如何才能使教学结尾回味无穷？

第七章　创造性地使用统编教材

苟日新，日日新，又日新。

——春秋·曾子《礼记·大学》

创造性地使用统编教材(即思想政治学科统编教材)是教学过程中的一项重要策略。它注重教材的开放性和灵活性，强调以学生为中心的教学理念，并在教学方法和手段上进行创新。通过对教材的二次开发、重组和变革创新，以实现最佳的教学效果。

第一节　创造性地使用统编教材的含义和意义

与传统使用教材的方式相比，创造性地使用统编教材在教学理念、对教材的处理方式教学方法及学生能力培养等方面都存在显著的差异，也有不同的教育和教学价值。

一、创造性地使用统编教材的含义

创造性地使用统编教材就是对统编教材进行深入的解读、分析和重构，结合教学目标、教学内容及学生的实际情况，对教材进行"裁剪"、补充或整合，以加深和拓展课程的内涵与外延。这一过程不仅是对统编教材的简单运用，更是对课程的创新与开发，使教学与课程相互转化、相互促进。创造性地使用统编教材与传统使用教材的方式有本质的不同，主要表现在以下四个方面。

(一)教学理念不同

传统使用教材的方式比较注重知识的系统性、逻辑性和完整性，强调学生对基础知识和基本技能的掌握，通常遵循学科的逻辑体系和学生的心理顺序，由浅入深、循序渐进地组织教学内容。

创造性地使用统编教材则更注重教材的开放性和灵活性，鼓励教师根据学生的实际情况和教学目标对教材进行二次开发、重组和变革创新。这种理念强调以学生为中心，注重激发学生的学习兴趣和主动性，培养学生的创新思维和实践能力。

(二)对教材的处理方式不同

传统使用教材的方式通常把教材视为教学的唯一依据，思政课教师严格按照教材内容进行授课。在传统教材中，知识的呈现形式往往比较单一，以文字为主，插图较少，版面也比较严肃。

创造性地使用统编教材则要求教师在充分了解和尊重教材的基础上，对教材进行灵活有效的组织和处理。思政课教师可以根据教学目标、学生需求及教学实际情况对教材进行"裁剪"、补充或整合，使教学内容更贴近学生的生活实际和认知规律。此外，创造性地使用教材还鼓励教师引进新信息、新观点和新方法，使教学内容保持时代性和前沿性。

(三)教学方法不同

传统使用教材的方式通常采用教师讲授、学生听讲的方式进行教学，强调学生对知识的记忆和理解。在教学过程中，教师往往占据主导地位，学生则处于被动接受的状态。

创造性地使用统编教材则倡导多样化的教学方法和手段，如合作学习、探究性学习、情境教学等。这些方法能够激发学生的学习兴趣和主动性，提升教学效果。同时，创造性地使用统编教材还强调师生之间的平等互动和共同探究，鼓励学生积极参与教学过程。

(四)学生能力培养不同

传统使用教材的方式主要关注学生的知识掌握程度，强调学生对基础知识和基本技能的熟练掌握。然而，在某种程度上，传统使用教材的方式往往忽视了对学生创新思维、批判性思维及解决实际问题能力的培养。

创造性地使用统编教材则更注重对学生全面能力的培养。通过创造性地使用统编教材，教师可以激发学生的学习兴趣和好奇心，培养学生的独立思考能力、创新能力和实践能力。同时，创造性地使用统编教材还注重培养学生的团队合作精神和沟通交流能力，为学生的终身发展奠定坚实的基础。

二、创造性地使用统编教材的意义

创造性地使用统编教材对于学生理解教材和教学内容、教师的专业发展和成长，以及教学质量的提高，都有十分重要的意义。

(一)能够提升教学质量

创造性地使用统编教材能够促使教师根据教学目标、学生特点和教学实际情况，灵活调整和优化教学内容及方法。这种灵活性和针对性使得教学更加贴近学生的实际需求，激发学生的学习兴趣和主动性，从而提升教学效果和质量。

(二)能够培养学生的综合能力

通过创造性地使用统编教材，思政课教师可以设计多样化的教学活动和任务，注重培养学生的创新思维、批判性思维、解决实际问题能力、团队合作精神及沟通交流能力等。这些综合能力对于学生未来的学习和生活都具有重要意义，有助于他们更好地适应社会的发展和变化。

(三)能够促进教师职业成长

创造性地使用统编教材，要求思政课教师具备深厚的专业素养和创新能力，能够灵活运用各种教学策略和方法，实现教材的优化和重构。在这一过程中，教师需要不断学习和探索，以提升自己的教学能力和水平。同时，创造性地使用统编教材也为教师提供了展示自己才华和创造力的平台，这有助于激发教师的工作热情和成就感，促进他们的职业成长和发展。

(四)能够推动教育改革深化

创造性地使用统编教材是教育改革的重要组成部分。它要求思政课教师打破传统的教学观念和模式，关注学生的个体差异和全面发展，注重培养学生的创新精神和实践能力。这种改革思路与当前教育改革的总体方向相契合，有助于推动教育改革的深化和发展。同时，创造性地使用统编教材也为教育改革提供了实践基础和经验借鉴，有助于推动教育改革的落地生根和取得实效。

第二节　统编教材蕴含重要的思想价值

任何课程和教材都有它自身的价值，也都有自己的社会价值和功能。课程(或教材)价值是指在一定时间和空间范围内，某一门课程(或教材)对学生和社会发展的有用性。我国高等教育学科众多，其价值和功能具有不同的特点。例如，文学、历史学、哲学类专业课程中富含着文化自信价值，经济学、管理学、法学类专业课程中隐藏着经世济民价值，教育学类专业课程中蕴含着职业操守价值，理学、工学类专业课程中具有科学精神和使命担当价值，农学类专业课程中孕育着强农兴农价值，医学类专业课程中体现着救死扶伤价值，艺术学类专业课程中彰显着创美审美价值等。基础教育开设了为学生打基础的主要课程，基础性和价值性十分明显，职业中学的很多课程更贴近社会生活，社会价值愈加突出。例如，语文课程具有工具性和人文性，历史课程具有思想性、人文性和综合性，地理课程具有区域性、综合性和思想性，数学课程具有基础性、普及性和发展性，物理、化学和生物等课程都具有科学性、实验性和生产生活性等。这些价值都值得我们认真挖掘和提炼。

统编教材蕴含的思想价值是丰富而深刻的，它不仅是知识的载体，体现着学科的价值和功能，更是引导学生形成正确的世界观、人生观、价值观的重要工具。这种思想价值主要表现为以下几个方面①。

一、具有正确的政治方向

统编教材是国家意志的集中体现，它坚持马克思主义指导地位，贯彻落实习近平新时代中国特色社会主义思想。这不仅是教材编写的根本遵循，也是教材思想价值的核心所在。统编教材通过系统渗透党的理论、路线、方针、政策等内容，引导学生形成正确的世界观、人生观和价值观，坚定对中国特色社会主义的道路自信、理论自信、制度自信、文化自信。另外，统编教材有机融入社会主义核心价值观，并将它贯穿于教材的各个章节和各个方面。通过具体的事例、生动的案例和深入浅出的讲解，引导学生树立正确的道德观念和价值取向，培养他们的爱国情感、社会责任感和公民意识等。这种政治方向和意识形态的引领，是统编教材最核心的思想价值之一。思想政治学科具有极强的政治方向引领价值，它不仅是学生获取知识、提高素质的重要途径，更是引导学生形成正确政治方向、坚定政治信仰、弘扬主流意识形态、培育政治素养和塑造正确价值观的重要载体。因此，统编教材蕴含的主流意识形态引领作用是十分强烈和直接的。

二、赓续中华优秀传统文化

在统编教材编写的过程中，充分汲取中华优秀传统文化的精髓和养分，并将它与现代教育理念相结合，形成了具有中国特色的教育内容。通过讲述中国古代的历史、文化、哲学、艺术等方面的内容，引导学生了解中华民族悠久的历史和灿烂的文化，培养他们的文化自信和民族自豪感。同时，统编教材还注重弘扬民族精神，如爱国主义、集体主义、厚德载物、自强不息等，引导学生树立正确的道德观念和价值取向，培养他们的社会责任感和公民意识；注重培养学生的创新精神和实践能力，鼓励他们在传承中创新，在创新中发展。

统编教材有机地传承与融合中华优秀传统文化，具体表现如下。第一，经典思想融

---

① 本报记者靳晓燕. 编好三科教材　培育时代新人：教育部教材局负责人就普通高中三科教材统编工作答记者问[N]. 光明日报，2019-08-28(06).

入。它将中华优秀传统文化中的经典思想(如儒家思想中的"仁爱""礼义廉耻",道家思想中的"道法自然""无为而治"等)融入教学内容之中。这些思想对于培养学生的道德品质、人文素养具有深远影响。第二,历史典故与人物融入。统编教材中穿插了历史典故和杰出人物的故事,如岳飞的精忠报国、文天祥的宁死不屈、林则徐的为国为民、孙中山的百折不挠等。这些生动的故事能够激发学生的爱国情感和民族自豪感。第三,传统文化精髓融入。它强调中华优秀传统文化的精髓,如诚信、友善、包容、自强不息、尊老爱幼等传统美德,以及诗词歌赋、书法绘画等艺术形式,培养学生的审美能力和文化修养。统编教材通过有机地融合中华优秀传统文化,不仅有助于增强思想政治教育的文化底蕴,还能推动中华优秀传统文化在新的历史条件下实现创造性转化和创新性发展。

三、强化立德树人根本任务

统编教材坚持立德树人的根本任务,将社会主义核心价值观融入教育教学的全过程,注重培养学生的道德品质、法治观念、创新精神和实践能力。统编教材通过具体的事例、生动的案例和深入浅出的讲解,引导学生树立正确的道德观念和行为准则,培养良好的品德和人格魅力。同时,统编教材还注重培养学生的法治意识和规则意识,引导他们遵守法律法规和社会公德。统编教材在体现立德树人根本任务方面,采取了多种措施和方法,以确保这一核心教育理念得到全面贯彻。它融入中华优秀传统文化、革命文化和社会主义先进文化等,以培养学生的道德品质、爱国情怀、社会责任感和创新能力;它通过讲述英雄人物的事迹、分析社会热点问题等方式,引导学生形成正确的世界观、人生观和价值观;它通过案例分析、角色扮演等教学活动,培养学生的道德品质,如诚信、友善、勤奋、自律等。

四、蕴含学科育人功能

统编教材注重育人功能的发挥,通过提供丰富的教育内容和多样的教育形式,全面提升学生的综合素质和能力水平。它不仅注重知识的传授和技能的培养,更关注学生思想品德、心理素质和人文素养的养成。统编教材通过引导学生树立正确的世界观、人生观和价值观,培养他们的道德品质和人文精神;通过激发学生的学习兴趣和动力,培养他们的自主学习能力和创新精神;通过关注学生的身心健康和全面发展,提升他们的生活质量和幸福感。

统编教材在编写过程中,注重挖掘和提炼各学科蕴含的育人价值,将知识传授与价值引领相结合,努力实现学科育人的目标。例如,在统编教材中融入中华优秀传统文化、革命文化和社会主义先进文化等内容,引导学生树立正确的文化观和历史观;讲述中国历史上的重要事件和人物，培养学生的历史意识和爱国情怀；强调法治教育和道德教育的重要性，引导学生树立正确的法治观念和道德观念。

五、充溢前瞻性和国际视野

统编教材在编写过程中，既体现内容代代相传的特点，又注重反映经济社会发展、科技进步和马克思主义中国化的最新理论成果，具有鲜明的时代性和前瞻性。它通过引入新的教学理念、教学方法和教学手段，提高教材的针对性和实效性。同时，统编教材还注重培养学生的国际视野和跨文化交流能力，引导他们关注世界的发展变化和国际事务的热点问题，通过这样的教育内容和形式，使学生成为有世界眼光、有国际竞争力的人才。例如，统编教材在设计和编写过程中，紧密关注国内外形势的发展变化，及时将最新的理论成果、政策导向和社会热点融入教材内容之中；通过引导学生分析历史规律、社会现象和科技发展等，帮助他们预测未来可能的发展趋势和面临的挑战，从而为他们未来的学习和生活做好充分准备；通过鼓励学生敢于质疑、勇于探索、善于创新，激发他们的创造力和想象力，为未来的社会发展贡献智慧和力量。另外，统编教材在内容设计上，积极融入全球议题和跨国问题，如气候变化、全球化、国际合作与竞争等，介绍不同国家和地区的文化、历史、社会制度等。这有助于学生拓宽国际视野，增强跨文化交流的能力，培养他们的全球意识和国际责任感。

第三节 创造性地使用统编教材的基本策略

教材语言承载着教材所要表达的思想，而教学语言是课堂教学中教师表达的主张。因此，创造性地使用统编教材除了深入理解教材、结合学生实际、整合教学资源和创新教学方法外，还需要通过以下三个方面的结合，深入挖掘统编教材的思想政治价值。

一、实现内容与形式的完美结合

内容与形式的关系是哲学和美学中经常探讨的一个重要议题，它们在各个领域都有着深刻的体现。在一般情况下，内容通常被理解为事物内部的本质、要素、意义或信息等，是构成事物的基础；形式则是内容的外在表现方式或载体，是内容的反映和表现形式。它是文字的排列组合、图像的构图、声音的节奏等，用于将内容以可感知、可理解的方式呈现出来。内容与形式的关系是对立统一、相互作用和相互转化的。内容的性质和特点决定了形式的性质和特点；形式对内容也有反作用，适合内容的形式可以促进内容的发展和完善，而不适合内容的形式可能阻碍内容的发展。

在思想政治课教学中，内容与形式的关系表现为"魂"与"体"的关系。这里的"魂"指的是教材所传授的价值观、道德观念、政治立场等核心要素，"体"指的是教学中所使用的多种形式和方法等。换句话说，教材提供的是根本立场，教学提供的是丰富形式。

统编教材是党和国家意识形态的集中体现，是党和国家大政方针的具体反映，是落实习近平新时代中国特色社会主义思想的重要文本，其政治性自不待言。但并不是说，这些内容要采用简单的方式硬塞给学生，让他们去接受。不讲道理的教学不仅无法促成学生的唯物史观、政治认同和家国情怀等形成，还会导致学生反感。也就是说，教学时要把政治性和学理性很好地统一起来，以透彻的学理分析回应学生，以彻底的思想理论说服学生，用真理的强大力量引导学生，最终落实到学生的核心素养培育上。《中共中央 国务院关于深化教育教学改革全面提高义务教育质量的意见》指出：义务教育要"注重启发式、互动式、探究式教学"；"融合运用传统与现代技术手段，重视情境教学"；"探索基于学科的课程综合化教学，开展研究型、项目化、合作式学习"[1]。思政课教师应该努力实现教学形式的多样化和创新设计，尽量选择学生可以参与和乐于参与的新形式，让学生主动进入教学的流程，并通过教学过程的不断推进，以及探究和发现，体悟出教材中希望学生掌握的结论和观点。

例如，"延续文化血脉"一课包括"中华文化根"和"美德万年长"两目。我们可以将本节课的课题确定为"一轮明月照古今——延续文化血脉"。[2]"明月"是推进课堂教学的"明线"，"文化"是实现素养培育的"暗线"。教学流程可以设置为以下三个环节。

第一个环节："古国月"——博大精深的中华文化。

此环节以"久"为关键字，核心内容为"海上生明月，天涯共此时"。通过"飞花令"的形式，让学生说出带有"月"字的古文诗句，引导学生理解中华优秀传统文化的博大精深、源远流长。例如，李白的"床前明月光，疑是地上霜。举头望明月，低头思故乡。""举杯邀明月，对影成三人"；杜甫的"露从今夜白，月是故乡明"；王维的"明月松间照，清泉石上流"；王昌龄的"秦时明月汉时关，万里长征人未还"；苏轼的"明月几时有？把酒问青天"；李煜的"春花秋月何时了？往事知多少？""无言独上西楼，月如钩"；王安石的"春风又绿江南岸，明月何时照我还？"；欧阳修的"月上柳梢头，人约黄昏后"；岳飞的"三十功名尘与土，八千里路云和月"等。

第二个环节："故国月"——自强不息的民族精神。

① 中共中央 国务院关于深化教育教学改革全面提高义务教育质量的意见[EB/OL]. 中华人民共和国教育部，2019-06-23.

② 李晓东，何旋，孟婷. 中学思政课统编教材的教法与学法研究[J]. 教育参考，2020(01)：5-11.

此环节以"破"为关键词,核心内容为"家国烽烟起,残月如血泣"。教师通过解读分析林则徐的《赴戍登程口占示家人》,引导学生理解近代以来我国面临的屈辱与抗争。

《赴戍登程口占示家人》的全文如下:"力微任重久神疲,再竭衰庸定不支。苟利国家生死以,岂因祸福避趋之?谪居正是君恩厚,养拙刚于戍卒宜。戏与山妻谈故事,试吟断送老头皮。"这首诗是 1842 年 9 月 14 日(农历八月初十),林则徐在西安写的。在写这首诗时,他可能想到虎门销烟的月夜,想到抢修黄河堤坝的月夜,想到未来被发配到新疆伊犁的月夜。这些地方的月夜都是故乡的月夜啊!然而,现在却是"国破山河在,城春草木深"的景象。从这首诗中我们可以看到,尽管林则徐遭受了不公的待遇,但仍然心系家国,不计个人得失,展现出粉身碎骨、在所不辞的崇高精神。这就是民族的脊梁,就是自强不息民族精神的集中体现。

第三个环节:"强国月"——磅礴雄浑的中国力量。

此环节以"兴"为关键字,核心内容为"还是那轮明月,风景这边独好"。教师通过从"嫦娥奔月"到"玉兔登月"的时代巨变,说明当代中国实现了"从站起来、富起来到强起来"的根本变化,为学生树立文化自信奠定了重要的思想基础。

本节课的教学旨在基于学生的思想意识,实现对教材内容的创新性实施。这节课以"月"为引,教师通过三个教学环节不断"上台阶",即博大精深的中华文化(源远流长与博大精深)—自强不息的民族精神(自强不息与厚德载物)—磅礴雄浑的中国力量(披荆斩棘、勇往直前、战无不胜)。在这节课中,教材既时时保持"在场"的状态,因为课堂呈现的核心教学内容都是教材上的;又时时表现出"隐蔽"的状态,因为课堂呈现出来的"月文化"是教材中没有的,从而实现了教材与教学、内容与形式的完美结合。

二、实现过程与结果的有机结合

过程与结果之间的关系是复杂而深刻的。它们相互依存、相互影响,并在不同情境下展现出不同的重要性。过程是达到结果所必须经历的一系列活动或步骤,没有过程就不会有结果;结果则是过程结束后所呈现出的状态或成果,是过程的归宿和显现。过程是因,结果是果,二者的关系表现为"因"与"果"的关系。一般情况下,过程的质量、效率和方法等因素会直接影响结果的优劣;结果对过程也会产生反作用,成功的结果会激励人们继续努力,优化和改进过程;失败的结果则会促使人们反思过程中的问题,寻求改进之道。在某些情境下,结果更重要;而在另一些情境下,过程被赋予了更高的价值。

在思想政治课教学中,结果与过程的关系表现为"静"与"动"的关系。这里的"静"指的是各学科已经形成的基本理论、观点和方法等学科体系;"动"指的是教师要讲清、讲透这些基本观点和理论所采用的多种教学手段及方法。也就是说,教材提供的是基本结论,教学呈现的是思考过程。

统编教材基本上是由重要观点、基本原理和基本理论构成的知识体系，也就是教材为我们教学提供了基本的结论和素养指向。但是，教学时不能将这些结论简单、机械地"灌输"给学生，而应该贯彻启发性原则，引导学生经历"过程性"的思考和发现，达到体悟出教材结论的目的。《国务院办公厅关于新时代推进普通高中育人方式改革的指导意见》明确提出："积极探索基于情境、问题导向的互动式、启发式、探究式、体验式等课堂教学，注重加强课题研究、项目设计、研究性学习等跨学科综合性教学，认真开展验证性实验和探究性实验教学。"结构化的统编教材的内容比较抽象，要落实这一要求，就必须改变知识教学的旧思路，实现素养培育的新探索。

例如，"贯彻新发展理念"一课包括"坚持以人民为中心的发展思想"和"坚持创新、协调、绿色、开放、共享发展"两目。讲这一课时，许多教师往往认为这两目内容毫不相干，应分开来讲。其实，这两目内容联系得非常紧密。因为"共享"是发展的目的和价值导向，是坚持人民至上、发展成果由全民共享的治理新模式。这样，我们可以把这两目内容贯通起来，以新发展理念为依托进行教学设计。本节课可以按照以下三个教学议题展开。

议题一：在新发展理念中，"共享"体现的是什么？

在新发展理念中，"共享"体现的是发展的目的。教学时，应打破原有的教材内容体系，把两目内容进行融通，并调整它们的顺序，首先讲"共享"。通过学习"共享"的内容，让学生认识到"以人民为中心"就是党的宗旨，并理解"以人民为中心"的内涵及意义。正如习近平总书记 2022 年春节前夕赴山西看望慰问基层干部群众时所说的："我们党的根本宗旨就是为人民群众办好事，为人民群众幸福生活拼搏、奉献、服务。我们如期打赢了脱贫攻坚战，如期实现了全面建成小康社会目标，现在踏上了全面建设社会主义现代化国家新征程。"[①]

议题二：在新发展理念中，"创新"体现的是什么？

在新发展理念中，"创新"体现的是发展的动力。要实现共享，让老百姓过上好日子，过幸福生活，我们一定要踔厉奋发、积极作为，在党的领导下不断创新，不断奋进，谱写属于我们自己的时代篇章，从而坚定社会主义的道路自信和制度自信。2020 年 5 月，习近平总书记在参观太原不锈钢箔材"手撕钢"产品时强调："产品和技术是企业安身立命之本。希望企业在科技创新上再接再厉、勇攀高峰，在支撑先进制造业发展方面迈出新的更大步伐。"[②]

---

① 习近平春节前夕赴山西看望慰问基层干部群众[N]. 人民日报，2022-01-28(01).

② 习近平在山西考察时强调：全面建成小康社会 乘势而上书写新时代中国特色社会主义新篇章[N].人民日报，2020-05-13(01).

议题三：在新发展理念中，"协调""绿色""开放"体现的是什么？

在新发展理念中，"协调""绿色""开放"体现的是发展过程中需要处理好的几个关键关系。"协调"是要处理好国内的关系，包括区域、城乡、行业等；"绿色"是要处理好人与自然的关系；"开放"是要处理好国际关系。例如，处理好人与自然的关系，所涉及的是绿色发展和可持续发展的问题。2020年5月，习近平总书记在考察汾河流域生态修复和城市环境建设情况时指出："要牢固树立绿水青山就是金山银山的理念，发扬'右玉精神'，统筹推进山水林田湖草系统治理，抓好'两山七河一流域'生态修复治理，扎实实施黄河流域生态保护和高质量发展国家战略，加快制度创新，强化制度执行，引导形成绿色生产生活方式，坚决打赢污染防治攻坚战，推动山西沿黄地区在保护中开发、开发中保护。"①

有了发展的愿景和引擎，处理各种复杂的关系就显得尤为重要。就如同我们载着旅客乘坐高铁旅行一样，当目的地已经确定，高铁机车的引擎安排就绪，接下来就要保证铁轨、信号、操作、气候等都正常的条件下，才能够顺利地到达。如果有一些条件出现问题，就会延迟旅客到达目的地的时间，甚至无法到达目的地。

这一节课是我们落实当前思想政治课程改革的新要求。它将教学内容进行重组，突出重点，很好地把"共享"与"以人民为中心"结合起来，之后通过"动力"和"关系"对"新发展理念"进行了全新的解读，这一过程能够形成学生学科思维的新飞跃。在这个过程中，教材作为教学背后的支撑，主要保证了问题的时代性和结论的科学性，充分体现了结论与过程的统一。

三、实现整体与部分的有效结合

整体与部分的关系是哲学、系统论等多个领域中的重要议题，它们之间既有区别，又相互依存、相互影响。整体是指事物的全局和发展的全过程，从数量上看，它被视为一个统一的整体。整体具有部分所不具备的功能和特性，它居于主导地位，统率着部分；部分则是事物的局部或发展的各个阶段，从数量上看，它是由多个部分组成的。在事物的存在和发展过程中，部分处于被支配的地位，服从和服务于整体。整体与部分是相互依存、不可分割的：一方面，整体是由部分构成的，离开了部分，整体就不复存在；另一方面，部分也是整体中的部分，离开了整体，部分也就失去了原有的意义和功能。此外，整体与部分的关系还体现在优化组合上。通过合理的组合和配置各部分资源，可以实现整体功能的最大化。这种优化组合不仅需要考虑各部分的功能和特性，还需要考虑它们之间的相互作

---

① 习近平在山西考察时强调：全面建成小康社会 乘势而上书写新时代中国特色社会主义新篇章[N].人民日报，2020-05-13(01).

用和协调关系。

在思想政治课教学中，整体与部分的关系表现为"面"与"点"的关系。这里的"面"指的是统编教材中的内容按照理论主题进行设计，既具有学科的系统性，也具有内容的完整性；"点"指的是教师在进行教学内容分析时，需要考虑教学的重点、难点和关键点。在这里，教材强调的是全面系统，教学强调的是重点突出。

基于教学内容的结构化设计，思政课教师必须全面兼顾不同教学内容，要按照合理的比例安排不同的教学内容，全面反映和落实课程标准的基本要求。但在教学中，对教材中的内容不能简单地"一搬了之"。基于核心素养培育学科教学，不应该也没必要面面俱到地再现教材的所有内容，而是要根据学生的基本情况，聚焦关键问题，进行重点突破。教学设计应该依据教材，而又超越教材，抓重点、寻脉络。这也是思政课教师需要具备的一项基本素养。

例如，高中思想政治必修 1《中国特色社会主义》第三课第二个框题第二目"改革开放以来党的全部理论和实践的主题"，主要讲中国特色社会主义理论体系和习近平新时代中国特色社会主义思想。中国特色社会主义是改革开放以来党的全部理论和实践的主题，它既是道路，也是理论，还是制度和文化，又分别是中国特色社会主义的必由之路、行动指南、根本保障和精神力量。针对本课内容，如果仅仅按照教材编排来讲，就事论事且面面俱到，不仅缺乏内在的逻辑关系，而且内容比较乏味，导致学生学习较为困难；如果用党的宝贵历史经验"两个结合"来贯穿和渗透，那么就能够抓住重点，起到提纲挈领之功效。一百年来，中国共产党之所以能够形成马克思主义中国化的系列理论成果，就是因为我们党把马克思主义基本原理同中国具体实际相结合、同中华优秀传统文化相结合。中国特色社会主义理论体系和习近平新时代中国特色社会主义思想就是这"两个结合"的生动注脚，它们既一脉相承，又与时俱进。"一脉相承"是说，改革开放 40 多年来，我们所形成的中国特色社会主义理论体系(包括邓小平理论、"三个代表"重要思想、科学发展观)和习近平新时代中国特色社会主义思想，都属于中国特色社会主义这个大范畴。它们在理论观点上是一以贯之的，所要回答的首要问题、产生的文化背景、面对的基本国情、坚持的基本路线和经济制度、所要实现的奋斗目标都是相同的。"与时俱进"是说，中国特色社会主义理论体系和习近平新时代中国特色社会主义思想，是一个把马克思主义基本原理同中国具体实际相结合、不断丰富和发展的科学体系。中国特色社会主义理论体系是针对中国的具体实际和条件，成功开创了中国特色社会主义、成功把中国特色社会主义推向 21 世纪，以及成功在新的历史起点上坚持和发展了中国特色社会主义；习近平新时代中国特色社会主义思想是在统筹把握中华民族伟大复兴战略全局和世界百年未有之大变局的国际国内实际中形成的，使中国特色社会主义进入了新时代。每一个重大理论的形成，都是与不同时期的中国具体实际紧密结合的结果。学习该内容时，使用"一脉相承"和"与时俱进"这一主线贯穿，学生既能够提纲挈领地领会，又能够轻松自如地掌握；既能够学得轻松有趣，又能够善于泛化和迁移。本节课把整体与部分、全局与重点的关系处理得极佳。

思考与探究

1. 就思想政治学科而言，创造性地使用统编教材与传统使用教材的方式有什么本质的不同？

2. 思想政治学科统编教材蕴含着怎样的思想价值？

3. 思想政治课教学如何才能实现内容与形式的完美结合？

4. 思想政治课教学如何才能实现过程与结果的有机结合？

5. 思想政治课教学如何才能实现整体与部分的有效结合？

第八章　教学明线与暗线交相辉映

绿野堂开占物华，路人指道令公家。令公桃李满天下，何用堂前更种花。

——唐·白居易《奉和令公绿野堂种花》

在教学领域，明线与暗线是课堂教学中的重要组成部分，分别代表了教学过程中的显性线索和隐性线索，二者如影随形、跬步不离，它们共同构成了课堂教学的完整框架。思政课教师在教学过程中应充分利用明线的统领性和引导性，深入挖掘暗线的深层性和发展性，不断优化课堂教学结构和内容呈现方式。

第一节　教学明线与暗线的含义及其特点

文学作品在描述情节发展中有一种双线结构，即"明线"与"暗线"。"明线"是指人物活动或事件发展所直接呈现出来的线索，一般就事论事；"暗线"是指未直接描绘的人物活动或事件间接呈现出来的线索，一般蕴含着深层含义。在课堂教学中，我们常常将"明线"与"暗线"有机结合，以开展教学活动。

一、教学明线及其特点

所谓明线，就是人们一眼能够看到的事物本身或现象。教学明线是指在教学过程中直接呈现给学生的、明确且具体的学习路径或知识脉络。它通常具有以下几个特点。

(1) 具有统领性。明线能够统领整节课的内容，是贯穿一节课的纽带，确保教学过程的连贯性和系统性。

(2) 具有引导性。明线能够有效地引领教学活动的开展，指导学生按照既定的学习路径进行知识探索和学习。

(3) 具有显性化。明线是教学过程中的显性线索，通过教师的讲解、演示、提问等方式直接呈现给学生，使学生能够清楚地了解学习目标和内容。

例如，在思想政治课教学中，教师可以按照"引入新课—讲授新知—讨论交流—巩固练习—总结提升"的明线进行教学，明确告知学生本节课的学习目标和内容。

二、教学暗线及其特点

所谓暗线，就是隐藏在事物内部或背后的本质。教学暗线是指在教学过程中隐含的、不易被直接察觉的思想、方法或能力培养线索。它通常隐藏在知识传授的背后，通过教师的引导和学生的实践逐步显现出来。教学暗线具有以下几个特点。

(1) 具有隐性化。暗线是教学过程中的隐性线索，不直接呈现给学生，而是需要学生通过思考、实践等方式自行领悟和体会。

(2) 具有深层性。暗线往往蕴含在知识的内部结构和关系中，涉及学科的思想方法、价值观念等深层次内容。

(3) 具有发展性。暗线注重培养学生的学科素养、思维能力和解决问题的能力，是促进学生全面发展的关键所在。

例如，在思想政治课教学中，教师可能通过引导学生交流、质疑、辨析、归纳等教学活动，逐步培养学生的政治认同和责任担当、逻辑推理能力、质疑创新能力和问题解决能力等，这些就是教学中的暗线。

三、教学明线与暗线的内在联系

课堂教学的明线，是向学生"传授知识"，暗线是"促进学生自主发展"，它们是相互依存、相互促进的。明线为暗线提供了具体的学习路径和知识载体，使学生能够在明确的学习目标下进行知识的探索和学习，即"传授知识"是"促进学生自主发展"的载体和工具；暗线则通过隐含的思想方法和能力培养线索，引导学生深入思考和实践，促进其全面发展，即"促进学生自主发展"是"传授知识"的目标和方向。在教学中，暗线虽然时断时续、忽明忽暗、若隐若现，但它一定要有，而且不可或缺。优秀的思政课教师能够做到"育人不离场，教育永在场"。这里的"育人""教育"就是教学的暗线。

教材内容是一条明线。课堂教学需要借助教材，教材是教师教学的依据、学生学习的凭借。那么，教材在教学中充当什么角色呢？叶圣陶先生曾说："教材无非是个例子。"用讲解教材的方式传授知识，是让学生对知识生成体验的过程，进而激发思维，唤醒、鼓舞学生的自主性与能动性，促进学生更好地发展。譬如，教师讲授马克思主义知识，目的是让学生用辩证唯物主义和历史唯物主义的方法论和思维方式提出问题、分析问题、解决问题，其真正价值在于马克思主义知识背后的世界观与方法论。事实上，形成某种正确的意识往往比记住一个知识点更重要，凝练一种思想往往比解决一个问题更有价值，而意识与思想会提升学生的思维品质，从而在深度学习中培养学生的核心素养。

教育的价值和意义在于提供各种条件让学生在学习过程中提升思维品质，使其逐渐走向自主发展。因此，思政课教师要明白，用教材"教知识"是为了达到"不需要教知识"的目的。在传授知识的过程中，应牢固树立"授之以渔"的思想，促进学生思维的提升和学习方法的优化。在课堂上不能只关注学生获得了哪些知识，还要培养他们的独立人格和思辨能力。要让学生自己理解并掌握知识的形成过程，提升他们触类旁通、融会贯通的能力，从而促进思维体系的构建与发展。

顾明远教授曾说："教育的本质在某种意义上来讲就是培养学生的思维，而课堂是培养学生思维的最好场所。"思政课教师需要有一个长期目标，有一定责任高度，在抓住"传授知识"这条明线的同时，也要牢牢把握"促进学生自主发展"这条暗线，从而使教育从单纯的知识灌输转变为"点燃思想的火把"，使课堂从"知识课堂"提升为"生命课堂"。

第二节 使用教学明线与暗线存在的问题及其产生的原因

在教学实践中，思政课教师在使用教学明线与暗线时会面临一些问题，这些问题表现在多个方面，其原因也较为复杂。

一、教材与教学条线不协调

教材的内容往往按照既定的知识体系编写，体现为明线；教学条线则是针对学生的需求和实际问题设计的，既体现为明线也体现为暗线。在教学时，两者之间的不协调可能导致教学活动难以有效实施。例如，在"公民的政治参与"一课中，教材详细阐述了公民参与政治生活的方式、途径和意义，但教师在实际教学过程中会面临一定的挑战。一是教材内容与教学目标不匹配。教材上虽然全面介绍了公民政治参与的相关知识，但缺乏对学生实际应用能力和批判性思维培养的明确指导。教师在设定教学目标时，会过于侧重对知识点的记忆和理解，而忽视引导学生如何运用所学知识分析现实政治现象和解决实际问题。二是教学方法与教材内容脱节。教师在授课时，仍然采用传统的讲授式教学方法，通过PPT展示和口头讲解来传授知识。这种教学方法不仅难以激发学生的学习兴趣和主动性，而且不利于他们深入理解和运用所学知识。同时，教材中的一些案例和情境材料也未得到充分利用，导致教学内容显得枯燥和抽象。三是学生需求与教材内容不符。学生对思想政治课的兴趣和关注点是多种多样的，但教材内容未能充分考虑学生的个体差异和需求。有些学生对教材中的理论内容感到困惑或缺乏兴趣，他们更希望了解与自己生活密切相关的政治现象和问题。

出现这一现象的主要原因是思政课教师没有认识到教材编写与教学条线设计之间的关系，不善于创造性地运用教材，重组教学内容时也没有充分考虑学生的学情和必要的教学条件，导致教学内容与教学目标之间存在一定的偏差。

二、教学明线与暗线脱节

在课堂教学中，有时知识的、明线的教学活动非常清晰，但未能有效触及暗线所期望的深层次教学目标。学生只是掌握了表面的知识，而未能真正提升思维能力或形成核心素养。例如，在讲授"社会主义核心价值观"一课时，会出现教学明线与暗线脱节的现象，具体表现如下。一是知识点讲解与价值观引导分离。教师逐条讲解了社会主义核心价值观的每一个词语或语句，解释了它们的字面意思和在不同层面的重要性，但未能将这些价值观与学生的个人成长、社会生活紧密联系起来，缺乏引导学生思考如何将这些价值观内化于心、外化于行的具体环节。学生只是机械地记住了这些词语或语句，未能深刻理解其背后的深层含义和价值导向。二是理论传授与情感体验脱节。教师侧重于理论知识的传授，通过 PPT、板书等形式展示了社会主义核心价值观的相关内容，但是缺乏通过视频、案例、讨论等方式激发学生的情感共鸣和深入思考，其结果是学生无法从内心深处感受到这些价值观的力量和魅力，也无法将其转化为自己的信念和行动指南。三是教学方法单一，缺乏互动性。教师主要采用讲授式教学方法，学生被动地接受知识。其结果是学生难以主动参与学习过程，也无法通过交流、分享等方式深化对社会主义核心价值观的理解和认同。正如学习古诗《琵琶行》一样，只知琵琶女的遭遇，却不知"同是天涯沦落人，相逢何必曾相识"才是教学的暗线和主题。

出现这一现象的主要原因是思政课教师在教学设计时未能充分考虑明线与暗线的内在联系，导致两者在实际教学中出现了分离。

三、教学暗线过于隐晦

教学暗线作为深层次的教学线索，有时可能过于隐晦，学生难以察觉或理解其背后的教育意图。例如，在"中国特色社会主义理论体系"一课中，教师的讲解主要集中于中国特色社会主义理论体系的概念、原则、策略等直接内容，这些构成了教学明线。然而，对于这些理论背后的价值观念、历史背景、实践成效等深层次含义，教师只是蜻蜓点水式地提及，或者完全依赖学生的自我领悟，这使得教学暗线变得模糊不清。同时，教师未能有效地利用历史事件、现实案例或学生身边的故事来创设情境，未能充分设计互动环节和及时给予学生有效的反馈指导，导致学生对中国特色社会主义理论体系的理解和感受停留在表面。

出现这一现象的主要原因是思政课教师缺乏有效的教学策略来揭示暗线，或者对暗线的理解不够深入，导致在教学过程中未能充分展现其思想性和发展性。

四、评价体系不完善

当前，受应试教育的影响，教学评价体系往往侧重于对明线或知识的教学效果评估，如知识的掌握程度、考试成绩等，而忽视了对暗线或能力的、思想的教学效果评价。受评价指挥棒的影响，不少思政课教师讲课时以知识点为主，练习时也十分注重对知识点的训练，并让学生大量刷题准备考试，导致思想政治课的"思想之学"变成了"句读之学"，严重忽视了学生的情感、思想和发展。

出现这一现象的主要原因是评价体系的设计未能跟上教育改革的步伐，缺乏对学生综合素养、思维能力等方面的有效评估手段。

第三节　实现教学明线与暗线的交相辉映

明确了课堂教学中明线与暗线的关系后，思政课教师要以明线牵动暗线，以暗线回关明线。在教学中，思政课教师应使用启发式、讨论式、任务驱动式等开放的教学方法，引导学生经历独立思考和自主探究的过程，从而逐渐改变他们被动接受的思维方式，培养发散思维和批判性思维。

一、明确教学目标，整合明线与暗线

在设计教学时，既要明确显性的知识目标或明线，也要重视隐性的能力和素养目标或暗线，确保两者相辅相成。

(一)深入分析课程标准和教材

教师需要深入研究思想政治学科的课程标准和教材，明确本节课或本单元的核心知识点、技能要求和教学目标。这些通常是明线目标或显性教学目标，即学生需要掌握的基本知识和基本技能。例如，在"中国特色社会主义理论体系"一课中，核心知识点为：邓小平理论强调解放思想、实事求是，以经济建设为中心，坚持四项基本原则，坚持改革开放，初步回答了"什么是社会主义、怎样建设社会主义"的问题；"三个代表"重要思想进一步回答了"什么是社会主义、怎样建设社会主义"的问题，创造性地回答了"建设什么样的党、怎样建设党"的问题；科学发展观的第一要义是发展，核心是以人为本，基本要求是全面协调可持续，根本方法是统筹兼顾，回答了"实现什么样的发展、怎样发展"的问题。

(二)挖掘暗线或隐性教学目标

在明确明线或显性教学目标的基础上，教师需要进一步挖掘暗线或隐性教学目标。它包括学生的思维能力、创新能力、批判性思维能力、团队协作能力、情感态度和价值观等方面的培养。在"中国特色社会主义理论体系"一课中，教学明线为讲述中国特色社会主义理论体系的基本概念、核心内容、历史背景与意义，使学生掌握其理论框架和核心观点。教学暗线为引导学生理解这些理论背后的价值观念、历史脉络和实践意义。通过案例分析、情境模拟等方式，让学生感受到中国特色社会主义理论体系在指导国家发展、促进社会进步方面的巨大作用，从而增强他们的道路自信、理论自信、制度自信、文化自信。

(三)整合显性与隐性教学目标

将明线目标与暗线目标、显性教学目标与隐性教学目标进行整合，形成综合性的教学目标。这要求教师在设计教学活动时，既要注重知识的传授和技能的训练，也要关注学生的思维过程、情感体验和价值观念的形成。针对"中国特色社会主义理论体系"一课，一方面让学生懂得中国特色社会主义理论体系是包括邓小平理论、"三个代表"重要思想、科学发展观在内的科学理论体系，是对马克思主义、毛泽东思想的坚持和发展；另一方面，通过引导学生分析历史背景，使他们认识到中国特色社会主义理论体系是对马克思主义、毛泽东思想的坚持和发展，是中国共产党集体智慧的结晶，是全党全国各族人民团结奋斗的共同思想基础。同时，还包括培养学生的独立思考能力和批判性思维，让他们学会从多个角度去理解本课内容。

二、设计教学活动，融合明线与暗线

在教学过程中，通过开展创设情境、任务驱动、合作学习等活动，引导学生积极参与课堂活动，培养他们的思维能力和综合素养。

(一)创设情境

创设情境是指在教学过程中，教师根据教学目标和教学内容，有目的地引入或创设具有一定情绪色彩、以形象为主体的生动具体的场景，以引起学生一定的态度体验，从而帮助学生理解教材，并使学生的心理机能得到发展的教学方法。创设情境的核心在于激发学生的情感，诱发学生的学习兴趣，使学生在特定的氛围中积极参与教学活动，从而提高学习效率。通过创设贴近学生生活、富有启发性的教学情境，引导学生在解决问题的过程中自然而然地学习和掌握明线知识，同时培养他们观察、思考和解决问题的能力。

例如，在"中国特色社会主义法治建设"一课中，可以进行以下教学设计。

第一，情境设置。明线是通过模拟法庭审判过程，让学生熟悉法庭程序、证据规则和法律适用等基本法律知识。暗线是在模拟过程中，强调法律面前人人平等、公平正义等法治理念，引导学生认识到法治对于维护社会稳定、保障公民权益的重要性。

第二，情境体验。结合教师的讲解，学生了解中国特色社会主义法治体系的基本框架、法律原则和法治建设的重要性。之后，分组模拟法庭审判，每组学生分别扮演法官、检察官、律师、被告人等角色，通过角色扮演加深对法庭程序和法律适用的理解。

第三，总结提升。教师对学生的表现进行总结点评，强调法治观念、规则意识和社会责任感的重要性。同时，引导学生将所学知识应用于日常生活中，做到尊法学法守法用法。

在这个案例中，明线是理解中国特色社会主义法治体系的基本框架、法律原则和法治建设的重要性，暗线则是培养学生的法治观念、规则意识和社会责任感，引导学生树立尊法学法守法用法的良好风尚。这种明线与暗线相融合的教学设计，有助于激发学生的学习兴趣，促进学生的全面发展。

(二)任务驱动

任务驱动是指学生在学习过程中，紧紧围绕一个共同的任务活动中心，在强烈的问题动机驱动下，通过对学习资源的积极主动应用，进行自主探索和互动协作的学习。这种教学方法建立在建构主义教学理论基础之上，强调任务的目标性和教学情境的创建，使学生能够在完成真实任务的过程中达成学习目标并提升相关能力。设计具有挑战性和层次性的学习任务，让学生在完成任务的过程中不断探索、实践、反思，从而实现对明线知识的深度理解，以及暗线能力和价值的有效提升。

例如，在"中国特色社会主义进入新时代"一课中，明线是学生能够准确理解中国特色社会主义进入新时代的背景、意义、主要矛盾及发展目标；暗线是培养学生的爱国情怀、时代责任感和中国特色社会主义道路自信、理论自信、制度自信、文化自信。对此可以进行如下教学设计。

第一，明线任务。学生分组搜集关于中国特色社会主义进入新时代的相关资料，包括政策文件、新闻报道、专家解读等，并进行整理归纳；选取几个具有代表性的案例，如科技创新、生态文明建设、脱贫攻坚等领域的成就。就巩固脱贫攻坚成果而言，可以选取2020年5月习近平总书记赴山西省大同市考察有机黄花标准化种植基地进行调研的事例和指示。他指出："乡亲们脱贫后，我最关心的是如何巩固脱贫、防止返贫，确保乡亲们持续增收致富。希望把黄花产业保护好、发展好，做成大产业，做成全国知名品牌，让黄花成为乡亲们的'致富花'。"[①]让学生分析这个案例如何体现新时代的特征和要求；每组学生制作 PPT 或海报，展示他们对新时代的理解和认识，并进行课堂汇报。

第二，暗线任务。在资料搜集和案例分析的过程中，引导学生思考个人成长与国家发

---

① 习近平在山西考察时强调：全面建成小康社会 乘势而上书写新时代中国特色社会主义新篇章[N].人民日报，2020-05-13(01).

展的关系，激发学生的爱国情怀和时代责任感；通过课堂讨论、师生互动等方式，引导学生深入理解中国特色社会主义道路、理论、制度、文化的优越性，坚定"四个自信"；鼓励学生将所学知识转化为实际行动，积极参与社会实践和志愿服务活动，为新时代的发展贡献自己的力量。

第三，任务实施。它具体包括以下四个环节。一是任务布置。教师在课前明确明线与暗线任务的具体要求，并为学生提供必要的指导和资源支持。二是自主探究与合作学习。学生根据任务要求，利用课余时间进行自主探究和合作学习，完成明线与暗线任务。三是课堂展示与讨论。在课堂上，学生展示明线任务的成果并进行讨论交流；同时，教师引导学生深入探讨暗线任务的相关内容，促进学生的情感共鸣和价值认同。四是总结反思。教师对整个教学过程进行总结反思，肯定学生的成绩和进步，指出学生存在的问题和不足，并提出改进建议。

这个案例展示了任务驱动教学中明线与暗线的有效融合，既注重显性知识的传授和能力的培养，又重视隐性情感的共鸣和价值的渗透，从而实现知识、能力、情感和素养的全面发展。

(三)合作学习

合作学习强调学生之间在学习过程中通过团队合作、相互帮助和共同完成任务来达成学习目标。它鼓励学生通过小组讨论、合作探究等方式进行学习，以促进彼此之间的交流和思维碰撞。在合作过程中，学生不仅能够共享明线知识，还能在互动中激发灵感，培养协作能力和批判性思维。

例如，在"中国特色社会主义经济制度与市场机制"一课中，可以进行如下教学设计。导入新课之后，教师较为系统地讲授中国特色社会主义经济制度的基本框架、市场机制的构成要素及其运行机制等明线知识点。随后，根据学生的兴趣和能力等因素进行分组，确保组内成员的多样性，开展合作学习。合作学习的程序如下。

第一，布置任务。探究某一具体行业(如新能源汽车、电子商务等)在中国特色社会主义经济制度下的市场运行机制及其面临的挑战与机遇。

第二，小组讨论。在前期资料收集的基础上，小组内的成员分工合作，共同完成任务。鼓励成员间充分交流意见、分享资源，形成团队合力，教师适时提供指导和支持。

第三，成果准备。各组准备展示内容，包括PPT、演讲稿等，并选出小组代表。

第四，展示交流。各组依次展示成果，其他同学认真聆听并积极提问。教师对整个教学过程进行总结，肯定学生的成绩和进步，同时指出学生存在的问题和不足。

这个案例展示了合作学习模式下思想政治课教学中明线与暗线的有效融合，既重视学生学习中国特色社会主义经济制度的基本特征和市场机制的基本原理，又重视思维进阶、情感共鸣和价值渗透，使学生学会从不同角度分析我国的经济问题，从而较为深刻地认识到社会主义市场经济体制的优势，增强对中国特色社会主义道路的自信。

三、选用特定方法，交织明线与暗线

在思想政治课教学中，运用一些有效的方法，如主题贯穿法、问题引导法、读写结合法、多媒体辅助法和课后拓展法等，把明线与暗线融合在一起，是一种高效的教学策略，旨在同时实现显性知识的传授与隐性情感、思维及价值观的培养。

(一)主题贯穿法

主题贯穿法是指在教学过程中，以某一核心主题或中心思想为主线，贯穿整个教学过程的教学方法。这种方法不仅有助于学生对所学内容形成清晰、连贯的认识，还能够促进学生对知识的深入理解和应用。运用这个方法，需要注意两个问题。一是明确主题。在教学开始前，教师需要明确课文的核心主题，并对其进行深入解读，确保自己对主题有清晰、准确的认识，这是明线的基础。二是隐性渗透。在围绕主题进行教学的过程中，通过引导学生深入课文、讨论分析、情感体验等方式，将情感、态度、价值观等暗线内容自然融入其中。

例如，在"中国特色社会主义文化自信"一课中，明线是让学生能够理解中国特色社会主义文化自信的内涵、来源及其重要意义；暗线是培养学生的文化自觉、文化自信和文化创新能力，引导他们成为中华优秀传统文化的传承者和创新者。在教学设计时，需要考虑主题贯穿与明线、暗线交织两个方面。

第一，主题贯穿。整个教学过程围绕"中国特色社会主义文化自信"这一主题展开，各环节紧密相连，形成一个完整的教学链条。讲授理论时，可以从《中国诗词大会》的火爆、"故宫跑"现象，以及《流浪地球》《黑神话：悟空》的成功等案例中选取一个，分析中国特色社会主义文化自信的内涵、表现形式、来源和意义，以及培养学生的文化自觉和自信的重要性。

第二，明线、暗线交织。在教学过程中充分发挥学生的主体性作用，通过理论学习、案例分析、实践调研等多种形式的结合，使学生既掌握理论知识，又具备实践能力。在传授文化自信相关知识的同时，注重培养学生的文化自觉、文化自信和文化创新能力，实现知识与价值观的双重教育目标。

这个案例充分展示了主题贯穿法融合明线与暗线的魅力。通过明线与暗线的交织，不仅使学生认识到文化自信的内涵和意义，还能够在更广泛的层面上探讨文化的传承和创新。

(二)问题引导法

问题引导法是以问题为核心,通过提出问题、分析问题、解决问题等环节,引导学生逐步深入知识领域。这种方法强调学生的主体性和参与性,鼓励学生主动思考、积极探索,从而在解决问题的过程中掌握知识、发展能力。运用这个方法,需要注意两个问题。一是设计问题。围绕课文内容和教学目标,设计一系列具有递进性、启发性的问题。二是引导探究。通过问题引导学生深入探究文本,同时关注问题背后的深层含义和价值导向,实现明线与暗线的有机融合。

例如,在"中国特色社会主义法治道路的探索与实践"一课中,教师可以通过问题把教学明线与暗线有机结合起来。

第一,教学明线。教师首先提出问题:"中国特色社会主义法治道路是如何形成的?它有哪些显著特征?对我们每个人意味着什么?"以引导学生关注中国特色社会主义法治道路的特征和原因。接着,通过历史回顾和案例分析,了解中国特色社会主义法治道路的形成背景和发展历程,深刻理解法治在社会治理中的重要作用。最后,组织学生模拟法庭或进行法治宣传,加深对法治道路的内涵和特征的理解和认识。

第二,教学暗线。通过本课的学习,培养学生的法治意识、规则意识和社会责任感,引导他们树立正确的世界观、人生观和价值观,使他们成为尊法学法守法用法的好公民。这些素养的培养与思想政治学科的核心素养紧密相关,是暗线所追求的长远目标。明线与暗线的相互交织、相互促进,共同构成了问题引导法的完整框架和丰富内涵。

(三)读写结合法

读写结合法是一种在阅读与写作之间建立紧密联系的教学方法,旨在通过读来促进写,通过写来深化读。运用这个方法时,需要注意两个问题。一是阅读感悟。在阅读过程中,引导学生关注文本的语言表达、情感色彩和深层含义。二是写作表达。通过写作练习,如读后感、续写、改写等,让学生将阅读中的感悟和体验转化为文字,进一步加深对课文的理解和感悟,同时锻炼学生的写作能力和思维能力。

例如,在"文化自信与个人成长"一课中,明线是使学生能够深入理解文化自信的内涵、重要性及它们对个人成长的影响;暗线是引导学生从中华优秀传统文化、革命文化和社会主义先进文化中汲取精神力量,增强文化自信。在读写结合法中,明线与暗线的融合可以体现为以下几个方面。

第一,阅读环节。在有关文化自信的经典文章、政策解读、历史案例等内容中选取一个内容作为阅读材料。学生阅读指定材料,标注关键词句,理解文化自信的核心概念和表现形式，并分析材料中的观点、论据和结论，形成自己的初步理解。

第二，讨论与分享。学生分组讨论阅读材料中的核心观点，分享个人感悟和疑惑，引导学生从中华优秀传统文化、革命文化和社会主义先进文化的角度探讨文化自信的来源及表现。各小组选派代表在全班范围内分享讨论成果，鼓励学生结合个人经历和社会现象，谈谈文化自信对个人成长的意义和价值。

第三，写作环节。学生结合阅读材料和个人感悟，撰写一篇以"文化自信与个人成长"为主题的短文或小论文。要求在文中阐述文化自信的内涵、重要性及其对个人成长的具体影响；同时结合实例，展现文化自信在个人成长中的积极作用。

第四，展示与评价。选取部分优秀作品进行课堂展示或制作成展板供全班学习交流，引导学生从文本内容的逻辑性、论据的充分性和观点的新颖性，以及作品中所体现的文化自信程度、民族自豪感和责任感等方面进行评价。

综上所述，读写结合法中的明线和暗线融合不仅能够丰富课文的内容，提升学生理解的深度，而且能使学生在阅读过程中感受到深层的主题思想。

(四)多媒体辅助法

多媒体辅助法是一种利用现代信息技术手段，如计算机、投影仪、音视频设备等来辅助教学的方法。运用这个方法时需要注意两个问题：一是利用多媒体，通过图像、声音、动画等媒体形式，将课文中的情境、人物形象等直观呈现出来，即将抽象的知识具象化；二是增强体验，多媒体的运用可以增强学生的直观感受，使他们在视觉、听觉等感官上得到更多的刺激和体验，从而更好地理解课文内容和深层含义。

例如，在"中华民族的抗日战争和人民解放战争"一课中，教师可以采用多媒体辅助法，通过明线与暗线的融合来提升学生的综合素养。明线设计可以通过多媒体展示晋绥边区政府、晋绥军区司令部旧址，以及晋绥边区革命纪念馆等图片或视频片段，引出课程主题，激发学生的历史共鸣，引导学生认识中华民族抗日战争和人民解放战争的历史过程、重大战役、英雄人物等。暗线设计可以通过多媒体呈现晋绥边区的文物和事件，设计问题群，引导学生思考战争背后的民族独立与文明、自由等深层次问题，培养学生的家国情怀、民族精神、历史责任感等。习近平总书记在瞻仰晋绥边区革命纪念馆时指出："我们党的每一段革命历史，都是一部理想信念的生动教材。全党同志一定要不忘初心、继续前进，永远铭记为民族独立、人民解放抛头颅洒热血的革命先辈，永远保持中国共产党人的奋斗精神，永远保持对人民的赤子之心，努力为人民创造更美好、更幸福的生活。"[①]教

---

① 习近平在山西考察工作时强调：扎扎实实做好改革发展稳定各项工作 为党的十九大胜利召开营造良好环境[N]. 人民日报，2017-06-24(01).

师利用多媒体辅助手段，将这两条线索巧妙地融合在一起，使学生在掌握知识点的同时，能够深刻理解课文所展现出的中国共产党和中国人民的坚强意志、必胜信念和英勇精神。

(五)课后拓展法

课后拓展法是一种旨在通过课后活动或作业来加深学生对课堂知识的理解，拓展其知识边界，培养其创新思维和实践能力的教学方法。运用这个方法时需要注意两个问题。一是拓展阅读。推荐与课文相关的课外阅读材料，引导学生进一步拓宽知识面和视野。二是实践活动。组织相关的实践活动，如社会调查、志愿服务等，让学生在实践中体验和感悟课文中的情感、态度和价值观。

例如，在"中国特色社会主义法治体系"一课中，可以安排课后的法治宣传活动，以加深对课文内容的理解和掌握。其中，明线与暗线融合体现为以下几个方面。

第一，任务与目标的融合。将明线中的具体任务(即中国特色社会主义法治体系的基本理论、构成部分及其重要意义)与暗线中的教学目标(即学生体验到法律的威严和公正，感受到法治的力量和温度，培养学生对法治的信仰和尊重)相互融合，使学生在完成任务的过程中自然而然地达成教学目标。

第二，过程与结果的融合。组织学生参与社区法治宣传活动，如发放法治宣传手册、解答居民法律咨询等，提升学生的社会实践能力和社会责任感，实现过程与结果的双重收获。

第三，理论与实践的融合。依托社区法治宣传活动，让学生将所学法学知识应用于实践中，并通过反馈机制不断调整和完善自己的认知结构。同时，鼓励学生将在社区法治宣传活动中的感悟与理论知识相结合，形成更加深刻的理解和认识。

思考与探究

1. 如何理解教学明线与教学暗线？

2. 对于"优秀教师上课，育人不离场；青年教师上课，教育不在场"这句话，应该如何理解？

3. 教学暗线与教学主题一样吗？为什么？

4. 在思想政治课教学中，如何实现教学明线和教学暗线的有机结合？

第九章　设计妥帖的教学议题

善问者，如攻坚木，先其易者，后其节目。

——西汉·戴圣《礼记·学记》

在新课程标准中，与"内容要求"相对应，"教学提示"设置了相应的教学议题，并在"实施建议"中提出要"围绕议题，设计活动型学科课程的教学""积极探索议题式、体验式、项目式等多种教学方法"。那么，什么是教学议题？教学议题在课堂教学中有什么价值？如何设计教学议题以及如何使用？接下来，我们对这些问题进行分析。

第一节　教学议题的含义及其特征

目前，议题经常与问题、主题等概念相比较而存在。在《现代汉语词典》中，议题是指"会议讨论的题目"，问题是指"要求回答或解释的题目，须要研究、讨论并加以解决的矛盾、疑难"，主题则是指"文学、艺术作品中所表现的中心思想，是作品思想内容的核心；泛指谈话、文件、会议等的主要内容"。由此可见，在汉语语境中，相对于问题、主题而言，议题的显著特点在于可供"讨论"。这也是目前课堂教学实践中，很多教师较为关注的问题。但是，在实际教学中，问题和主题同样具有可商议和讨论的属性。比如，教学论中提及的"讨论问题""主题研讨"等。

从英语词源上看，"question"(问题)来自拉丁语"quaerere"，意思是"问，寻求"，引申为"引出一个答案或讨论"，其动词形态"quest"，依然是"探索、寻找"的意思。"topic"(主题)通常被认为来自希腊语"topikos"，意思是"关于某地的"，后来"topic"一词便成了"标题""题目"的总称。"issue"(议题)来自拉丁语"exire"，意思是"走出去、出口"，引申出"议题、问题、期刊、发行"等多种词义。由此可见，在英语语境中，问题在于引发对答案的追寻；主题在于确认问题的场域；议题则是从这些主题、问题出发，关注"在场者"基于这些问题、主题的社会认知。因此，在教育学领域，议题是超越学科知识文本的社会层面的认知，既要有议的空间，也要有议的价值。比如，英、美等国于 20 世纪 80 年代开始探索的社会性科学议题(即 SSI)课程，在这个意义上使用议题概念，其课程主要内容是在科学教育中融入有争议的社会问题，引导学生形成对科学、技术与社会(道德、文化、情感等)关系的正确认知。

基于以上分析，可以做出如下初步判断。

第一，教学议题不同于教学问题。教学问题的指向相对明确、单一，较为注重对问题解决(答案)的追求。因此，在课堂教学中，我们会习惯性地说"回答某个问题""解决某个问题""这个问题的答案是什么？"等。相对于教学问题而言，教学议题虽然也有追问之意，但其更关注"可议性"和"延展性"。也就是说，教学议题凸显思维的多维空间和社会延展性，不追求标准答案，但有统一标准，而且能生发一系列结构化、序列化的问题群，具有鲜明的实践性特征。

第二，教学议题不同于教学主题。教学主题较为关注问题发生的场域，与话题有些类似。一般而言，教学主题是无判断的，它不指向问题发生的来龙去脉，也不关涉参与者和主题内容的价值立场，是一个相对中立的陈述性表达。相对于教学主题，教学议题虽然也关注问题发生的场域，但绝不是价值中立的，而是有着内在社会价值认知导向和对学生作为完整个体的尊重。在表达方式上，教学议题具有明显的多维认知选择和思维探索空间。正如新课程标准对教学议题的使用，特别强调"辨析式学习"，也就是鼓励学生借助教学议题，呈现不同个体的多元化观点，从而理解学科知识的建构过程及其所蕴含的价值导向。

综上所述，可以把教学议题界定为：在一定课程知识主题场域内，能够引发并支持学生作为完整独立个体开展辨析式学习，具有多维思维空间和社会延展性的结构化、序列化问题的聚合体。教学议题是"议"与"题"的教学融合。其中，"议"是课堂的主要样态，"题"是课程的价值根本。具体而言，一方面，教学议题的"议"不是一般意义上的商议、讨论，更不是教师主导下学生的形式化讨论，它是学生作为完整个体的经验表达和价值呈现。围绕教学议题开展的"议"是对学生中心课程观的贯彻落实。这种基于师生平等、生生平等的商议与讨论，是聚焦课程价值、探究课程知识建构过程的思维之旅，是一种包含教师与学生、学生与学生、师生与社会、知识与价值等的彼此对话。另一方面，教学议题之"题"，不是一般意义上的主题或问题。新课程标准中呈现的各个教学议题，都是课程的价值载体，它们呈现了学科知识内容的基本逻辑，可以承担连接学生经验与课程知识的使命。为此，教学议题的特征可从以下四个方面进行探讨。

一、教学议题的本质属性是价值性

教学议题不是指向学科知识记忆的一般性问题或主题，也不是政治学或社会学意义上的议题，它为实现课程价值服务，也为理解课程知识建构过程服务。因此，在教学实践中，必须深入分析每一个教学议题所承载的课程育人价值指向，而不能满足于把教学议题作为简单的知识性问题来处理，只关注如何寻找一般性知识答案。价值性在教学议题使用中的直接体现，就是围绕教学议题，阐释、研讨、领悟课程内容所蕴含的基本观点与核心价值，尤其是中国特色社会主义基本理论观点和社会主义核心价值观。SSI 课程的实践经验显示，要"充分认识到多元文化及情感等因素的意义在于特定社会规范约束下的价值公正，而不是完全的价值自由"。

二、教学议题的存在样态是境域性

任何知识都不是抽象的符号，而是在一定场域内存在的，与一定社会情境相关联的文化表征。教学议题更是在特定知识场域内，人们的认知向社会延展的序列化问题。新课程标准提出要围绕议题开展教学设计，就是要克服传统教学中把教材知识抽象为文本符号，进而进行简单灌输的弊端，重在谋求发挥课程作为活动型学科课程的特质。因此，在教学实践中，我们不能程式化地使用教学议题，而要把每一个教学议题的使用放在相应社会历史发展的脉络和情境中。事实上，不同的人、不同的语境，对同一个教学议题会产生不同的理解和表达。教学不是苛求标准的知识性答案，而是在具体情境中理解个性表达，进而以境域中的议题，引导学生透过境域寻求对议题一般价值的理解和认同。

三、教学议题的实践逻辑是非形式推理

传统课堂教学习惯于采取形式推理的实践逻辑，即从概念出发，通过命题演绎学科知识。在这里，课堂教学的所有环节都是为了知识的完整呈现而精心设计。尽管新课程改革强调了学科教学的生活化，但实际上，教学在很大程度上仍以生活素材作为概念引入与演绎的基础，其内在的教学逻辑仍然是由形式推理主导的知识演绎。教学议题具有多维思维空间和认知延展性，它对个体的完整性和独特性给予极大包容。因此，围绕议题的活动型学科课程教学，必然指向个体经验与观点呈现非形式推理的使用。非形式推理是批判性思维的核心内容，是指对结构不良的、以自然语言表述的、没有固定答案的、需要进行归纳问题的推理。通俗来讲，非形式推理就是对教学议题中涉及的问题进行因果梳理、历史审视、利弊分析、正反比对的推理，就是希望学生不盲从观点，不做简单的受众，而能在教学议题中，通过彼此对话，充分讨论、说理甚至争辩，形成对教学议题的正确认知和积极践行。

四、教学议题的实践途径是尝试性

真理是具体的、有条件的，而学科知识处于不断的发展变化中，尤其是思想政治学科知识总是与一定的社会历史背景相联系。这也是教学议题的境域性特质所在。在传统教学中，学生没有试错权利，因为传统观点认为课程知识不可讨论。其实不然，新课程标准给出的教学议题具有很大的开放性，内容也表现为一种非结构性样态。比如，新课程标准强

调引导学生"理解马克思主义中国化就是马克思主义基本原理同中国具体实际相结合的过程",并围绕这一理念开展活动型学科课程教学。这样的教学必然允许学生对中国具体实际进行尝试性概括,对课程知识建构过程进行尝试性理解,对知识背后的价值进行尝试性解读等。虽然课程的主体知识和育人价值不变,但课程与学生经验的对话是不确定的,具有差异。因此,教学议题使用的尝试性,要求教师承认并尊重学生作为完整独立个体所具有的自我经验和价值感悟,进而借助深入开展议题和辨析式学习,引导并支持学生形成价值认同。

第二节 教学议题的意义和价值

新课程标准对教学议题的引入,凸显了课程实施的独特性,即坚持价值性与知识性、技术性与社会性的高度融合。教学议题对于促进学生社会化、引导学生健康成长具有重要的作用。

一、教学议题是传播基本观点的重要载体

传统教学比较重视知识性、结论性的直接给予或灌输,却忽视了获得结论的思考过程或发生过程。因此,在课堂教学中,学生的学习行为只是简单地倾听与记忆,教师的教学行为主要是讲解与书写,属于"是什么""怎么做"的技术性范畴。新课程标准在"教学提示"中对课程内容给出了相应的教学议题,其重要价值在于引发教学对"为什么"的追问,帮助师生理解课程知识所蕴含的社会价值和思想观点的发生与发展轨迹,使教学的技术性与课程的社会性相融合。例如,在《普通高中思想政治课程标准》的"人类社会发展的进程与趋势"部分,第三个议题是"科学社会主义为什么科学"。该议题隐含的基本观点是科学社会主义是人类社会发展进程中的产物,而且是历史发展趋势所在。在教学中,思政课教师可以围绕其历史背景、基本原则、人物故事、与空想社会主义的异同等,进行情境创设、问题设计,从而引导学生围绕该教学议题进行讨论、碰撞、分享,形成对基本观点的认同。因此,议题式教学要从"知识点"教学转变为"基本观点"教学,从课时教学设计转变为单元教学设计甚至模块层面的设计,以体现教学设计的整体性。这对于培育学科核心素养具有积极的意义。

二、教学议题是人本交往的思维范本

课堂教学本质上是教师、学生与文本的教育性交往过程。传统教学的交往模式往往是教师依据教材文本单向言说与学生被动倾听,其中,文本只是作为法规性依据或教学资源

而存在。与课程内容高度相关的教学议题则可以激活教材文本的交往功能，培养学生非形式推理能力，进而将教师、学生与教材的交往升华为人本交往，并将课堂教学中的人本交往延展为社会交往。仍以"人类社会发展的进程与趋势"为例，其给出的第四个议题是"不同国家、地区的历史各具特色是否有悖社会发展的一般规律"。它要求思政课教师引导学生以非形式推理的思维方式理解多样性与统一性的关系，通过辨析式学习培育科学精神。而这对关系的形式和科学精神的实质，在学生的日常生活中比比皆是。例如，学生的学习方法与一般学习规律、青春期的个性发展与学生的身份特征等。可见，这类具有科学精神塑造价值的议题，对于学生思维方式的培育具有内在的价值。议题式教学将为学生在未来社会生活中学会如何思考提供一个典型范例，便于学生更好地参与公共生活和社会生活。

三、教学议题是经验走向科学的桥梁

在教学中，课程知识是社会经验的凝练，教师的经验会影响课程知识的呈现，而学生的经验会制约其对课程知识和价值的理解与认同，在更深层次上，真正的课程是教师与学生联合缔造的教育经验。由此可见，课堂教学的过程需要很好地融合师生经验与社会经验，进而引导学生将个体经验上升为科学认知。传统教学主要表现为文本演绎，所以往往忽视了教师和学生的经验。新课程标准对教学议题的引入，尤其是辨析式学习方式的运用，将极大地延展课堂教学中师生经验"在场"的广度与深度。例如，在《普通高中思想政治课程标准》的"中国特色社会主义的开创与发展"部分，第二个议题是"中国为什么能"。它要求从学生的生活经验出发，进而抽象概括并最终达到深刻的理性认知。思政课教师可以引导学生从自己的衣食住行和父辈们的言语中感知中国共产党的伟大、中国强大，但是对中国为什么能够走向今天的强大，思路并不清晰。因此，思政课教师还要进一步引导学生通过多维度历史梳理、多层次数据分析，以及师生乃至家长间的经验交流，实现学生对课程内容的理解与深化，促使学生思想认知从感性认知升华为理性认同。基于此，议题式教学要鼓励学生围绕议题呈现已有经验，进而借助课程内容承载的社会经验、议题的思维空间和课堂活动中的经验展开对话，引导学生以科学精神面对已有经验和社会生活现象，学会并尝试将个体经验上升为科学认知，进而领悟如何从经验走向科学，形成积极价值引领的学习路径。

四、教学议题是个体社会化的助推器

教育的目的在于成全人的发展。作为综合性、活动型学科课程，新课程标准的显著特点在于其学科内容教学与社会实践活动高度融合，这有利于促进学生的个体社会化进程。

传统教学比较重视教材文本教学，主要通过"行为作业"实现对知识的学以致用及课程与社会实践的关联。受各种主客观因素的制约，当前的行为作业往往只是为了让学生在社会生活中验证知识的正确性，而且在这一过程中学生是失语的、被设计的。新课程标准对教学议题的引入，在很大程度上提升了课堂的生活意象，让课堂不仅关注生活，而且成为生活本身，成为学生个体社会化的实践场。例如，在《普通高中思想政治课程标准》的"认识社会与价值选择"部分，第二个议题是"面对价值冲突时如何选择"。它不仅是课程语境中的议题，而且是社会生活中的真命题。使用这个议题，我们可以对真实社会生活中价值两难情境进行再现，并借助角色模拟让学生置身其中。通过对动机与效果的辨析，引导学生将自己对德与法、对与错的感性经验提升为在个体社会化进程中需要秉持的价值标准，并在后续社会生活中加以践行。可以想象，对于这个议题，教师和学生都会较为真实地展现自己的生活态度和价值立场。因此，教学从生活课堂走向课堂生活，助推学生社会化。学生在课堂上不仅学习如何选择，还呈现生活中可能的选择，而这一段课堂交往可能就成为他们整个生命历程的一个组成部分。

第三节　教学议题体现的重要元素

设计妥帖的教学议题是确保教学活动有效性和学生参与度的重要一环。《普通高中思想政治课程标准》要求："议题，既包含学科课程的具体内容，又展示价值判断的基本观点；既具有开放性、引领性，又体现重点、针对学习难点。"思政课教师设计的教学议题除了紧扣课程标准与教学目标、贴近学生生活与兴趣、促进学生核心素养发展外，还应该体现一些重要的元素。

一、教学议题应体现主题性和层次性

主题性是指教学议题应围绕一个中心观点展开。这个中心观点就像一根主线，贯穿整个教学过程，引导学生进行深入探究和思考。层次性是指教学议题可以设计为多个子议题或问题链，以体现学习的层次性和渐进性。二者紧密相连，通常在设计议题的同时完成。围绕教学主题设计教学议题的基本过程如下。

第一，明确教学主题。首先揭示教学主题，并能够清晰地进行表述。这个主题应该是本节课的核心内容，能够概括所学内容的核心观点。

第二，分析主题要素。将教学主题拆分为若干关键要素或子主题。这些要素或子主题是构成主题的基本单元，也是设计教学议题时需要考虑的重要方面。

第三，设计教学议题框架。基于主题要素，设计一个教学议题框架。这个框架包括多个层次或维度，每个层次或维度都对应一个或多个议题。这些议题应该相互关联、层层递进，共同构成对于主题的全面探讨。

第四，设置具体议题。在议题框架的基础上，设置具体的教学议题。每个教学议题都应该是一个具有探究价值的问题或任务，能够引导学生深入思考并展开讨论。教学议题可以针对主题要素的不同方面提出，也可以围绕主题的整体意义和价值进行设计。

第五，考虑议题间的逻辑关系。在设计教学议题时，要考虑它们之间的逻辑关系。这些关系可以是并列的、递进的或因果的等。通过合理的逻辑关系安排，可以帮助学生更好地理解主题的内部结构和逻辑联系。

第六，融合教学策略与活动。将设计好的教学议题与教学策略和活动相结合。根据教学议题的特点和学生的学习需求，选择适合的教学方法(如讲授法、讨论法、案例分析法等)和组织形式(如小组合作、角色扮演等)，以激发学生的学习兴趣和积极性。

例如，针对"环境保护与可持续发展"这一教学主题，可以把议题的基本框架设计为认识环境问题、探索可持续发展路径，以及个人与社会的责任等三个方面。相应地，具体教学议题可以进行如下设计。

议题一：当前全球面临的主要环境问题及其成因是什么？

议题二：如何理解可持续发展？

议题三：关于可持续发展，国内外有哪些成功的经验？

议题四：作为个体和社会，在推动可持续发展中应分别承担什么责任？

通过这样的设计，学生可以从不同角度、不同层面深入理解环境保护与可持续发展的主题，培养环保意识和可持续发展观念。

二、教学议题应体现冲突性和挑战性

教学议题体现冲突性和挑战性属于一种有效的教学策略。它们能够激发学生的思考兴趣，促进深度学习和批判性思维的发展。教学议题的冲突性指的是在教学活动中所选取的议题本身具有的能够引发不同观点、立场或利益之间对立和碰撞的特性。这种冲突性不仅体现在议题内容的多样性上，还体现在学生对议题理解和解释的不同角度、深度及可能产生的不同结论上。它主要包括以下几个方面。

第一，选择具有争议性的主题或问题。这些议题往往涉及不同的观点、立场或利益，能够引发学生的思考和讨论。例如，关于环境保护与经济发展的平衡、历史事件的多元解读、社会现象的争议观点等。

第二，呈现多种观点和论据。通过对比和分析这些观点与论据，学生可以更加全面地了解议题的多面性，并思考不同观点之间的冲突和矛盾。

第三，设计辩论或讨论活动。在辩论或讨论过程中，学生可以相互质疑、反驳和补充，从而深化对议题的理解和认识。

第四，引入真实案例或情境。这些案例或情境可以来源于现实生活、历史事件或文学作品等，能够帮助学生更加直观地理解议题的本质和复杂性。

第五，引导学生分析冲突的原因和影响。通过深入分析冲突背后的利益纠葛、价值观冲突或认知差异等，学生可以更加清楚地认识到冲突的本质和根源，并思考如何寻求解决方案或缓解冲突。

教学议题的挑战性指的是在教学活动中所选取的议题具有一定的难度和深度，能够激发学生的思考、探索和挑战精神，进而促进学生的学习和发展。例如，"历史上的改革与革命：是进步还是倒退"这一议题就具有挑战性，能够激发学生的思考和讨论。这种挑战性通常体现在以下几个方面。

第一，知识背景的复杂性。针对这类议题，学生需要调动多方面的知识储备来理解和分析。这要求他们不仅要掌握课程内的核心概念，还要能够将这些知识应用于解决实际问题中。

第二，思维方式的创新性。这种创新包括批判性思维、创造性思维、系统性思维等多种思维方式。学生需要学会从不同角度审视问题，并提出新颖的观点和解决方案。

第三，解决路径的多样性。这要求学生具备自主学习的能力，能够主动寻找资料、进行实验或调查，并在此过程中不断试错和调整策略。通过多样化的解决路径，学生可以更全面地理解问题，并找到最适合自己的解决方案。

第四，情感态度的投入性。挑战性议题往往能够激发学生的情感共鸣和价值认同，促使他们更加积极地投入学习。学生需要关注议题背后的社会意义和价值导向，思考自己的责任和使命。

第五，实践应用的广泛性。挑战性议题通常与现实生活紧密相关，具有广泛的实践应用价值。通过对议题的研究和探索，学生能够了解社会现象、解决实际问题，进而推动社会进步。

三、教学议题应体现开放性和适切性

教学议题的开放性是指议题本身所具有的多维度、多角度、多层次探讨的可能性，以及教学过程中对学生思维的开放性和包容性。在教学中，许多教师是通过案例引出教学议题的。此时一定要注意，议题要给学生留有较大的思维空间。例如，在"社会性是人的本质属性"一课中，可以引入青年歌手丛飞帮贫助弱的情境材料："他是深圳著名歌手，每场演出费高达几十万元，家里却一贫如洗。他只有一个女儿，却是 178 名贫困孩子的'代理爸爸'。他在 10 年时间里参加了 400 多场义演，捐赠钱物近 300 万元。他如今身患癌症，却连医药费都负担不起。"然后在该情境材料下引出教学议题："根据材料，谈谈你对丛飞的认识。"或"结合你身边的实际事例，谈谈你对丛飞的认识。"这样的教学议题能够引发学生的思考，答案也不具有唯一性。如果设计成封闭性问题："丛飞自私吗？""丛飞有没有自己的正当利益？"，则答案只限于"不"和"有"，学生根本就无从探究，引入这一情境材料的目的当然也无法达到。

教学议题的适切性是指在教学活动中所选取的议题与教学目标、学生实际、教学内容及教学环境等因素之间的适合程度。也就是说，教学议题的难易度比较适中。若议题设计得过于简单，学生无须思考就能得出结论，会使学生失去探究的积极性；若议题设计得过于艰深或严重脱离学生已有的知识基础与生活经验，使学生无从探究，又会令学生丧失信心。因此，应把握好教学议题设计的难易度，既要让学生"跳一跳"，又要让学生能"摘到桃子"。例如，在"人生价值的实现"一课中，可以引入乒乓球教练挑选球员这一情境材料，然后设计这样一个议题："假如你是一位乒乓球教练员，你会挑选怎样的球员入队？"这个议题设计得就比较好，学生通过自己的探究，得出了多个选材标准，如身体条件好，肯吃苦，有很好的乒乓球基础，有坚强的毅力等。然后，教师再对学生的回答进行分类归纳，就很容易得出实现人生价值的主客观条件。如果把议题设计成"你认为乒乓球员要实现人生价值应具备哪些条件？"，恐怕学生就无须探究了，而是直接把课本上的几句话搬出来了事。当然，这样的话，创设这个情境也就没有任何意义了。

同时要认识到，议题式教学有其优点，这个我们丝毫不否认。议题式教学最明显的缺陷是一个子议题举一个案例，不如"线穿珍珠"或"一例到底"的案例聚焦。如何借鉴"线穿珍珠"或"一例到底"，实现议题的一致性与案例的一致性，是议题式教学亟须解决的重要问题。

第四节　教学议题的运用策略

目前，教学议题的运用主要表现为议题式教学。议题式教学，顾名思义，就是围绕一个或多个议题展开的教学活动。它具有教学议题本身所具有的许多特点和价值。设置教学议题，除了明确教学主题或理论问题外，还要探寻学生话题和细化课标议题，同时把它们很好地融合在一起，形成教学议题。关于教学议题的运用或者开展议题式教学有一些具体的策略。

一、巧设议题，教学体现探究性

苏霍姆林斯基说："在人的心灵深处，都有一种根深蒂固的需要，就是希望自己是一个发现者、研究者、探索者。"因此，教师要激发学生心灵深处的探求欲望，让学生在探究活动中获得成功的情感体验。例如，在"矛盾是事物发展的源泉和动力"一课中，主要介绍矛盾的观点。矛盾的观点是唯物辩证法的根本观点，把握该观点对学生完整地掌握唯物辩证法知识，树立科学的世界观、人生观、价值观，提升学科核心素养至关重要。但该观点比较抽象、枯燥，如果只是纯粹地说教，很难帮助学生达成理解、运用、迁移知识的目的。教师可以以汾酒为主情境线索，利用当地资源精心设计"千年汾酒如何应对新的挑战"这一主议题。在此基础上设计"品汾酒之美""寻汾酒之道""筑汾酒之梦"三个环节，并围绕教材内容生成四个相应的分议题。

分议题一：在作家张石山写的《汾酒赋》中，天—地、上—下、东—西、内—外、得—失、成—败、君—民等几对词组之间存在何种关系？高考满分作文《酒》体现了怎样的哲学智慧？对立统一的哲学智慧仅仅存在于酒文化当中吗？

分议题二：以汾酒"成功—失败—成功"的发展历程为线索，思考并讨论，假如你是汾酒集团董事长，请结合矛盾同一性和斗争性的含义，谈谈公司在发展中应有的哲学思维。

分议题三：以中国国际进口博览会上外国酒业纷纷进入中国市场为背景，提出两种不同的观点，即"同行是对手，来华参展的外国白酒企业会对汾酒业带来冲击吗？""同行是朋友，参加中国国际进口博览会能促进汾酒集团更好地发展吗？"请结合矛盾及其基本属性的知识展开辩论。

分议题四：汾酒集团如今面临一系列新的矛盾和问题。作为本地人，或许也是将来的"汾酒人"，从哲学角度讲讲"汾酒人"应有怎样的担当和情怀。

通过以上设计，形成了结构化、系列化、层次性的议题群，这不仅引导学生在民主、平等、开放、和谐的学习氛围中交流、互动和探究，还使他们的思维产生碰撞，能力得到培养，素养得以提升。

二、优化情境，教学彰显生活性

从形式上看，议题式教学是议题与情境的结合，情境是依托和载体，不可或缺，同时情境创设离不开生活。美国教育家杜威认为，"教育即生活"。我国教育家陶行知先生曾说："教育要通过生活才能发出力量，成为真正的教育。"众所周知，许多人文社会学科教材的专业性、理论性都较强，也抽象难懂，如果照本宣科、硬性灌输，势必使学生感到枯燥乏味，从而丧失学习兴趣。长此以往，会扼杀课程的生机与活力。因此，议题式教学必须根植于现实生活，尤其要关注时事热点，善于从中挑选鲜活的素材，创造生动的情境，并设置高质量的问题。这有助于引导学生自主学习、合作学习和探究学习，让他们在生动的体验中把握基础知识，培养学科技能，提升核心素养，感受学科之美。再以"矛盾是事物发展的源泉和动力"一课为例，教学时可以选择汾酒亮相中国国际进口博览会这一时事热点。首先，展示在中国国际进口博览会开幕式上，茅台集团、五粮液集团和汾酒集团的董事长同框的一张照片，提出"'茅五汾'三巨头为什么会走到一起"这个问题，设置悬念，激发学生的兴趣，顺利导入新课；其次，以中国国际进口博览会期间一段赞美汾酒的美文来设置情境，让学生感悟、探究酒文化中蕴含的"既对立又统一"的关系；再次，以汾酒"成功—失败—成功"的发展历程创设情境，让学生自主探究、理解矛盾同一性和斗争性的含义；最后，以 130 多个参展国家与地区的白酒、葡萄酒、啤酒等参展中国国际进口博览会并大举进军中国酒市场为情境，引入"同行是对手、同行是朋友"的辩论，让学生在辩论中明白酒业同行之间既有竞争又有合作，既是对手也是朋友，既对立又统一，矛盾双方的斗争性与同一性相互联系、不可分离。通过设置开放性教学情境，组织多种形式的课内外探究活动，能够有效激发学生的学习兴趣，提升学生的思维水平，从而使议题式教学收到实效。

三、活动导航，教学体现实践性

实施议题式教学，离不开一定的教学活动支撑。有效的课堂活动能激发学生的学习兴趣和学习潜能，从而顺利推进教学进程，圆满完成教学任务。新课程标准明确指出，应立足于当今信息化环境下学习的新特点，直面各种社会思想文化的相互交织、相互渗透，学生接收信息渠道明显增多的新态势；着眼于学生思想活动的独立性、选择性、多变性、差异性，以及中学阶段学生成长的新特点，引导他们步入开放式、辨析式的学习活动，理性面对不同观点，正确解决价值冲突。我们应该看到，辨析式学习活动不仅有助于学生澄清错误认识，锻炼思维能力；还有助于教师强化价值引领，培养学生核心素养。辨析式学习要求高、难度大，需要教师用心思考，精心组织。再以"矛盾是事物发展的源泉和动力"一课为例，可以设计"同行是对手、同行是朋友"的辩论环节。在这一过程中，学生在唇枪舌剑中自然地运用"矛盾同一性、斗争性的含义""同一性和斗争性的辩证关系"等知识点。通过教师的精心指导，学生能够比较轻松地掌握"同一性和斗争性的辩证关系"这一教学难点。从课堂教学的实践来看，辩论环节大大激发了学生的参与热情和探究热情，最大限度地激活了学生思维，课堂气氛相当热烈。

当然，在新课程背景下，课堂上的活动方式多种多样，包括辨析式、探究式、演讲式、角色扮演、讨论辩论等。课后，我们要坚持理论联系实际的原则，鼓励学生走出教室，融入社会，以加深对社会的感知、认识和理解。本课结束时，可以设计一项开放性较强的作业，让学生课后以班级研究性学习小组为单位，围绕"汾酒的昨天、今天、明天"

主题，走访汾酒集团，完成调查报告。通过开展社会实践活动，学生的体会和感悟肯定比坐在教室听教师讲解要更深刻、全面，从而真正有获得感、成就感。

四、任务驱动，教学体现层次性

新课程标准强调，要通过问题情境创设和社会实践活动参与，促进学生在合作探究学习中培养创新精神和实践能力。议题式教学不仅要使学生完成识记、理解任务，而且要完成应用、迁移任务。其中，识记和理解属于低阶思维，而应用和迁移是发生在较高认知水平层次上的心智活动，是高阶思维的体现，也是新课改的题中之义。这需要教师在学科教学中坚持任务驱动、问题引领，放手让学生主动参与、积极探究、勤于动手、交流合作，成为能够主动完成任务、积极解决问题，有批判精神和创新能力的学习者。仍以"矛盾是事物发展的源泉和动力"一课为例，课前布置学生完成两项任务。第一，走进汾酒集团，了解汾酒发展历程中具有转折意义的特殊阶段，并分析原因。第二，站在新时代的潮头，汾酒的发展还面临哪些困境和问题？我们应该如何应对？学生通过课前走访、上网查阅，可以收集到许多信息。针对学生提供的信息，课上设计了一个探究性问题：假如你是汾酒集团董事长，请结合矛盾的同一性、斗争性的含义，谈谈公司在发展中应有的哲学思维。学生通过讨论、交流，很快明白了成功与失败是两个不同的结果，二者之间相互排斥、相互对立，即双方具有斗争性，而且这种斗争性不以人的意志、喜好为转移，具有绝对性。同时，学生看到成功与失败相互吸引、相互依存、相互贯通、相互转化，但这种转化是有条件的。另外，学生还能从汾酒企业的成败中感悟人生：失败并不可怕，通过努力可以东山再起。即使成功也不能故步自封，要有忧患意识，居安思危，不断开拓创新，乘势而上，否则很可能会被对手反超。

学生了解到目前汾酒集团面临诸如国内外同行竞争、经济效益与社会效益相统一、企业发展与生态环境保护、继承传统与开拓创新、"引进来"与"走出去"等矛盾和问题。学生通过探究发现，这些问题与矛盾的存在不但没有阻碍汾酒集团的发展，反而激励汾酒集团苦练内功，开拓创新，向更高层次迈进。由此，他们自然得出本课最重要的结论：矛盾是推动事物发展的源泉和动力。接着，教师顺势引导学生将矛盾的思维由汾酒企业的发展迁移到现阶段我国社会主要矛盾的转变、中美贸易战，以及师生之间和同学之间的矛盾等，让学生认识到个人成长、国家发展、社会进步都是不断解决矛盾的过程。最后，用既富有哲学意味又非常贴近本节课主题的"空杯理论"引发学生深思："站在新时代潮头，汾酒发展、山西腾飞需要同学们随时倒掉杯中所有，及时将自己'归零'。只有保持空杯心态，才能学到更多的知识、获得更大的成功，才能装得下满满的幸福，将来为祖国腾飞、家乡发展做出更大贡献。"这样的迁移，亲切而自然，寓素养教育于无形。

　　总之，议题式教学需要在议题确定、情境选择、活动开展、任务驱动等方面精心设计、齐头并进。在议题式教学背景下，教师是教学活动的设计者、教学进程的引领者、学生学习的指导者。教师要根据教学内容，以及学生已有的价值观念、思维品质和综合能力等，明晰教学目标，优化教学设计，改进教学方式，选择教学资源，让学生在自信满满的状态下自主合作交流、自主探究思辨、自主感悟提升。

思考与探究

1. 什么是教学议题？它有什么特征和价值？
2. 思想政治课教学议题如何体现主题性？
3. 思想政治课教学议题如何体现冲突性和挑战性？
4. 思想政治课教学议题如何体现开放性和适切性？
5. 在思想政治课教学中，如何很好地运用教学议题？

第十章　构思精美的教学板书

怪石奔秋涧，寒藤挂古松。若教临水畔，字字恐成龙。

——唐·韩偓《草书屏风》

板书是教学设计和课堂教学中不可或缺的一部分，也是教师的"脸面"。在教学设计时，思政课教师要事先设计一份精致的教学板书。这样的板书，不仅能够有效地展示教学的知识点和逻辑思路，还能激发学生的学习兴趣和创造力，使课堂教学更加生动有趣，提高教学质量和效率。

第一节　教学板书的含义和特点

上课时，教师不仅要绘声绘色地讲，而且要把讲解中的重点、难点、教学思路，以及学生不会写的字词、人名、地名等写在黑板上或打在屏幕上。我们将这种写在黑板或白板上、打在屏幕上的文字及其他符号，统称为教学板书。在多媒体教学中，课件的文字和图像也是一种教学板书。教学板书一般包括文字、字体、符号、图像、色彩、组织结构，以及呈现方式、时机和位置等要素。它能够清晰地体现知识结构和教学程序，启发学生的思维，吸引学生的注意，便于学生记笔记，以及强化学生的记忆等。

教学板书具有自己的一些特点，清楚地了解这些特点，有助于思政课教师提高板书的理论修养，增强板书艺术追求的自觉性。教学板书主要有以下几个特点。

一、教学板书具有直观性

教学板书以文字、符号、图表等形象性手段将教学内容直观地作用于学生的视觉，使学生能够在丰富感知表象的基础上较好地吸收和掌握知识信息。其直观性主要体现在内容的直接呈现、表达的形象生动、逻辑结构的清晰、重点突出，以及辅助教学的有效性等诸多方面。在教学中，板书可以把抽象的、复杂的教学内容直观地展示在学生面前，弥补言语表达的不足。

例如，在"习近平新时代中国特色社会主义思想"一课中，教师采用边看边讲边画的教学方式展示板书。首先，说明新时代的重要时间节点，如党的十八大、十九大、二十大等,以帮助学生把握时代脉络。其次,结合课文内容,用树状图设计板书。在黑板或白板中央绘制一棵大树,树干代表习近平新时代中国特色社会主义思想的核心,即"坚持和发展中国特色社会主义"。树枝则分别代表这一思想的主要方面,如坚持党对一切工作的领导、坚持以人民为中心、坚持全面深化改革等。同时,把习近平新时代中国特色社会主义思想的创新点——科学性、时代性和实践性,以及习近平新时代中国特色社会主义思想的时代价值——引领中华民族伟大复兴、推动构建人类命运共同体等,分别用线连接在树冠的左右。最后,在树状图右下侧的空白处留出互动问答区,列出一些与习近平新时代中国特色社会主义思想相关的问题,如"这一思想是如何指导我们实践的?""你认为这一思想对我们的未来有什么重要意义?"等。让学生思考并回答,然后将他们的答案以关键词或简短语句的形式写在便笺纸上,贴在问答区相应问题的下方。这样的板书,表意明快、感染力强,学生通过直观图形板书可以很快领会,对多层次结构而又中心贯通的"习近平新时代中国特色社会主义思想"的内容一目了然,如图10-1所示。

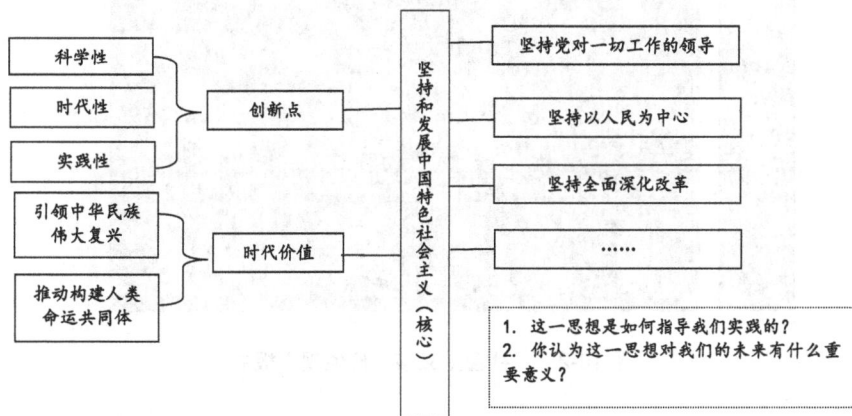

图 10-1 "习近平新时代中国特色社会主义思想"板书

二、教学板书具有启发性

教学板书的容量通常受到黑板或白板版面的限制,不可能照搬教学内容,这就要求教师设计板书时要做到语精字妙、富于启迪,让学生能够从中品出一些"味道"来。教学板书的启发性是指通过板书的设计和运用,能够激发学生的积极思维,调动学生的积极性,从而达到启发学生思维、引导学生探究知识、帮助学生发现知识内在规律的目的。具体来讲,其主要表现为精练准确的内容、新颖合理的形式、恰当运用的符号、愤悱性的提问,以及动态的思维过程等方面。

例如,在"社会主义核心价值观"一课中,可以把板书设计为如下样式。首先,按照国家层面(富强、民主、文明、和谐)、社会层面(自由、平等、公正、法治)和个人层面(爱国、敬业、诚信、友善)上下排列，并为每一个词配相应的图标。其次，在国家层面，用中国航天、高铁发展等实例解释"富强"；通过人民代表大会制度说明"民主"；通过展示城市文明建设成果体现"文明""和谐"。在社会层面，通过引入法律案例讲解"自由"与"法治"的边界；讨论社会公平事件，以理解"平等""公正"的重要性。在个人层面，用抗美援朝的英雄事迹诠释"爱国"精神，用工匠精神的案例倡导"敬业"态度；通过校园诚信教育，强调"诚信""友善"品质。这个板书以简洁明了的方式列出了社会主义核心价值观的核心内容，并结合实际案例，旨在启发学生对这些价值观的理解和认同，促进其内化为个人信念和行为准则，如图 10-2 所示。

图 10-2 "社会主义核心价值观"板书

三、教学板书具有趣味性

教学板书的趣味性是指板书设计在呈现教学内容的同时，能够吸引学生的注意力，引发学生的兴趣，使学习过程变得生动有趣。它主要体现为创新多样的形式、贴近生活的元素、互动参与的环节、幽默风趣的语言，以及激发想象的留白等多种手段。要想使板书具有趣味性，就必须让板书新颖别致、巧妙生趣。

例如，在"人类命运共同体"一课中，可以结合内容要素、视觉元素和创意构思，使内容既富有启发性又充满趣味性。首先，以一艘巨轮为中心，向外辐射出政治互信、经济融合、文化包容、安全共筑、生态共生等五大支柱，形成人类命运共同体的全方位视图。其次，给"五大支柱"中的每一个内容配上相应的图案，并把其所包含的内容分列在后。最后，揭示人类命运共同体的本质就是"同舟共济"。这种通过新颖别致的板书来激发学生学习兴趣的方法，是值得肯定和提倡的，如图 10-3 所示。

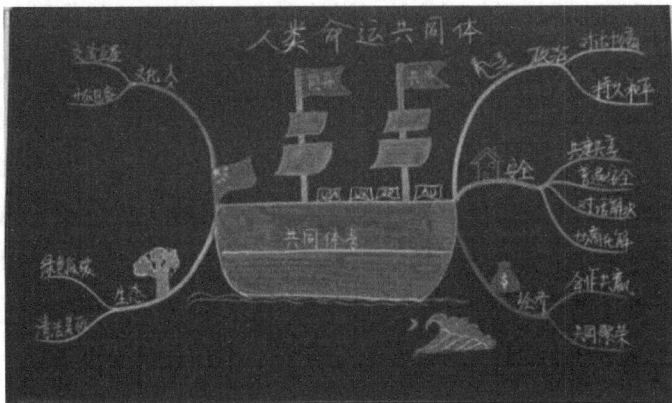

图 10-3 "人类命运共同体"板书

四、教学板书具有示范性

教学板书的示范性指的是教师通过板书向学生展示规范、正确的书写和表达方式，从而起到示范和引导作用。它包括书写工整、字迹清晰、格式正确等，能够帮助学生养成良好的书写习惯和学习习惯，对学生的学习效果和未来发展具有重要影响。教师在板书时的字形字迹、书写笔顺、制图技巧、板书态度与作风、习惯动作与言语等，往往成为学生模仿的对象，并给学生带来深刻的影响。因此，为了防止教学板书给学生带来不良影响，教师必须具备过硬的板书基本功。著名特级教师斯霞曾说："教师一定得有扎实的书写基本功。我在当堂板书时，就有意把一笔一画写得慢一些，让学生看清从哪儿起笔到哪儿收笔。有时还边写边说，'从左到右''从上到下''先里头后关门'等，指导学生书写笔顺，并力求把字写得方正、匀称。如果是课前板书，写得不满意时就擦了重写，一遍两遍……不厌其烦。教师做出了榜样，学生就受到熏陶。一般来说，经过一段时间的培养，学生大多能养成写字端正匀称、清楚整洁的良好习惯。"目前，有些思政课教师用课件或贴图贴画代替板书的书写，这是不可取的，因为这种做法忽视了板书的示范作用。

五、教学板书具有审美性

教学板书的审美性是指教师在板书设计时，注重空间布局、书写美观、层次清晰及重点突出，从而给学生带来一种美的享受。这种审美性不仅体现在板书的外在形式上，如字迹工整、排版整齐、布局合理，还体现在板书所传达的知识结构和逻辑关系的内在美上。它是形式与内容的完美统一，能给学生带来审美感受。板书美学的要求是：内容的完善美、言语的精练美、构图的造型美、字体的俊秀美。其中，构图的造型美又包括整齐美、对称美、立体美、照应美、回环美，以及层次美、参差美、开合美、线条美、色彩美等。在教学中，这样的板书能够起到象形传神、激情引趣、益智积能的作用。

例如，在"对立统一规律"一课中，重点部分的板书可以运用富有美感的文字、符号、线条等手段来设计。首先，在黑板或白板左侧列出"对立"(斗争性)，右侧列出"统一"(同一性)，中间用箭头连接，表示对立与统一是相互依存、相互转化的。在颜色上，对立面可用冷暖色调表示，统一面则用过渡色或和谐色调表示。其次，选取如山川、瀑布等自然景观，说明其刚柔并济、动静相宜的对立统一之美；展示名画《蒙娜丽莎》，分析其神秘与亲切、含蓄与直接的对立统一之美；选取诗词片段"蝉噪林逾静，鸟鸣山更幽"，阐述动态与喧嚣、静态与宁静的对立统一之美。这样的板书就像一件艺术品，令人赏心悦目，陶醉其中。它既体现了思政课教师的巧妙构思，又表现出其个体审美情趣；既带给学生美的启迪，又散发出陶冶学生情操的巨大魅力。

第二节　教学板书的主要类型

教学板书的类型多种多样，如提纲式板书、词语式板书、结构式板书、图画式板书、分析式板书、综合式板书、章回式板书、问题式板书、对称式板书、表格式板书和辅图式板书等。其旨在通过不同的表现形式帮助学生更好地理解并掌握知识，培养学科核心素养。以下是几种常见的教学板书类型。

一、提纲式板书

提纲式板书又称要点式板书，是一种常见且有效的教学辅助手段，适用于大多数课程。它通过分析和综合一节课的内容，按顺序归纳出几个要点，提纲挈领地反映在黑板或白板上。这种板书的特点是条理清楚、层次分明、从属关系明确和重点突出，能够给学生以清晰完整的印象，便于他们理解和记忆教材内容与知识体系。例如，"可爱的祖国"一课，可以设计成提纲式板书。

一、国土可爱
地大　物博
二、历史可爱
历史悠久　文明发达
三、人民可爱
勤劳勇敢　富于革命传统
小结：
国土纵横千万里，历史上下几千年，人才辈出千千万，伟大祖国真可爱。

二、图示式板书

图示式板书是指用文字、数字、线条、关系框图等来表达教学内容的板书形式,适用于将分散的相关知识系统化。它可以使教学中的难点通过图示形象化,从而化难为易。这类板书具有形象性、趣味性等特点,也可以把物质的变化过程和事物间的关系简明地表达出来。图示式板书可以是教师设计的图示,也可以借助多媒体把事先设计好或下载的图示投射到屏幕上。例如,"伟大的改革开放"一课,包括"改革开放的进程"和"改革开放的意义"两个框题,结合本课的教学主题、教学议题和教学案例,设计成图示式板书,把改革开放的进程及其关系简明地表达出来,能够起到化难为易之功效,如图 10-4 所示。

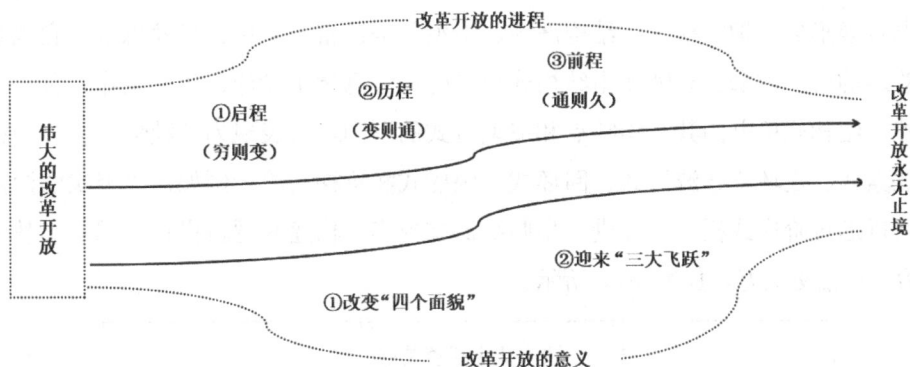

图 10-4 "伟大的改革开放"板书

三、语词式板书

语词式板书是指教师在教学中选择或总结出能准确反映教学内容的关键性语词构成的板书。这些关键性语词往往是理解课文或掌握知识点的关键,通过板书这些词语,教师可以引导学生关注重点,加深记忆。这种板书简便易行,如果运用得好能起到画龙点睛的作用。它要求教师深入领会教学内容的精髓,善于概括和总结,巧妙选用精练、准确的语词。例如,在"中国特色社会主义进入新时代"一课中,板书中突出的关键词为"新时代""中国特色社会主义""主要矛盾""主要特征"等,这些关键词直接指向课程的核心议题。整体上看,从课程引入到新时代中国特色社会主义的主要矛盾、主要特征、指导思想、奋斗目标,再到国际地位与作用,层层递进,符合学生的认知规律。通过这样的语词式板书设计,学生可以一目了然地掌握课程的核心内容,同时也为教师的讲解提供了清晰的框架和脉络,如图 10-5 所示。

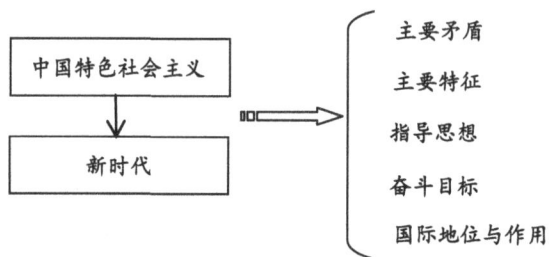

图 10-5 "中国特色社会主义进入新时代"板书

四、结构式板书

结构式板书是教师将教学内容概括、提炼、加工、组合成一定的结构而构成的板书。这种板书直观形象、趣味横生;结构严谨、造型优美;富于变化、启发思维。它也是比较受学生欢迎的一类板书。教师使用结构式板书时应注意精于设计、巧于制作、善于传神、工于点拨。结构式板书因其结构特点和造型方式的不同,又表现为多种情趣各异的板书类型,如线索式、连环式、波浪式、回环式、辐射式和阶梯式等。例如,"夯实法治基石"一课,可以通过阶梯式板书设计进一步归纳课文内容,构建其逻辑思路,揭示其教学主题——法治让生活更美好,如图 10-6 所示。

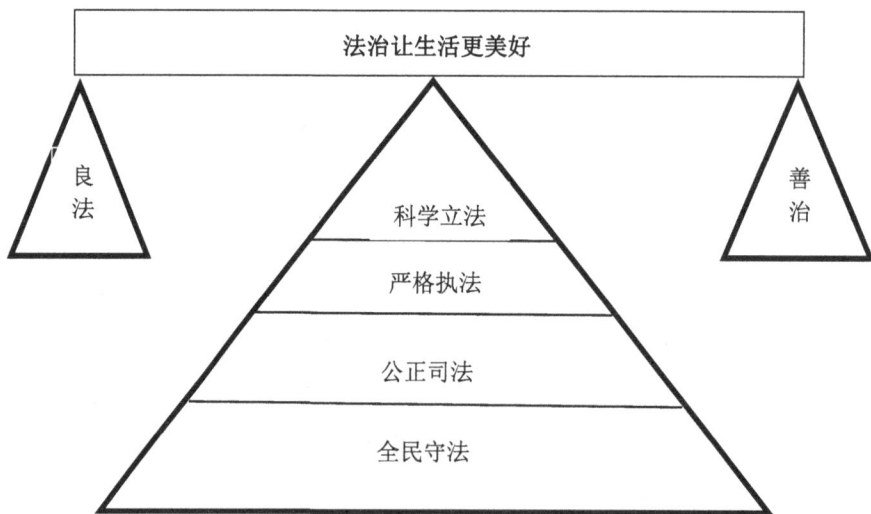

图 10-6 "夯实法治基石"板书

五、表格式板书

表格式板书是指教师为准确反映教学内容的特点或关系,加深学生感知印象、有效达到教学目的,以表格为手段设计的板书。表格式板书的特点是图表简洁、示意明了、直观形象、给人美感。它要求教师必须具有一定的制表能力。例如，"关于违法与犯罪的比较"一课，可以设计成表格式板书，如表 10-1 所示。

表 10-1　一般违法与严重违法对比表

对比内容		一般违法	严重违法(犯罪)
区别	情节轻重	情节轻微	情节严重
	危害程度	危害不大	危害很大
	违反法律	触犯刑法以外的法律	触犯刑法
	所受处罚	行政处罚	刑罚处罚
联系	在本质上	都是违法行为，都对社会具有危害性	
	在发展趋势上	二者之间没有不可逾越的鸿沟，一般违法有可能发展为犯罪	

第三节　教学板书的设计原则

设计一节好的教学板书，需要遵循一些重要的设计原则，如目的性原则、学科性原则、规范性原则、艺术性原则、概括性原则和条理性原则等。这里，我们主要分析以下三个原则。

一、教学板书的学科性原则

教学板书的学科性原则是指在板书设计过程中，教师应充分考虑所教学科的特点和知识体系，使板书内容与学科要求相契合。具体来讲，教师应根据学科的性质、教学目标和学生的认知特点，选择恰当的板书形式和内容，以直观、简洁、准确地呈现学科的核心概念和知识结构。教学板书的学科性原则，既体现在内容之中，也体现在形式之中，具体表现为两个方面：一是板书要求具有逻辑性和条理性，能够体现本学科的知识结构，凸显本学科的基本特点；二是板书要求突出本学科的研究方法，强化其学科思维。同时，板书设计也应注重科学性，确保板书内容准确无误，这有助于学生形成系统的学科知识体系。

例如，"原始社会的解体和阶级社会的演进"一课，可以运用"生产力和生产关系、经济基础和上层建筑之间的矛盾是推动人类社会发展的基本矛盾"这一马克思主义基本原理进行板书设计。由于劳动工具是生产力中的标志性要素，通过"考古"能够再现当时历史，呈现当时的社会场景，因此，可以以不同社会形态的标志性生产工具为线索，进行学习内容的统领性设计。原始社会的标志性生产工具是石器(包括新石器和旧石器)，奴隶社会的标志性生产工具是青铜器，封建社会的标志性生产工具是铁器，资本主义社会的标志性生产工具是大机器。这样，我们可以把教学环节设计为：原始社会的解体、阶级社会的产生及发展两个环节。而统领这两个环节的主线或暗线是从石器到青铜器，从青铜器到铁器、大机器。这种以"生产工具"为纲，统领生产关系的关键要素及其他相关资料的方式，能够达到纲举目张之效，实现"化繁为简"和"化简为繁"的有机统一，如图 10-7 所示。

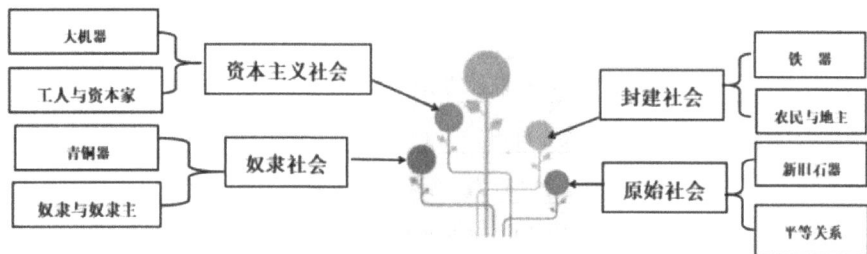

图 10-7 "原始社会的解体和阶级社会的演进"板书

二、教学板书的规范性原则

教学板书的规范性原则是指教师在板书过程中应遵循的书写规范和教学要求，以确保板书内容准确、清晰，易于理解。具体来讲，它主要包括书写规范、内容准确、示范性强和逻辑清晰等。其中，书写规范指的是要把汉字写规范，遵循汉字的书写规律，不倒插笔，不写错别字、繁体字等，字体大小要均匀。同时，教师的板书应保持稳定且准确，字迹要清晰，板书布局要合理，避免杂乱无章。目前，有的思政课教师写提纲式板书时，常常用阿拉伯数字"1""2""3"来标示层级，这样一下子就跳到了第三层标题，这种做法极不规范。对于数字序号的级别顺序，国家语言文字工作委员会在《关于常用序号的规范说明》中已经有明确的规定。具体内容如下。

第一层为汉字数字加顿号，例如：一、二、三、

第二层为括号中包含汉字数字，例如：(一)(二)(三)

第三层为阿拉伯数字加下脚点，例如：1. 2. 3.

第四层为括号中包含阿拉伯数字，例如：(1)(2)(3)

第五层为带圈的阿拉伯数字，例如：① ② ③或者 1) 2) 3)

第六层为大写英文字母，例如：A. B. C.或者(A)(B)(C)

第七层为小写英文字母，例如：a. b. c.或者(a)(b)(c)

另外，有些思政课教师写板书时，也会出现书写笔顺不规范的现象。本来"先撇后捺"却写成"先捺后撇"，"先横后竖"写成"先竖后横"，字是写对了，但书写笔顺是错误的。国家语言文字工作委员会颁布的《汉字书写笔顺规则》包括一般规则和补充规则，对汉字的书写笔顺提出了明确要求，教师板书时要认真遵守。

一般规则

1. 先撇后捺：人　八　入

2. 先横后竖：十　王　干

3. 从上到下：三　竟　音

4. 从左到右：理　利　礼　明　湖

5. 先外后里：问　同　司

6. 先外后里再封口：国　圆　园　圈

7. 先中间后两边：小　水

补充规则

1. 点在上部或左上，先写点：衣　立　为

2. 点在右上或在字里，后写点：发　瓦　我

3. 上右和上左包围结构的字，先外后里：厅　座　屋

4. 左下包围结构的字，先里后外：远　建　廷

5. 左下右包围结构的字，先里后外：凶　画

6. 左上右包围结构的字，先外后里：同　用　风

7. 上左下包围结构的字，先上后左下再里：医　巨　匠

对于汉字的书写笔顺，有人进行了归纳和总结，并编成"写字笔顺口诀"，其内容如下。

从上到下为主，从左到右为辅。

上下左右俱全，根据层次分组；

横竖交叉先横，撇捺交叉先撇；

中间突出先中，右上有点后补；

上包下时先外，下包上时先内；

三框首横末折，大口最后封底；

分歧遵照规定，做到流畅美观。

三、教学板书的艺术性原则

教学板书的艺术性原则主要体现在板书设计的美感和教学效果的结合上，它要求教师在板书过程中不仅能够传递知识，还要通过艺术化的手段激发学生的学习兴趣和审美情趣。艺术性原则具体表现在以下几个方面。

(一)字体工整美观

教学板书的字体应正确、工整、美观，这不仅是对学生书写习惯的示范，也是板书艺术性的基础。思政课教师在板书时，应注意笔画的规范性和字体的均衡性，使板书整体看

起来和谐统一。使用规范、工整且富有美感的字体，如楷书或行书，既能体现教师的书写功底，又能为学生树立良好的书写榜样。同时，字体的大小和间距也需适当，确保后排学生也能清晰辨认。

(二)版面布局合理

教学板书设计应注重版面布局的均衡与和谐，体现合理性，包括文字、图表、符号等元素的位置和排列。思政课教师应根据教学内容和教学目标合理安排板书内容，使其层次分明、条理清晰，便于学生理解和记忆。例如，可以采用分栏式布局，将重点内容、例题、图示等分别安排在不同的区域，这样既清晰明了，又避免了版面过于拥挤。

(三)色彩搭配协调

在板书设计中，色彩的运用也是艺术性的重要体现。思政课教师可以通过合理的色彩搭配，并利用线条等元素进行点缀，来增强版面的视觉效果，使板书更加生动有趣，从而吸引学生的注意力。但应注意的是，色彩的使用应适度，避免过于花哨或杂乱无章，影响学生的视觉效果和注意力集中。

(四)图示与符号巧妙运用

图示和符号是板书设计中常用的辅助手段，它们能够直观地展示教学内容，帮助学生理解抽象概念。思政课教师应根据教学内容的需要，巧妙运用图示和符号，使板书更加形象生动，富有感染力。例如，"愚公移山"一课，可以将愚公和智叟的形象进行对比展示，通过简短的文字描述和符号标注，让学生更深刻地理解两者之间的不同和联系。

(五)与教学内容紧密结合

板书设计应紧密围绕教学内容展开，确保板书内容与授课内容相吻合。思政课教师应通过板书设计，清晰地呈现教学内容的重点和难点，帮助学生厘清知识脉络和逻辑关系。例如，可以设计一些互动性强的板书环节，讲解政治经济学时，让学生在黑板上进行推导或证明；讲解中国共产党的历史事件时，让学生分组讨论并在黑板上绘制时间线或思维导图等。这种板书方式不仅能增加学生的参与度和互动性，还能培养他们的团队协作能力和口头表达能力。

第四节　教学板书注意的问题

教学板书在教学过程中扮演着至关重要的角色，它不仅是思政课教师传授知识的重要工具，也是学生理解和记忆知识的重要辅助手段。因此，在构思板书时，有些问题应引起我们足够的重视。

一、教学板书要善于彰显主题

教学主题是指一节课所围绕的中心思想或核心内容，它概括了教学活动的主要目的和重点，是教师设计教学方案、组织教学活动和评估学生学习成果的重要依据。要深刻揭示所讲内容的主题，思政课教师除了具备深厚的专业素养和教学经验外，还要深入挖掘教学主题的背景，了解并阐述教学主题的起源、发展历程、社会文化等影响因素；从理论、实践、历史、现实等多个维度去探讨教学主题，以展现其复杂性和多样性；运用逆向思维，反其道而思之，让思维向对立面的方向发展，从问题的相反方面进行深入的探索，从而能够立体地、全面地认识教学主题的内涵和外延，形成自己独到的见解。

目前，有些思政课教师的板书只是把教学内容的主要观点搬到黑板或白板上，或者说是教材内容的简略版，没有体现出教学内容的内在逻辑和学科性，更没有渗透教学主题，升华教学。要知道，只有用主题结尾的教学，才是有灵魂的教学，才能体现出画龙点睛的魅力和让学生醍醐灌顶的效能。例如，"生命可以永恒吗？"一课，包含"生命有时尽""生命有接续"两目。第一目包括生命来之不易、生命是独特的、生命是不可逆的和生命是短暂的等内容，反映了生命发展的规律——"向死而生"；第二目包括个体生命与人类生命、躯体生命与精神生命等内容，揭示了生命发展的本质——"殁而不朽"或"死而不亡者寿"。归纳起来，本课教学的主题或中心思想是生命发展的本质，即"殁而不朽"。由此，可以设计渗透主题的板书结构，如图10-8所示。

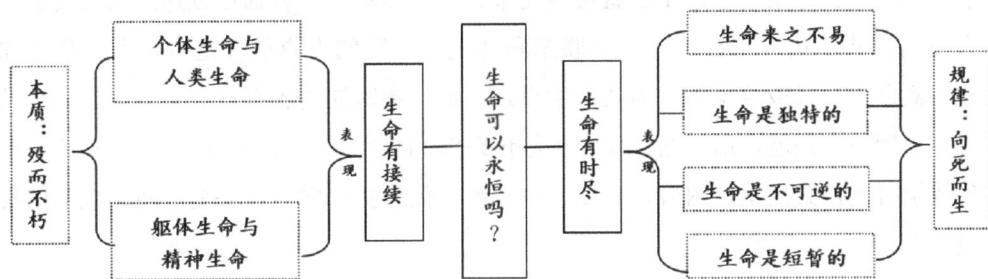

图 10-8　"生命可以永恒吗？"板书

二、 主副板书要注意布局合理

板书的结构包括主板书和副板书。主板书也称正板书，反映的是教学的主要内容，能够展示一节课内容的逻辑思路和教学主题。它是板书的核心部分，其特点表现为系统性、完整性和保留性。主板书的内容通常包括本节课的标题、重要的知识点、框架结构、关键公式、总结性的语句等。它能够帮助学生厘清思路，明确学习目标，同时也有助于提升学生的学习兴趣和参与度。

副板书反映的是教学的提示性内容，是对主板书的补充和辅助，可以随时写随时擦，其特点表现为灵活性和临时性。副板书的内容包括临时补充的例子、解释、个别学生的回答、需要强调的细节、纠错内容，以及学生不会写的字词等。这些内容虽然不像主板书那样具有长期保留的价值，但在教学过程中起着至关重要的作用。它们不仅能够帮助学生更好地理解抽象的概念和复杂的知识点，还能激发学生的学习兴趣和探究欲望。

主板书与副板书在教学过程中相辅相成，共同构成了高效、生动的教学环境。因此，要合理运用这两种板书形式，注意它们的书写位置。一般情况下，主板书应该写在黑板或白板居中靠上的位置，如果板书内容较多，也可以写在黑板或白板居左靠上的位置；副板书则写在黑板或白板的右下角。同时，也要注意黑板、白板与多媒体的恰当配合。进行评课活动时，人们常常会问：应该如何处理传统教学与现代教学之间的关系？其实，就板书而言，讲的是板书与课件的关系，即主板书与副板书的关系。根据主板书和副板书的定义，课件被视为副板书，因为它的翻页功能如同黑板或白板上的字，可以随时写随时擦，所以教学时应该以板书为主、课件为辅，千万不能以课件或多媒体代替板书的书写。

三、 教学板书要长于虚实相生

板书的虚实相生是教学板书设计中的一种重要策略，体现了板书内容的艺术处理和灵活运用。根据教学需要，板书中的某些内容必须明确写出来，即"实写"，以便学生直观地理解和记忆；另一些内容则不必直接写出来，即"虚写"，教师可以通过口头讲解、引导或留白的方式，让学生自行思考、联想和补充。实写的内容往往是本节课的核心知识点、重要概念、公式或结论等，需要学生重点掌握；虚写的内容则可能是对实写内容的解释、说明、例证或拓展，用于帮助学生更好地理解和应用实写内容。板书的虚实相生有助于节省教学时间，突出重点内容，启发学生思维，促进主动学习，并提升教学板书的美观度和吸引力。

例如，"永恒的中华民族精神"一课，可以设计成虚实相生的板书，旨在通过传统板书与现代信息技术的结合，生动展现中华民族精神的内涵、历史传承及当代价值，激发学生的爱国情怀和民族自豪感。首先，播放一段关于中华民族精神的历史纪录片片段或宣传片，如长征路上的坚韧不拔、抗日战争中的团结一心等，通过震撼人心的画面和声音，迅速吸引学生的注意力，营造浓厚的课堂氛围。其次，教师边板书边讲解，重点阐述中华民族精神的基本内涵、历史传承及其在当代社会中的重要价值。通过具体的历史事件和人物故事，让学生深刻感受中华民族精神的伟大力量。通过这样虚实结合的板书设计，不仅能使学生更加直观地感受中华民族精神的伟大力量和历史传承，还能增强他们的民族自豪感和爱国情怀，如图10-9所示。

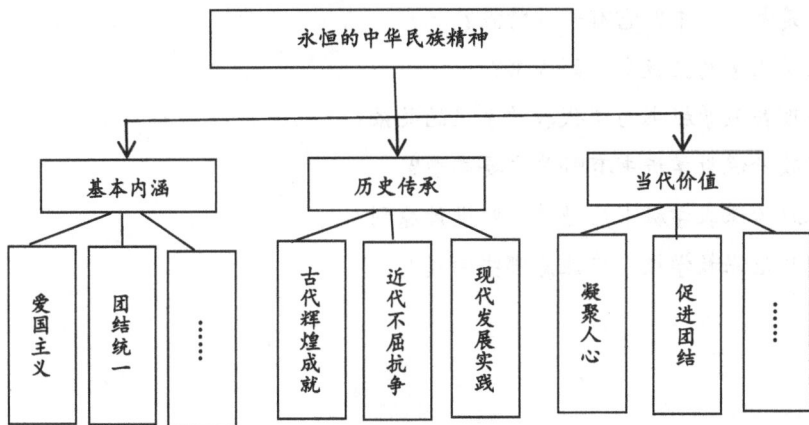

图 10-9 "永恒的中华民族精神"板书

四、教学板书要示现适时与讲解

大多数板书都是在课堂上当着学生的面逐步完成的，因此，板书内容示现的顺序和时间也需要精心安排。示现太早，学生会觉得突兀；示现太晚，学生又会觉得多余。只有当学生需要的时候写出来，板书才能收到好的效果。按照教学需要，有的板书内容可以先讲后写，有的则要先写后讲，而有的必须边讲边写。一般来讲，先写后讲的板书能起到引导作用，吸引学生去追寻教师的思路；先讲后写的板书能起到总结作用，可以加深学生对问题的理解；边讲边写的板书则能起到控制作用，可以吸引学生的注意力，激发学生的学习兴趣，使教材思路、教师思路和学生思路合拍共振。例如，有位教师在教授"中国共产党的秘密战线"一课时，曾列举上海的"中共中央秘密印刷厂"，同时，与茅盾写的《第比利斯的地下印刷所》一文进行比较。而"第比利斯的地下印刷所"几个字是这样随手写出来的："同学们，作家茅盾领我们去参观一个地方(略停)，那是一处印刷所(板书)。不过，不是咱们学校的印刷厂，而是建在地下(板书)的印刷厂。并且，还得到格鲁吉亚的第比利斯(板书)去。"虽然这几个字是副板书，却是边讲边写的佳品，令人啧啧称奇！

除此之外，在写板书时，教师还应该预留空白以鼓励学生补充，巧妙地提出引人入胜的问题，并促进师生合作参与，从而极大地提升学生的学习兴趣和参与度，使课堂更加生动有趣。总之，板书设计要想书之有效，就需书之有方。而书之有方，就要明要求，做到书之有用；抓重点，做到书之有据；选词语，做到书之有度；定形式，做到书之有条；排次序，做到书之有时；留余地，做到书之有择。

思考与探究

1. 什么是教学板书？它有哪些特点？
2. 什么是教学的主板书和副板书？
3. 如何理解教学板书与现代教学手段的关系？
4. 思想政治课教学板书有哪些主要类型？
5. 思想政治课教学板书应坚持哪些设计原则？
6. 思想政治课教学板书应注意哪些问题？

第十一章　自觉进行教学反思

悟从疑得，乐自苦生。

——清·申居郧《西岩赘语》

教学反思是教学设计中的最后一个栏目或内容，也是思政课教师专业发展的重要途径之一。通过教学反思，思政课教师可以及时发现问题、总结经验、优化教学策略，从而提升教学质量和效果。

第一节　教学反思的内涵及其功能

要了解教学反思，我们需要首先从教学反思的定义、所包含的内容及功能等方面入手，进行分析和理解。

一、教学反思的内涵

教学反思一直是教师提高个人业务水平的一种有效手段，教育上有成就的"大家"都非常重视它。现在，很多教师会从自己的教学实践中反观自己的得失，并通过教学案例、教学故事或教学心得等来提高教学反思的质量。所谓教学反思，是指教师在教学活动结束后，对教学过程、教学效果及教学中遇到的问题进行深入思考和总结，以发现教学中的优点和不足，从而改进教学方法、提升教学效果的过程。一句话，教学反思是教师自我审视和改进教学的过程。

一般来讲，教学反思主要包括以下几个方面的内容。

(一)教学目标反思

教学目标反思主要是回顾并评估教学目标是否明确、具体和可达成情况，以及在教学过程中是否有效地围绕这些目标展开。同时，分析哪些目标达成得较好，哪些目标达成不足，并思考其原因。

(二)教学内容反思

教学内容反思主要是审视教学内容的选择是否恰当，是否符合学生的实际需求和学习水平。同时，思考教学内容的深度、广度是否适中，是否有遗漏内容或者冗余的部分等。

(三)教学方法与策略反思

教学方法与策略反思包括分析所采用的教学方法和策略是否有效，能否激发学生的学习兴趣和积极性。同时，思考在教学过程中是否存在方法单一、策略不当等问题，并探索具体的改进方法。

(四)学生表现与反馈反思

学生表现与反馈反思主要是关注学生的课堂表现，包括参与度、表现度、理解程度、作业完成情况等。同时，重视学生的反馈意见，了解他们对教学内容、方法、难度等方面的看法和建议。根据学生的表现和反馈，教师调整自己的教学策略，运用适合学生的教学方法，从而提升教学效果。

(五)教学资源利用反思

教学资源利用反思主要是评估教学资源的利用情况，包括教材、教具、多媒体等。思考这些资源是否被充分利用了，是否有助于教学目标的实现。同时，关注教学资源的更新和补充，确保教学资源的时效性和有效性。

(六)个人教学风格与能力反思

个人教学风格与能力反思主要是反思自己的教学风格是否适合学生，是否有助于营造良好的课堂氛围。同时，思考自己在教学过程中存在哪些不足和需要改进的地方，如课堂掌控能力、语言表达能力、专业知识水平等。通过教学反思，思政课教师可以明确个人成长的方向和目标。

(七)改进措施与未来规划

基于以上反思内容，提出具体的改进措施和未来规划，明确下一步的教学目标和重点任务，制定具体的教学计划和策略。同时，关注教育发展趋势和新技术应用，不断提升自己的教学能力和水平。

二、教学反思的功能

教学反思的功能有多个方面，如促进思政课教师专业成长，提高教学质量，增强教育创新能力，以及增强教学适应性等。

(一)促进思政课教师专业成长

教学反思是思政课教师专业成长的重要途径。通过教学反思，思政课教师能够认识到自己的教学优势和不足，不断积累经验，深化对教育理论的理解，并有针对性地改进教学方法，从而提升教育教学能力，最终成长为更优秀的教师。

(二)提高教学质量

通过教学反思，思政课教师能够识别教学过程中存在的问题，有针对性地改进教学方法和手段，优化教学策略，提高学生的学习效果和满意度，进而提升学习体验和学习成果。

(三)增强教育创新能力

教学反思鼓励思政课教师勇于尝试新的教学方法和理念，培养创新思维，挑战传统的教学模式，从而推动教育教学的创新和进步。

(四)增强教学适应性

教学反思使思政课教师能够关注学生的个体差异和学习需求，并根据学生的学习情况灵活调整教学策略，以适应不同的教学环境和学生需求。同时，增强师生之间的沟通和理解，从而构建和谐的教学环境。

第二节 教学反思中存在的问题及其产生的原因

教学反思是思政课教师专业成长的重要环节，但在实际执行过程中，往往存在一些问题，而且产生这些问题的原因也较为复杂。

一、教学反思中存在的问题

目前，思政课教师在进行教学反思时，存在各种各样的问题，如反思的态度正确与否、反思的方式方法有效与否、反思的内容笼统与否等。

(一)对教学反思的重视程度不够

有些思政课教师对教学反思的重要性认识不够，将写教学反思视为额外负担或浪费时间，或是为了应付学校的检查而勉强为之，导致他们缺乏反思的主动性和积极性，反思行为出现缺失。在写教学反思时，有些思政课教师往往倾向于只写成功的经验和做法，而回避或轻描淡写地提及教学中的不足和问题。这种态度不仅不利于他们自身的成长和进步，也可能误导其他教师或领导对教学现象的真实评价。

(二)教学反思的方法针对性不强

有些思政课教师的反思能力较弱，无法准确识别教学中的关键问题，无法从多角度分析问题，也无法提出具有针对性的改进建议。有些思政课教师虽然认识到教学反思的重要性，但缺乏科学有效的反思方法，其反思往往停留在对表面现象的描述上，缺乏深入的思考和分析，导致反思效果不佳。在进行教学反思时，他们不知道如何系统地收集教学信息，如何深入地分析教学问题，以及如何提出有效的改进措施，导致教学反思的质量偏低。

(三)教学反思的内容较为笼统

有些思政课教师教学反思的内容过于笼统和空泛，仅仅是对教学过程进行简单记录和描述，如教学进度、学生表现等，没有针对具体的教学情境和问题进行比较细致的分析，缺乏一定的针对性和实效性，还停留在教学反思的第一个阶段——描述型反思，距离实现理论型反思和价值型反思还有很长的路要走。同时，这种反思主要是以课后反思为主，缺乏对其他教学环节和阶段的反思，如课前准备、教学设计等反思。

(四)教学反思的连贯性不足

在进行教学反思时，有些思政课教师只在学期末或特定时间节点进行，而忽视了日常教学中的即时反思。这种反思方式可能导致问题得不到及时解决和改进，从而影响教学效果的持续提升。另外，有的思政课教师在反思时只见树木不见森林，只关注个别问题或现象，缺乏对整个教学过程和效果进行全面、系统、连贯的反思。

二、教学反思中存在问题产生的原因

教学反思存在问题的原因可以归结为两个大的方面：思政课教师自身因素和外部客观因素。具体来讲，包括以下几个方面。

(一)自我反思意识较为淡薄

教师自我反思意识淡薄的表现是多方面的，可以从认知、态度、深度等多个层面进行综合分析。例如，有的思政课教师没有充分认识到自我反思对提高教学能力、促进专业成长的重要性，将反思视为额外的负担或形式化的任务；有的教学反思活动是在外界压力(如学校要求、课题研究等)下被动进行的，缺乏自主性和自觉性；有的仅停留在对教学过程的简单回顾上，缺乏对问题本质的深层次思考与分析；有的缺乏系统的规划和有效的支持，反思活动呈现出间歇性和碎片化的特点，难以形成持续、深入的反思习惯。

(二)理论学习和运用不足

教师对教学反思相关理论的掌握不够深入和全面，往往会导致教师在进行教学反思时缺乏足够的理论支撑和指导，从而难以发现教学过程中的问题、提出有效的改进措施或形成系统的反思习惯。例如，有的思政课教师对教学反思的基本概念、原则、方法等方面的了解不够深入，无法全面把握教学反思的精髓和要点；有的思政课教师虽然学习了教学反思的相关理论，但在实际教学中无法灵活运用这些理论来指导自己的教学实践和反思活动；有的思政课教师不能及时更新自己的理论知识体系，往往会落后于时代的发展，难以适应教学改革的需要。

(三)反思的方法与技能欠缺

教学反思的形式多种多样，包括教学日志、教学案例、教学录像分析等。然而，在实际操作中，有的思政课教师反思形式单一，仅采用其中一种形式进行反思，缺乏多样性和灵活性。同时，教学反思是一个系统性的过程，包括问题识别、原因分析、策略制定、实施与评估等环节。然而，有的思政课教师的反思活动缺乏系统性，往往是零散的、碎片化的，难以形成持续性的改进机制。再加上个别思政课教师在反思时缺乏批判性思维，容易陷入主观臆断和盲目跟风的误区；缺乏与他人沟通的能力，难以从同事、学生、家长等多方面获取反馈和建议，从而限制了教学反思的广度和深度。

(四)教学反思受教师的时间与精力所限

思政课教师日常教学任务繁重，时间和精力有限，可能无法投入足够的时间和精力进行教学反思。此外，一些学校或教育行政部门缺乏对教学反思的重视和支持，未能为思政课教师提供必要的资源和条件。这要求学校和教育行政部门要关注他们的实际需求，为他们创造有利于教学反思的环境和条件。

(五)评价体系不完善

当前的教学评价体系过于注重学生的考试成绩和教师的教学成果等显性指标，而忽视了对教师教学反思能力的评价。这很容易导致教师在教学实践中更注重应试技巧和成绩提升，从而忽视了教学反思的重要性。因此，需要完善教学评价体系，将思政课教师的教学反思能力纳入评价范围，以激励教师更加重视教学反思工作。

第三节　教学反思的基本步骤与主要方法

教学反思可以分为多种类型。根据教学的基本流程，教学反思可以分为教学前反思、教学中反思、教学后反思；根据反思的主体，教学反思可以分为自我反思和集体反思；根据反思的对象，教学反思可以分为纵向反思和横向反思；根据教学理论的深浅程度，教学反思可以分为叙事型反思、经验型反思、理论型反思和价值型反思。[1]无论是哪种教学反思，都是一个系统而持续的过程，包括几乎相同的反思步骤和方法。

一、教学反思的基本步骤

教学反思是一个系统而持续的过程，这个过程可以划分为以下几个基本步骤。

(一)确定教学反思的焦点

确定教学反思的焦点是教学反思的第一步，它包括回顾并明确本次课程的教学目标，思考这些目标是否已经达成；识别教学过程中的关键环节，如导入、讲解、互动、练习等，这些环节往往对教学效果有重要影响；关注学生的反应和表现，尤其是那些可能反映教学问题或成功之处的细节。

(二)收集教学反馈与数据

收集教学反馈与数据是教学反思的第二步，它包括通过问卷调查、小组讨论、个别访谈等方式收集学生对教学的反馈；利用课堂录像、同事观察或自我观察等方法记录教学过程，特别是学生的反应和参与度；记录教学过程中的重要事件、感受和思考，即教学日志，作为教学反思的依据。

(三)进行教学分析与评估

进行教学分析与评估是教学反思的第三步，它包括将实际教学效果与预设的教学目标进行对比，评估达成情况；基于收集到的反馈和数据，识别教学过程中存在的问题和不足；深入探讨问题产生的原因，包括教学内容、方法、资源利用等方面。

---

① 曾佑惠. 教学反思的四重境界[J]. 人民教育，2020(13-14)：33.

(四)制定改进教学的具体措施

制定改进教学的具体措施是教学反思的第四步，它包括根据分析结果，确定需要改进的具体方面，即明确改进点；针对每个改进点，设计具体的改进策略或方法；为改进措施设定明确、可衡量的目标，以便跟踪进度和效果。

(五)实施与调整教学策略

实施与调整教学策略是教学反思的第五步，它包括将改进措施付诸教学实践，观察其效果；继续收集反馈信息和数据，关注改进措施的实施情况，即持续观察；根据实施效果和学生反馈，灵活调整改进策略，确保持续改进。

(六)教学反思的总结与分享

教学反思的总结与分享是教学反思的第六步，它包括对整个反思过程进行总结，提炼经验教训；将反思结果进行整理，撰写成书面报告，便于日后查阅和分享；与同事、同行分享反思成果，听取他们的意见和建议，促进共同成长。

(七)持续进行教学改进与循环

持续进行教学改进与循环是教学反思的最后一步，它包括将教学反思作为日常教学工作的一部分，形成持续改进的良好习惯；不断重复上述反思过程，循环迭代，实现教学质量的螺旋式上升。

二、教学反思的主要方法

教学反思的方法有多种，包括行动研究法、比较法、经验总结法、对话法、录像法和档案袋法等。如果与教学反思的具体类型相结合，教学反思的方法主要包括以下四种。

(一)行动研究法

行动研究法是与纵向教学反思相对应的。纵向教学反思是教师把自己的教学实践作为一个认识对象放在整个教学过程中进行思考和梳理。而行动研究法是教师根据在自然真实的教学环节中，依托自身的教学实践，自行解决此时此地教学实际问题，即时自行应用研究成果的一种研究方法，也称现场研究法。其特点是为教学而研究、在教学中研究和由教师研究。行动研究法与纵向教学反思之间具有一致性。这种一致性不仅表现在教师把自己的教学实践作为一个认识对象，还把学生的反馈意见作为另一个认识对象，并把它们进行整合思考。同时，还表现在它们贯穿于教师的整个教学生涯，并把同一个问题与以前历年教学中呈现出的各个层面的问题糅合在一起，进行整体思考、类比、归纳、总结和改进，以达到温故知新的效果。

例如，一位思政课教师发现学生课堂参与度较低，决定采用行动研究法来改进。首先，观察并记录学生在课堂上的表现，发现学生参与度低的原因是教学方法单一、课堂氛围沉闷。其次，制订改进计划，包括引入更多互动式教学、采用多样化的教学手段等。在实施过程中，教师不断调整和优化教学方法，同时记录学生的反馈和课堂效果。最后，对行动研究过程进行了反思和总结，发现改进后的教学方法确实提高了学生的课堂参与度，并据此进一步调整和完善教学计划。

(二)比较法

比较法是与横向教学反思相对应的。横向教学反思是教师把反思对象放在同一时期、环境基本相同的情况中做对比而进行反思。而比较法也称同类比较法，是根据一定的标准，对某一种类的现象在不同情况下的不同表现进行比较研究，找出它的普遍规律及其特殊本质的研究方法。比较法与横向教学反思都是在相似事物中找出它们的不同点。心理学研究表明，客观事物的相似点是记忆发生错误的重要根源之一，而且事物越相似，对它们的记忆越容易发生错误。因此，为了使记忆精确，不出或少出差错，教师就需要跳出自我，反思自我。所谓跳出自我，就是经常开展听课交流，研究别人的教学长处，通过学习比较，找出理念上的差距，以及教学手段和方法上的差异，从而提升自己。"他山之石，可以攻玉"，教师不仅要与自己以前比，更要与其他教师比，学习他人的新思想、新理念和好方法，提高自己的理论水平，达到"见教材、见自己、见学生"的境界。

例如，一位思政课教师在教授"社会主义核心价值观"一课后，发现学生对"自由、平等、公正、法治"掌握得不够牢固。为了帮助学生更好地理解并掌握这四个词组的含义，教师决定采用比较法进行改进。首先，进行国内外比较。对比社会主义核心价值观与西方所谓的普世价值观，引导学生认识到不同文化和社会背景下价值观的多样性并相对性组的含义，理解社会主义核心价值观的本土性和时代性。分析全球化背景下社会主义核心价值观的国际影响力，如中国在推动构建人类命运共同体过程中如何践行社会主义核心价值观。其次，进行历史与现实的比较。通过回顾历史，将社会主义核心价值观与我国传统文化中的优秀价值观念进行对比，如平等、公正等价值观在历史上的体现及其当代意义。结合当前社会现实，分析社会主义核心价值观在解决社会问题、促进社会发展中的作用，如生态文明建设、社会治理创新等方面。通过教学反思，不仅有助于深化对社会主义核心价值观的理解，还能促进教学方法的改进和创新，为培养德智体美劳全面发展的社会主义建设者和接班人贡献力量。

(三)经验总结法

经验总结法与个体教学反思相对应。个体教学反思是教师通过自我反省的方式进行的教学反思，它源于反思主体的自我意识和自我教育，是反思的最主要形式和最高境界。经验总结法是教师对教学活动中的具体情况进行归纳与分析，使之系统化并上升为理论的一种方法。经验总结法与个体教学反思存在一致性。其一致性既表现为教师对自身素质的反思，也表现为对教学过程和效果的反思；既表现为教师的课后反思、周后反思，也表现为月后反思、期中反思，甚至还表现为学期反思、学年反思或学段反思等宏观教学反思等。

例如，一位思政课教师在教授"爱国主义教育"一课后，发现学生对于个别事件或行为难以做出决断，于是教师运用经验总结法进行教学反思。首先，教学中是否注重情感共鸣。爱国主义教育教学活动应注重情感共鸣的营造，通过创设情境、讲述感人故事等方式激发学生的爱国情感。就此而言，教师自己觉得做得还比较好。其次，教学中是否强化实践环节。实践环节是爱国主义教育教学活动的重要组成部分，通过小组讨论、角色扮演、创意表达等形式让学生亲身体验爱国主义的情感与力量。这方面做得不到位，会影响学生对一些事件的辨别。再次，教学中是否创新教学方式。在教学过程中应不断创新教学方式和方法，利用多媒体、网络等现代技术手段丰富教学形式和内容，提升教学效果。教师觉得这方面做得还比较好。最后，教学后是否需要加强家校合作。爱国主义教育教学活动不仅限于课堂之内，还应延伸到家庭和社会中。通过加强家校合作，共同营造良好的爱国主义教育氛围，促进学生全面发展。由于时间关系，教师觉得这方面做得不够，没有拓宽学生的视野和培养他们的实践能力。通过本节课的反思总结，教师深刻认识到爱国主义教育的重要性和紧迫性，认识到情感体验和教学实践的重要性。

(四)对话法

对话法是与集体教学反思相对应的。集体教学反思是指教师与同事一起观察自己的、同事的教学实践，与他们就实践问题进行对话、讨论，对成功和教训进行概括的方法。对话法是团队学习中的成员基于相互尊重、信任和平等的立场，敞开心扉，讲出自己心中的愿望，揭示出心中的假设，通过交谈和倾听进行心灵沟通的谈话方式。不管是对话法，还是集体教学反思，都是一种互动式的活动。这种活动注重教师间成功经验的分享、合作学习和共同提高，有助于建立合作学习的共同体。

俗话说"当局者迷，旁观者清"。以旁人的眼光来审视自己的教学实践，能使教师对自己的问题有更明确的认识，并获得对问题解决的广泛途径。教师互相观摩彼此的教学，详细记录所看到的问题，并交流各自的教学反思，能够找到解决问题的思路。正如有句名言所说："个人智慧不过是草间露珠，集体智慧才是长河流水。"集体教学反思能够有效弥补教师个人反思的不足，利用集体的智慧，共同激活每一位教师的教学智慧。

例如，一位思政课教师在讲完"全过程人民民主"这一内容后，感到学生对基层自治、立法决策等内容掌握得不够深入。为了帮助学生更好地理解课文内容，同时反思自己的教学方法，教师决定采用对话法进行教学。首先，教师与几位同事进行了交流，分享了自己的教学困惑和反思。同事们纷纷提出自己的见解和建议，有的教师建议通过角色扮演让学生亲身体验立法决策；有的教师建议结合学生的生活实际，引导学生思考与自己关系密切的基层自治。通过与同事的对话，教师获得了新的教学灵感。其次，为了进一步提升自己的教学水平，教师参加了一次教学研讨会，并有机会与思想政治学科教学专家进行对话。通过与专家对话交流，教师更明确了自己的教学方向和目标，也对自己的教学方法有了更深刻的认识和反思。

第四节　提高教师教学反思水平的有效途径

提高思政课教师教学反思的途径有多种，如撰写教学日志，观看自己的教学录像，寻求他人的反馈和评价，参加教学研讨会或工作坊，以及定期进行自我评估等。下面我们从不断深化专业知识的学习、掌握教学反思的方法论、运用灵活的教学表达方式等几个方面进行分析。

一、不断深化对专业知识的学习

教师能否对自己的教学进行深刻而有效的反思，关键在于其理论素养如何，尤其是专业知识的掌握程度如何。专业知识是指在某一领域或学科内，经过系统学习与实践所掌握的理论知识、技能及实践经验。它包括基础理论、专业技能、实践应用、最新发展及行业动态等方面。教师对专业知识的掌握程度直接影响着自己的专业成长、教学质量及学生综合素质的培养。思政课教师的专业知识学习，既需要社会和学校提供一定的学习培训平台，更需要教师自身不断的努力和自我修养。在明确学习目标的情况下，教师应深化对原有专业知识的系统化学习，结合实践进行反思、应用，并持续跟进学科前沿动态等。

(一)强化教师的自主学习意识

自主学习是思政课教师提升专业知识的基本途径。思政课教师通过阅读专业书籍、学术期刊、方针政策等，可以系统地掌握最新的专业知识和专业理论。此外，利用网络资源进行碎片化学习，如观看教学视频、参与在线课程等，也是自主学习的重要方式。自主学习的优势在于灵活性和自主性，但需要思政课教师具备较高的自我驱动能力和时间管理能力。通过制订个人学习计划、设定学习目标、监控学习进度等方式，能够确保自主学习的有效性和持续性。

(二)构建多元化交流平台

同行之间的交流与合作是思政课教师进行专业知识学习的重要途径之一。学校和教育行政部门应积极搭建多样化的交流平台，如通过教学观摩、经验分享会、教研活动、教学沙龙、学术论坛、网络社群等形式，为思政课教师提供广泛的交流机会和资源共享空间，以及多种多样、成功的教学案例和教学方法。同时，鼓励思政课教师跨校、跨地区交流，以拓宽视野，增进合作，促进思想的碰撞与融合，激发创新思维，并解决教学实践中遇到的具体问题。

(三)提升教师专业培训质量

专业培训是思政课教师获取系统、专业知识的有效途径。教育行政部门或学校定期组织的思政课教师培训项目，通常包括最新的专业知识、学习方法、应用现状和技术工具等多个方面。通过专业培训，思政课教师可以快速掌握新知识、新技能，并将其应用于教学实践。因此，需要优化培训内容和形式，确保培训内容的实用性和前沿性；采用线上线下相结合的培训模式，提高培训的灵活性和互动性；建立培训效果评估机制，及时收集反馈意见，不断改进培训质量。专业培训的优势在于针对性和实效性强，但也需要考虑培训内容的适用性和教师的参与度。

(四)鼓励教师参与教育科研

教育科研是思政课教师将理论知识与实践相结合的重要方式。通过参与或主持教育科研项目，思政课教师可以深入研究教育教学中的实际问题，探索有效的解决策略，形成具有创新性的研究成果。教育科研有助于提升思政课教师的科研能力和问题解决能力，促进专业知识的深化和拓展。因此，需要建立健全教育科研激励机制，鼓励教师积极参与教育科研活动；提供必要的经费支持和资源保障，降低其参与科研的门槛和成本；加强科研成果的转化和应用，推动教育教学实践的持续改进。

(五)推广在线学习资源

随着互联网技术的普及和发展，在线学习成为思政课教师专业知识学习的新途径。通过在线教育平台，思政课教师可以随时随地访问丰富的教育资源，参与线上课程、研讨会、工作坊等活动。在线学习具有资源丰富、形式多样、时空灵活等优势，能够满足教师个性化学习的需求。因此，需要加大对在线教育资源的投入和推广力度，开发更多高质量的在线课程和学习资源；优化在线教育平台的功能和服务，提升用户体验和学习效果；加强在线学习的监管和评估，确保学习质量和成果的真实有效。

二、掌握教学反思的方法论

理论逻辑、实践逻辑和历史逻辑是认识问题的不同方式，分别对应于思维的严密性、实践活动的规律性和历史发展的内在逻辑。它们相互依存、相互促进，共同构成了认识问题的完整框架。其中，理论指导实践，实践检验理论，历史引领未来。理论逻辑、实践逻辑和历史逻辑相结合，是教学反思的方法论，思政课教师需要不断地在这三个逻辑之间切换和融合，以形成全面、深入的教学反思。

(一)明确理论逻辑

在教学反思中，理论逻辑是指教师运用教育学科的知识和理论，对教学实践进行理性分析和评价，以揭示教学过程中的内在规律和因果关系。它能够帮助教师根据教育理论来审视教学实践，识别问题，提出改进措施，并验证其有效性。例如，一位思政课教师在讲授"坚持人民民主专政"时，发现学生难以深入理解人民民主专政作为国家制度的核心意义，即人民当家作主的具体体现。在进行教学反思时，教师运用了以下理论逻辑。

第一，理论依据。教师首先回顾了认知理论中关于学习者如何构建知识和理解过程的观点。他认识到，学生缺乏将抽象的人民民主专政的本质与具体的政治生活联系起来的能力。

第二，问题分析。基于认知理论，教师分析了学生在课堂上的具体表现，识别出问题所在——学生难以把握民主与专政在不同历史时期和具体情境下的具体表现形式及作用。

第三，策略调整。为了解决这个问题，教师决定加强跨学科融合，将人民民主专政的教学与其他学科相融合，如历史学、法学、社会学等，以拓宽学生的知识视野和思维广度。同时，引入现实生活中的实例，如国家重大事件、社会热点问题等，让学生看到人民民主专政在现实生活中的应用和体现。

第四，实践验证。在实施了新的教学策略后，教师再次观察学生的反应和学习效果。通过课堂互动和课后作业反馈，发现学生对"人民当家作主的具体体现"的理解有了显著提高。

第五，总结反思。教师对自己的教学反思过程进行总结，确认新的教学策略是有效的，并思考如何将这些经验应用到其他相似的教学情境中。

(二)结合实践逻辑

在教学反思中，实践逻辑是指教师基于实际教学经验，通过观察、记录和反思教学实践中的具体问题，寻找解决策略并调整教学方法的过程。它体现为教师根据实际教学过程中的观察、体验和效果反馈，来审视和调整自己的教学策略和方法。例如，一位思政课教师在讲授"法治政府"时，发现学生难以理解法治政府与社会、公民之间的相互作用关系，以及如何通过法治政府建设来保障公民权利和社会公共利益。为了改善这一状况，教师进行了基于实践逻辑的教学反思。

第一，观察与记录。教师在课堂上密切观察学生的反应，并记录下学生在哪些具体情境下容易出现混淆，以及他们的常见错误类型。

第二，分析原因。通过对学生作业和课堂表现的深入分析，教师发现学生之所以难以理解"法治政府与社会的关系"，主要是因为这一关系离学生生活比较远，对此不太熟悉。

第三，制定策略。组织学生参与社会实践和调研活动，如到法院、检察院、律师事务所等法律机构进行实习或调研，以深入理解法治国家建设的复杂性和多样性。同时，邀请法律实务界的专家、法官、律师等来校举办讲座，分享他们在法治国家建设中的经验和教训。这样的活动不仅能让学生了解到法治国家建设的最新动态和存在的实际问题，还能拓宽他们的视野并提升解决问题的能力。

第四，实施与反馈。教师将新的教学策略应用于课堂教学中，并通过课后作业、小测验等方式收集学生的反馈。同时，教师还主动与学生进行交流，了解他们在学习过程中遇到的困惑和难点。

第五，反思与调整。根据实施效果和学生的反馈，教师对自己的教学策略进行了进一步的反思和调整。如发现学生对某个特定类型的问题仍然感到理解困难，教师会增加相关类型的练习；如发现某个教学环节的效果不佳，教师会考虑更换教学方法或增加辅助材料。

(三)融入历史逻辑

在教学反思中，历史逻辑指的是教师回顾并审视自己或他人在过去教学实践中的经验、方法和效果，从中提炼出具有普遍性和规律性的认识，以指导未来的教学实践。例如，一位思政课教师在讲授"中国共产党成立前的各种政治力量"时，发现学生难以理解政治力量的多样性，尤其是这些政治力量的性质和特点。为了提升教学效果，教师进行了基于历史逻辑的教学反思。

第一，回顾历史教学经验。教师首先回顾了自己过去在讲"中国共产党成立前的各种政治力量"时的教学方法和效果，发现在以往的教学中，自己往往侧重于孤立讲解各个政治力量，忽略了比较性分析，导致学生构建的知识体系零碎、不连贯。

第二，分析教学效果。通过对学生作业、课堂表现和考试成绩的分析，教师发现学生在面对涉及地主阶级、买办阶级、民族资产阶级、无产阶级等政治力量比较和分析的题目时，往往显得力不从心，这表明学生在这些政治力量的本质构建上存在问题。

第三，提炼历史逻辑线索。基于上述分析，教师提炼出了一条历史逻辑线索，即每一种政治力量登上历史舞台都是由其所处的社会关系所决定的，而这种社会关系又由生产力所决定。马克思主义认为，生产力决定生产关系，经济基础决定上层建筑，它们贯穿于人类社会发展的始终，推动着社会进步和发展。

第四，制定教学策略。加强历史背景介绍，帮助学生理解当时中国社会的政治、经济、文化状况，为理解各种政治力量的产生奠定基础。同时，选取具有代表性的历史事件和人物，通过案例分析的方式，帮助学生深入理解各种政治力量的性质和特点。如通过分析辛亥革命、五四运动等历史事件，让学生了解不同政治力量在这些事件中的表现和作用；为学生推荐相关的历史书籍、文章等课外阅读材料，帮助他们拓宽知识面，深化对当时中国各种政治力量的理解。

第五，实施与反馈。教师将新的教学策略应用于课堂教学中，并通过课后作业、小测验等方式收集学生的反馈。同时，教师还应鼓励学生进行小组讨论和合作学习，以促进他们对各种政治力量的理解和认识。

第六，反思与调整。根据实施效果和学生的反馈，教师对自己的教学策略进行了进一步的反思和调整。如发现学生对某个政治力量仍然感到困惑，教师会增加相关的教学资源或进行额外的讲解；如发现学生在合作学习中表现积极但效果不佳，教师会调整合作学习的方式或任务分配。

三、运用灵活的教学表达方式

教学表达方式是教师通过语言、动作、多媒体等多种手段，将教学内容、思想观点及知识技能传达给学生的方法和形式。它包括口头语言、板书、多媒体展示、实物演示、动作示范等多种类型。其中，口头语言是使用最多、最重要的教学表达方式。在教学过程中，教师的语言表达有多种形式，如深入浅出、深入深出、浅入浅出、浅入深出等。只有深入浅出地表达，学生才能听清楚、听明白。所谓深入浅出，是指在教学过程中，教师能够深入理解教学内容，并以浅显易懂的方式传达给学生，使学生能够更好地理解并掌握知识。这种表达方式要求教师具备深厚的学科知识和良好的教学技巧，能够将复杂的概念和理论以简单明了的方式呈现出来，即把复杂的问题通俗化和简洁化。

(一)钻进去，丰富教材

深入浅出的"深入"就是"钻进去，丰富教材"。"钻进去，丰富教材"，意味着教师在备课阶段要深入钻研教材，充分理解教材的内容和意图，并挖掘教材中的深层含义和潜在价值。教师只有对教材进行深入的理解和挖掘，才能懂得怎样教，懂得让学生怎样去思考、去交流、去实践，懂得在生活中找到知识的影子，进而找到知识的"源头"。教学就是从"源头"出发，让学生一步步地探索、交流，去经历知识发展的过程，从而构建自己的知识结构。要深入钻研教材，需要教师掌握教材的基本知识点和技能点，还要了解相关领域的最新研究成果和发展动态，以便将最新的知识和信息融入教学中。同时，教师还要根据学生的实际情况和学习需求，对教材进行适当的拓展和补充，以使教学内容更加丰富、生动和有趣。

例如，"我国的社会保障"一课包括的内容比较多，在教学设计时需要对教材进行深入的挖掘。

第一，理解教材内容。教师首先要全面理解社会保障的基本概念、主要内容、功能与作用、现状与趋势，以及个人与社会的影响等内容，确保自己对这些知识点有清晰的认识。

第二，分析教学难点。一是社会保障体系的复杂性。社会保障体系涉及多个子系统，每个子系统又包含众多具体内容，学生难以全面理解和把握。二是政策法规的多样性。社会保障领域的政策法规繁多且不断更新，学生需要掌握大量的法律法规知识，并理解其背后的原理和目的，这的确是一个挑战。

第三，挖掘生活中的实例。教师不能满足于教材上的案例，而是要深入挖掘生活中的实例。例如，可以用一个社区内的不同社会保障类型来说明，避免把这些类型集中在一个家庭，令人觉得这家人如此可怜，暗生怜悯。

第四，凸显价值引领。我国社会保障的本质体现了社会主义的公平性，它表现在普遍覆盖、平等对待和合理分配等方面。我国的社会保障不受身份、地域、职业等限制，每个社会成员都应享有平等的权利和机会，确保最需要帮助的人得到最多的支持。

(二)飞出来，简洁教学

深入浅出的"浅出"就是"飞出来，简洁教学"。"飞出来，简洁教学"，是指教师在实施教学的过程中，能够将复杂的教学内容以简单易懂的方式呈现给学生。这要求教师具备高超的教学技巧和表达能力，能够用简洁明了的语言、生动的例子和形象的比喻来解释复杂的概念和原理，使学生能够轻松理解并掌握所学知识。同时，教师还需要注重启发学生的思维和培养学生的能力，通过引导学生思考、探究和实践，激发他们的学习兴趣和创造力，促进其全面发展。

例如，"公有制为主体 多种所有制经济共同发展"一课的教学目标，是使学生理解公有制经济与非公有制经济的概念及区别，认识两者在我国经济体系中的地位和作用，以及它是社会主义基本经济制度的核心，树立经济制度自信。为此，教师可以运用多种方法进行教学。

第一，引入话题。可以选用一个典型的混合所有制企业，如汾酒集团，把它比作一个大家庭，家里有不同的成员，每个成员都有自己的特点和作用。

第二，讲解举例。以主要矛盾和次要矛盾的辩证关系原理，分析汾酒集团这一混合所有制经济中的公有制经济和非公有制经济的性质是什么，它们各自具有什么功能。公有制经济的性质是社会主义市场经济的主体，非公有制经济的性质是社会主义市场经济的补充。

第三，讨论互动。让学生讨论：在汾酒集团这一混合所有制企业中，公有制经济和非公有制经济是如何相互支持、共同发展的？

第四，总结提升。强调公有制经济的基础地位，同时肯定非公有制经济的重要贡献，两者相辅相成，共同构成我国基本经济制度的核心要素。

(三)深入浅出的关键是学会"舍弃"

"钻进去，飞出来"，关键是要懂得"舍弃"。这里的"舍弃"并非指丢弃重要的知识点或内容，而是指在教学过程中巧妙地选择和提炼信息，并以最简洁、最直观的方式呈现给学生，帮助他们抓住核心，避免被烦琐的细节和不必要的信息困扰。在教学中，"舍弃"需要注意以下几个关键点。

第一，聚焦核心。在众多教学内容中，识别并聚焦最关键、最核心的知识点。这些知识点通常是构建整个知识体系的基石，理解并掌握它们对于后续学习至关重要。通过舍弃那些次要或边缘化的内容，教师可以确保学生将精力集中在真正重要的部分。仍以"公有制为主体 多种所有制经济共同发展"一课为例，教学内容可以精选为：公有制经济属于主要矛盾，其性质是我国社会主义经济制度的基础，对社会经济的发展起主导作用；在公有制经济为主体的基础上，多种所有制经济共同发展，丰富了我国经济的所有制结构；它们相互促进、共同发展，各自有其优势，并在经济体系中发挥不同的作用；以公有制为主体，多种所有制经济共存的经济制度对于维护社会稳定、促进经济发展具有重要意义。本节课的教学主题是：所有制经济结构最优化是未来社会发展的方向。

第二，简化表达。用简单明了的语言和方式解释复杂的概念，避免使用过于专业或晦涩的术语，尽量采用学生易于理解的词语和例子。同时，通过图形、图表、动画等多媒体手段，将抽象的概念具象化，帮助学生更直观地理解。例如，在讲解"法制与法治"概念时，教师可以采用风趣幽默的语言进行阐释："法制"就如同我们玩游戏时需要遵守的游戏规则一样，是社会的一套规则集，它包括各种法律(如宪法、刑法等)、法规和规章制度等。它静静地躺在那里，等待着被遵守和执行，属于静态的制度层面。"法治"则要求这些法律、法规等制度被严格、公正、公平地执行和应用，就像我们在游戏中严格按照规则来操作，不允许任何人搞特权或破坏规则，确保法律面前人人平等，这是一个动态的实施过程和效果。这样的阐释既自然又真实，能够迅速吸引学生的注意力，同时避免了冗长的定义和解释。

第三，去除冗余。在教学过程中，教师要仔细审查并去除冗余的信息，确保每一部分内容都是必要的且有助于达成教学目标。冗余信息不仅会分散学生的注意力，还可能造成混淆。教师要舍弃不必要的重复，如在合作学习结束后，对整个知识点进行重复讲授，这种做法实际上降低了课堂效益；舍弃无效的提问，如"是不是""对不对""好不好"等，虽然它们看似活跃了课堂气氛，但实际上降低了课堂的思维含量；舍弃表面的热闹，如在小组合作学习中，有些教师会放任学生自由讨论，导致课堂看似热闹，实则低效。

第四，引导探索。在教学过程中，教师不仅要传授知识，更要引导学生学会如何学习。通过设计问题、布置任务等方式，鼓励学生主动探索、发现和解决问题。在这个过程中，教师可以适时地提供指导和支持，但也要学会放手，让学生自己去尝试和犯错，从中学习和成长。例如，在"法治与社会公正"一课中，涉及法治的基本概念、发展历程及重要性、法治如何保障社会公正，以及社会公正对法治的要求等多个内容。为了让学生更直观地理解这一过程，培养他们的参与、思考和动手能力，教师可以设计一系列体验活动，如情境模拟法、小组讨论法、辩论赛法等。学生通过这些体验活动，亲身体验了法治的严肃性和公正性，加深了对法治与社会公正基本概念的认识，培养了他们的观察力、思考力和团队合作能力。同时，开放性问题的提出也促进了学生的批判性思维和创新能力的发展。

其实，自觉地进行教学反思，要以实践为基础、阅读做铺垫、思考为核心、坚持来支撑。只要坚持不懈、日积月累地进行反思，就会成长，就会提升，就会进入终身成长的最高境界。养成教学反思习惯，遵循教育教学规律，成就每一个孩子，成为最好的自己，这是所有教学反思的最高价值和最高境界。

思考与探究

1. 什么是教学反思？它包含哪些内容？

2. 教学反思的基本步骤包括哪些？

3. 在思想政治课教学反思中，如何运用行动研究法、比较法、经验总结法和对话法？

4. 在思想政治课教学反思中，如何实现理论逻辑、实践逻辑和历史逻辑的有机结合？

5. "深入浅出"在思想政治课教学反思中应该如何具体体现？

第十二章 转向主题性说课

洞彻事理，识见高明

——晋·陈寿《三国志·魏书》

说课是一种具有中国气息的教研活动，它对进一步深化教学设计和提高教学质量具有重要的作用。按照说课的基本内容进行说课，能够有效避免教学中的随意性、盲目性和单纯的灌输式教学等不规范行为。对于初登讲台、经验不足的教师，或虽然有教学经验，但初次接触说课的思政课教师来说，说课是一种全面把握教材、宏观感受教学全过程和快速规范教学行为的好方法。然而，如果仅仅停留于此，就会形成一种刻板、肤浅甚至程序性的说课。这对于教学不仅起不到太大作用，而且还会影响教学效果。因此，说课应该由程序性说课转向主题性说课。

第一节 说课的含义及其价值

要走向主题性说课，首先要理解说课的含义，并分析说课的意义和价值。

一、说课的含义

说课是一种新兴的教研形式，具体是指教师在教学设计的基础上，针对某一课题，以讲述的方式，面对同行、专家或者评委，对课题进行系统的表述。这种系统性表述包括解说自己对具体课程的理解，阐述自己的教学观点，表述自己具体执教某课题的教学设想、方法、策略，以及组织教学的理论依据等。可以说，说课是对课程的理解、备课的解说和上课的反思。

一般来讲，说课活动由两部分组成：解说和评说。解说是以教师口头表达为主，以教育科学理论和教材为依据，针对师生的具体情况和课程特点，以同行为主要对象，在备课与上课的基础上所进行的教研活动，是说课的重点。它所要阐明的问题是"教什么""怎样教"和"为什么这样教"及其理论依据。评说则是针对教师的解说而进行的评议、交流和研讨。

为了进一步理解说课的含义，我们把它与上课进行比较，分析两者的异同，凸显说课的特点。说课是对课堂教学方案的探究和说明，上课则是对教学方案的课堂实施，两者都是围绕同一个教学内容展开的活动，都是教学过程中的重要环节。它们共同展示了思政课教师的课堂教学艺术，包括语言、教态、板书等教学基本功，相互促进，共同服务于学生的成长与发展。然而，说课与上课还是有区别的，具体表现在以下几个方面。

第一，性质与目的不同。上课是具体的教学活动，目的是直接完成教学目标和任务，即将书本知识转化为学生的认知，进而培养能力，进行思想道德教育，一句话，"使学生学会、会学和做人"；说课则是一种教研活动，目的是通过展示一节课的教学思路或设想，帮助教师提高教育教学理论水平，促进他们的交流与研讨。

第二，内容不同。上课是施教与指导学生学习的具体操作过程，即"教什么"和"怎样教"；说课则不仅要讲清上述内容，而且要讲清"为什么这样教"，即回答"教什么"和"怎样教"背后的态度、观点及理论依据等。

第三，方法和对象不同。上课是课堂上教师与学生间的多边教学活动，是在教师的指导下，通过读、讲、议、练等形式完成的；说课则是课堂外同行间的教研活动，以教师自己的解说为主。上课的对象是学生；说课的对象是具有一定教学研究水平的专家和同行。

第四，评价标准不同。上课的评价标准虽然也看重教师实施教学方案的能力，但更看重课堂教学的效果，看重学生实际接受新知、发展智能的情况；而说课重在评价教师掌握教材、设计教学方案、应用教学理论及展示教学基本功等方面的内容。一般来讲，说课水平与上课水平存在正相关关系，但也有例外，即某些教师在说课中表现不差，但在实际课堂教学中效果却不理想。一个重要的原因是，上课比说课有更难以控制的学生因素。

第五，时间要求不同。说课可以在上课前或上课后进行，场所相对灵活；上课则有严格的时间控制和固定的课堂场所。

二、说课的价值

说课对提高思政课教师的教学素养及教学能力具有重要意义和价值。

(一)有利于丰富和发展教学理论

教学理论是在教学实践中逐步形成和发展起来的。原来的教学理论所涉及和研究的对象，虽涵盖了各学科的教育学、心理学、教材教法、原则、规律等内容，但始终未能把说课这个原本就存在于教学过程中的客观现象概括和揭示出来。无论是凯洛夫的教学过程五环节说，还是我国教学论中的"备课、上课、课外辅导、作业布置与批改和学业成绩检查与评定"，研究的都只是"教什么"和"怎样教"的问题，没有研究"为什么这样教"。说课和说课理论打破了传统教学论中的教学阶段说和环节说，填补了教学理论研究的空白，丰富了教学理论的内容，并为教学理论研究开辟了新的空间，其意义广泛且深远。

(二)有利于优化教学研究工作

传统的教研活动主要是听课、评课、观摩课、示范课、专题讲座，形式千篇一律，比较单调。往往教多研少，教研脱节，而说课给教研工作注入了新的活力。说课的场所和规模可大可小，时间可长可短，而且对师资条件也没有特殊要求，谁都可以说课，形式灵活机动，方法十分简便。因此，它能够提高教研活动的适应性，有利于各个不同层次学校、不同层次教师的普遍参与。从教研活动的质量来说，传统的教研活动常常是讲课的教师上完课也就完成了任务，很少去反思自己是怎样教的，为什么要这样教。听课教师碍于情面，很少认真评课，教研活动常流于形式，收效不大。而说课面对的是评委和同行，这就促使说课者去认真备课，认真学习和掌握教学理论。另外，说课活动往往和评课活动结合进行。通过"说"，发挥说课教师的主体作用；通过"评"，又使教师集体的智慧得以充分发挥。说课者要努力寻求现代教育理论的指导，评课者也要努力寻求说课教师的特色与成功经验的理论基础，双方围绕着共同的课题达成共识，实现取长补短、优势互补的效果。说课者得到反馈，进而改进、提高和完善自己的教学方案；听者从中得到比较、鉴别和借鉴，获得案例示范和理论滋养两方面的收益。这样就把教与研、说与评紧密地结合起来，使教研活动的所有参与者都能得到提高，从而增强教学研究的功能，提高教研活动的质量。

(三)有利于提高教师的理论素养

说课时，思政课教师不但要说清"教什么"，还要说明"为什么这样教"，即新课程理念、新课程标准有什么要求，有关的教育理论是怎样阐述的等理论依据。为了说清这类问题，说课前，思政课教师必须认真学习有关的理论，阅读相关的资料。这样有利于促进思政课教师自觉研究教育理论，熟悉课程标准，挖掘教材内容，使他们由经验型向理论型转变，实现由感性认识到理性认识的飞跃，达到由理性认识向创造性认识升华的境界，从而提高其教学理论水平，最终实现全面提高教育教学质量的目的。因此，长期坚持说课，必然能够促进教师的理论学习变得越来越广博而深刻，理论应用变得熟练而有效，从而促进思政课教师业务素质产生飞跃性的变化，即由经验型教师逐步成为理论型教师、科研型教师。

(四)有利于教学理论与实践的结合

备课、讲课是运用教学理论进行实践的过程；而说课侧重于运用教育教学理论，即运用教育教学理论分析、阐述备课和讲课的目的、要求和程序。要说好课，就必须以现代教育理论指导说课全过程。也就是说，说课能够促进教育理论与教学实践的有机结合。

新课程标准的实施，要求思政课教师在教育理念、教学方式、教育评价等方面进行改革。为适应"新课改"的要求，思政课教师要学习大量新的教育教学理论。新课程中的通识培训、学科培训等各类与"课改"有关的培训，都是理论性的学习。如何把"课改"新理念、新方式落实到课堂教学中，使理论与实践紧密结合，是值得我们认真探讨的问题。新课程标准的实施，为说课提供了广阔的空间；说课为"新课改"提供了良好的教学平台。在"新课改"中，各类教研活动会更加活跃，说课这种教研方式将发挥更重要的作用。

第二节　说课的类型

按照不同的分类标准或维度，可以把说课划分为多种类型。

一、按照目的维度划分

按照目的维度进行划分，可以把说课分为教学示范型说课、教研探讨型说课、检查改进型说课、考核评估型说课四种类型。

(一)教学示范型说课

教学示范型说课是指能够起到示范、指导作用并供他人学习的说课。其目的是推广说课经验，给听者提供学习、借鉴的范例，使他们能学到较为规范的说课方法，从而提高说课水平，推动整个说课活动的健康发展。此类说课的程序是：先由说课水平相对较高的一位或若干位教师在准备好说课讲稿的基础上示范说课，再由听者谈听的感受、认识和收获。体现该类说课活动效果的关键有两点：一是说课本身必须是规范的或较为规范的；二是总结要画龙点睛、提纲挈领，抓住本质和规律性的东西，能切实给人以启发和鼓励。

(二)教研探讨型说课

教研探讨型说课是指对说课本身进行探索性、研讨性的说课。这种说课的主要目的是改进说课中存在的问题，帮助教师进一步认识并掌握说课的规律及方法，以期不断提高说课的水平和质量。此类说课的程序是：确定此次说课所要研讨解决的主要课题(如怎样说教材、怎样说学法等)—选择统一的教材—指定专人写出说课讲稿—由指定的教师说课—剖析、讨论，最后总结。这类说课应该注意三个问题。第一，研讨的目的必须明确。要研讨哪些问题，解决哪些薄弱环节，不但活动的组织者要清楚，而且全体参与者都应明确。第二，讨论的组织必须严密，并保证有充足的时间。讨论要围绕研讨的中心议题来展开，分清主次，不要贪大求全求多。第三，要调动全员参与，避免组织者和说课者忙得团团转，而其他人却置身事外，成为旁观者。在讨论中，应让大家畅所欲言，各抒己见。即使存在意见分歧，也应允许争论和保留不同意见，让实践来检验真理，并在实践中寻求共识。切不可长官意志，主观武断，搞"一言堂"，挫伤大家的积极性。

(三)检查改进型说课

检查改进型说课是指为了解、检查说课者的说课水平和教学能力等业务素质而安排的说课。听者一般是教育行政领导、教育科研人员和专家学者等。这类说课的程序是先由听者指定说课的教材，规定说课的时间及提出说课的其他要求；然后说课者按照要求进行准备，再说课；最后由听者做出结论，肯定成绩，指出不足和存在的问题及以后改进的方向等。

(四)考核评估型说课

考核评估型说课是指以评价教师说课的水平，比较说课优劣为主要目的的说课。开展此类说课，能有效地促进教师钻研教材，学习教学理论，精益求精地掌握说课的方法，调动教师的积极性，从而提高说课水平。这类说课的程序如下。①确定说课的对象、规则和标准，通过抽签或指定的方式确定教材，同时组成说课的评委。②说课教师在规定时间内熟悉教材，写出说课提纲或说课讲稿，做好说课的准备。③说课教师按照有关规定，面对评委说课，评委做好说课的记录。④评委依据原定的说课标准给每位说课者分别打分或采用其他办法评出优劣等次。

二、按照内容维度划分

按照内容维度进行划分，可以把说课分为学科说课和跨学科说课两种类型。

(一)学科说课

学科说课是教师在备课基础上，于讲课前或讲课后向同行、专家或评委讲解具体学科课题的教学设想及其依据的一种教研活动。它是教师将教材理解、教法及学法设计转化为"教学活动"的一种课前预演或课后总结，也是督促教师进行业务文化学习和课堂教学研究、提高业务水平的重要途径，还是评估教师教学水平的有效手段。每门学科都具有不同的特点，如语文、数学、理化生、政史地、音体美等，开展说课活动不同学科都有适合本学科的针对性。这类说课凸显学科特色和教学要求，有助于教师深入理解并掌握本学科的教学规律和教学方法。

(二)跨学科说课

跨学科说课是指教师在准备教学活动时，将不同学科的知识、技能和方法有机地结合起来，通过讲解展示其教学设想及其依据的一种教研活动。它强调不同学科之间的融合与交叉，展示跨学科教学的理念和实践。这种说课方式打破了传统学科间的界限，旨在培养学生的综合素养和跨学科解决问题的能力。在跨学科说课中，教师需要明确跨学科主题，分析学科的关联度，设计跨学科教学活动，阐述教学方法和策略，展示教学资源和工具，评估教学效果和反思等。

三、按照形式维度划分

按照形式维度进行划分，可以把说课分为现场说课和线上说课两种类型。

(一)现场说课

现场说课是一种教学展示活动，它是教师在特定场合下，面对评委、同行或其他听众，通过讲解的方式阐述自己对某一教学主题或课程的理解、教学设计、教学方法及预期的教学效果等。它具有直观性和互动性，有助于听者深入了解教师的教学思路和教学方法。这种活动旨在考查教师的教学能力、教学准备情况，以及对教学内容的把握能力。在现场说课时，教师需要注意语言清晰流畅、逻辑严密、时间控制得当、注重互动和自信从容等。

(二)线上说课

线上说课是一种在网络环境下进行的教学展示活动，教师通过网络平台，如视频会议软件、在线教室等，向远程的评委、同行或学生展示其教学设计、教学方法和教学理念。这种说课方式打破了时间和空间的限制，具有灵活性高、受众面广、资源丰富等特点，越来越受到教育界的关注和推广。在线说课时，教师需要注意准备充分、环境布置、技术保障、互动设计、时间控制和语言表达等方面。此外，线上说课还需要注意一些特殊问题，如网络延迟、观众注意力容易分散等。

四、按照其他维度划分

(一)按照时间顺序划分

按照时间顺序划分，说课可以分为课前说课和课后说课。课前说课主要用于教师备课阶段的教学准备和教学设计，尤其是教学设计中的思想方法、策略手段；课后说课则用于对教学设计下所引起的课堂教学效果进行探讨和反思。

(二)按照内容多少划分

按照内容多少划分，说课可以分为单元说课、章节说课、课文说课(即说某一篇课文)、课时说课(即说一节课)等。这种分类方式有助于教师根据不同的教学需求选择合适的说课内容。

(三)按照信息传递方式划分

按照信息传递方式划分，说课可以分为单向传递式说课(即一人说大家听)、双向传递式说课(即一人问一人答大家听)、多向交流式说课(即一人提出问题大家说，或由多人问一人答)。这种分类方式体现了说课活动的互动性和交流性。

综上所述，说课的类型多种多样，教师可以根据不同的需求和目的进行选择。无论是哪种类型的说课活动，都应该注重实效性和针对性，通过说课技能训练，提高思政课教师的教学素养和教学能力。

第三节 程序性说课的内容和存在的问题

程序性是人们普遍认可或广泛使用的一个专业术语，主要应用于信息技术、法律、项目管理等多个领域。程序性是指事物或活动遵循一套既定的步骤、流程或程序来进行，其特点是操作的有序性、可重复性和可预测性。所谓程序性说课，就是一种侧重于展示教学过程中具体操作步骤和实践方法的说课形式，包括说教材、说学情、说教学目标、说教学重难点、说教学方法和说教学过程等诸多方面。

一、程序性说课的内容

程序性说课的内容十分丰富，可以概括为以下几个方面。

(一)说教材

说教材，就是说"教什么"，它是说课的基础内容。说教材一般要说清楚以下五个问题。一是说清楚本节课内容在本单元甚至本册教材中的地位和作用，即弄清教材的编排意图或知识结构体系。二是说清楚如何依据教材内容(并结合课程标准和学生学情)来确定本节课的教学目标或任务。课时目标是准备一课时教学内容所规划的或要实现的教学结果。

课时目标越明确、越具体，反映教者对备课认识越充分，教法的设计安排越合理。分析教学目标要从知识、能力和学科核心素养几个方面加以说明。三是说清楚如何精选教材内容，并进行合理的、创造性的处理，将其转化为教学内容，即弄清楚各个知识点及其相互之间的联系。四是说清楚如何确定教学重点和教学难点。五是说清楚在教材处理上需要注意和探讨的问题。

(二)说学法

说学法，就是说"怎么教"，它与学情分析紧密结合。说学法主要包括两个方面。一是针对本节课的特点及教学目的，学生宜采用什么样的方法来学习？这种学习方法有什么特点？如何在课堂上具体操作或实施？二是在本节课教学中，教师要做怎样的学法指导？怎样使学生在学会过程中达到会学？怎样在教学过程中恰到好处地融入学法指导？

(三)说教法

说教法，也是说"怎么教"。说教法主要包括以下四个方面的内容。一是要说出本节课所采用的最基本或最主要的教法及其所依据的教学原理或原则。二是要说出本节课所选择的一组教学方法、手段，以及对它们的优化组合及其依据。无论以哪种教法为主，都要根据学校的设备条件及教师本人的特长而定。要注意实效，不要生搬硬套某一种教学方法，要注意多种方法的有机结合，提倡教学方法的百花齐放。三是要说明教师的教法与学生的学法之间的联系。四是要重点说明突出重点、化解难点的方法。

(四)说教学过程

说教学过程是说课的重点，也是难点，在这一环节需要花大力气。具体来讲，要注意以下几个要点。一是说出教学全程的总体结构设计，即起始—过程—结尾的具体安排。要把教学过程所设计的基本环节说清楚，但具体内容只需概括介绍，只要听者能听清楚"教什么""怎样教"就行了，不能像给学生上课那样按照教案讲。二是讲清"为什么这样教"的理论依据。它具体包括课程标准依据、教学论依据、教育学依据和心理学依据等。三是重点说明教材展开的逻辑顺序、主要环节、过渡衔接及时间安排。四是说明如何根据课型特点及教学论要求，在不同教学阶段实现师与生、教与学、讲与练之间的协调统一。五是进行教学过程的动态性预测，考虑到可能发生的变化及其应对对策。

(五)说理论根据

说理论根据，也是说"为什么这样教"。它是说课最突出的特点，也是提高教师理论素养的一个重要内容。理论依据通常有四类：一是课程标准、健康、语言、社会、科学、艺术等领域的特点及规律；二是教育的基础理论；三是教育教学专家的观点及言论；四是一切已被社会认可或已形成共识的事实、公理、规律、法则、习惯、行为等。说理论根据首先要注意突出重点、简洁明了、画龙点睛，不要每个教学举措都说理论根据，或者不管需不需要，把有关甚至是无多少联系的理论都端出来。其次，所说的理论还要做到准确、具体、贴切，与教学举措有紧密的内在联系和对得上号，切忌教条式地照搬，或空话、大话、言之无物等。

二、程序性说课存在的问题

程序性说课尽管旨在通过详细阐述教学过程中的操作步骤和程序来深化教学，但在实际操作中仍存在一些问题。这些问题涉及说课内容的组织、教学方法的适用性、教学程序的灵活性及说课者的表现等方面。

(一)内容组织过于僵化

程序性说课存在的问题，首先表现为说课内容的组织过于僵化。这种僵化表现为以下两点。一是详略不当，重点模糊。在说课中，有的说课者过于追求说课步骤的详尽，导致说课内容冗长，重点不突出。这样，不仅无法让听者抓住核心，还可能因时间限制而无法完整呈现自己的教学思路。二是缺乏创新。多数思政课教师在说课时，往往遵循固定的模式和框架，如说教材、说教法、说学法、说教学过程等，我们将这种格式化的说课方式称为"程序性说课"。这种方式容易使说课变得呆板，缺乏新意和个性化，无法凝聚教学主题，其结果是越说越散，越说越听不明白，出现"形散而神不聚"的现象。

(二)教学方法缺乏针对性

程序性说课存在的问题，还表现为教学方法缺乏针对性。一是理论与实践脱节。有的说课者在阐述教学方法时，往往过于理想化，忽略了实际教学环境中的复杂性和多变性。这就导致所提出的教学方法在实际操作中难以实施，形成"说做'两张皮'"的现象。二是忽视学情分析。说课应充分考虑学生的实际情况和学习需求，但有的说课者过于注重教学程序的完整性，而忽视了对学生学情的深入分析，导致教学方法缺乏针对性和实效性。

(三)教学程序过于机械

程序性说课存在的问题，还表现为教学程序过于机械。这种机械表现为两点。一是缺乏灵活性。程序性说课强调教学过程的程序性和步骤性，但过分强调这一点可能导致教学程序过于机械，无法适应不同学生的学习节奏和需求。在实际教学中，思政课教师应根据课堂实际情况灵活调整教学策略。二是忽视师生互动。有的说课者在阐述教学程序时，由于过于关注自己的讲授和示范，而忽视了学生在教学活动中的主体地位和师生之间的互动，这不利于激发学生的学习兴趣和主动性。

(四)说课者表现不佳

由于说课是一种面对同行和专家的教学研究活动，有的说课者可能因紧张而缺乏自信，影响说课效果。有的说课者在说课过程中存在语言表达不清、语速过快或过慢等问题，导致听者难以理解其教学思路。

三、程序性说课存在问题产生的原因

程序性说课存在的问题比较多，产生的原因也应该从多方面进行分析。

(一)对说课本质的理解不足

说课是向同行或专家展示自己对某一教学内容的理解、教学目标设定、教学方法选择及教学程序设计的过程，旨在展现教师的教学理念和教学能力。然而，有的思政课教师没有真正理解说课的实质，导致将说课与备课、讲课等概念相混淆，甚至误以为说课就是把自己的教案读一下或者把讲课内容复述一遍，结果变成了简单的教案展示或课堂模拟，从而在说课过程中偏离了其核心目的。这都是没有搞清楚说课的本质造成的。

(二)准备不充分

教师在准备说课内容时，如果没有深入研究课程标准和教材，就难以准确把握教学内容和目标，导致说课内容空洞无物或偏离主题。在教学方法的选择上，有的思政课教师未能充分考虑学生的实际情况和学习需求，导致所选教学方法缺乏针对性和实效性。此外，对学情分析得不充足也会导致教学程序设计显得机械和呆板。

(三)说课技巧欠缺

说课需要良好的语言表达能力，以清晰、准确地传达教学思路和方法。然而，有的思政课教师在说课过程中存在语言表达不清、语速过快或过慢等问题，导致听者难以理解其教学意图。另外，说课活动通常面对的是同行或专家，这可能给思政课教师带来一定的心理压力，导致说课时紧张不安，影响说课效果。

(四)反馈不及时

及时反馈是帮助教师改进说课技巧、提升教学水平的重要途径。然而，在一些说课活动中，存在反馈不及时或反馈内容不具体、不准确等问题，导致说课者无法及时了解自己的不足并进行改进。再加上在说课活动中缺乏明确、具体的评价标准，可能导致评价的主观性和随意性较大。这不仅无法准确反映说课者的真实水平，还可能对说课者产生误导。

第四节 主题性说课的基本内容

针对程序性说课的不足，我们应该转向主题性说课。主题性说课，顾名思义，就是围绕一个特定的教学主题逐步展开说课内容、方法和步骤等。它包括鲜明的教学主题、明确的教学思路和注重教学效果评估的意识等。

一、确定教学主题

说课时，首先要说教学主题是什么，它是如何确定的。一节课的教学主题，简而言之，就是本堂课所围绕的核心内容或中心议题。它像是一根主线，贯穿整个教学过程，引领着思政课教师的教学活动和学生的学习探索，具有明确性、聚焦性、启发性、连贯性和可操作性等特点。教学主题必须清晰明确，让学生一听就懂，并且能够迅速抓住本节课的主要内容和学习方向；教学主题必须是聚焦的，它围绕一个或几个紧密相关的知识点、技能点或问题展开，以便学生深入学习和理解；教学主题必须与前后课程的内容保持一定的连贯性和衔接性，既能承接前面课程的内容，又能为后续课程的学习打下基础，起着承上启下的作用。同时，思政课教师可以通过设计具体的教学活动、任务和练习等，来帮助学生实现学习目标和掌握相关知识与技能。

确定教学主题是一个综合考虑多方面因素的过程，如分析课程标准、考虑学生需求、关注社会热点和时代需求、融合学科知识、评估资源和可行性、征求反馈意见等。确定教学主题时需要符合一定的规范和标准，如符合学生的认知逻辑、学科的政治逻辑、教科书的内在逻辑等。同时，还需要掌握一些有效的方法和技巧，如按照授课题目的类型、关键词和转换方式等来确定教学主题等。[①]

一般来讲，自然学科的教学主题容易确定，它通常与课文的标题相一致。例如，"一元一次方程"一课，其教学主题可以确定为"解一元一次方程的方法与技巧"。这个主题

---

① 郝双才. 如何做一个智慧的思政课教师[M]. 北京：中国社会科学出版社，2022：73-84.

明确聚焦在解一元一次方程这一核心知识点上，教师可以通过讲解、示范、练习等多种方式，帮助学生掌握解方程的方法和技巧，并激发他们的学习兴趣和思考能力。而人文社会学科的教学主题不容易确定，它与课文的标题有时相差很大。正如我们不能仅凭文学作品的题目在未阅读内容时就"望题生义"确定其中心思想，我们也不能仅看到思想政治课正文的题目就直截了当地确定教学主题。例如，"坚持才会有收获"一课的教学主题是"但问耕耘，莫问收获"；"生命可以永恒吗？"一课的教学主题是"殁而不朽"或"死而不亡者寿"；"夯实法治基石"一课的教学主题是"法治让生活更美好"；"伟大的改革开放"一课的教学主题是"精神与物质同在同辉"。这些教学主题都是在结合课程标准、教材内容的基础上，对本节课内容的高度抽象和概括，它是思政课教师教学的"魂"，也是其说课的"魂"。前面讲过，揭示教学主题是比较难的，需要思政课教师有深厚的功力和不断积累，也需要他们有突破"天花板"的勇气。能够揭示出教学主题，教学结尾就能够升华。同样，能够揭示出教学主题，程序性说课转向主题性说课就能迈出第一步。

二、展示教学思路

揭示教学主题时已经对课程标准、教材内容、教学目标和任务、教学重点难点等进行了分析，因此，在说完教学主题之后，紧接着要说自己的教学思路。说教学思路主要是对如何安排教学环节、优选教学方法和组织教学活动等进行解说。

(一)围绕教学主题安排教学环节

主题性说课，就是围绕教学主题的说课。这个主题是由教学议题升华到大概念的内容，该内容最后要形成学科核心素养，教学环节应该依循这一主题进行安排。教学环节是在教学过程中，为了实现教学目标而设计的一系列有序、相互关联的活动或步骤，包括教师的讲授、学生的自主学习、师生之间的互动交流、实践操作、反思总结等多种形式。这些环节共同构成了完整的教学过程，旨在引导学生逐步深入理解、掌握和应用所学知识。

例如，在"伟大的改革开放"一课中，我们可以把教学主题确定为"精神与物质同在同辉"。其义是指改革开放形成了一种精神，取得了巨大的物质成就。这种精神推动着经济的高速发展，巨大的物质财富又使人们坚信这种精神的力量，二者双向驱动、共同赋能。围绕这一教学主题，要凸显精神的力量，以传承改革开放精神为统领，设计出一条以人为主的教学主线，即"一位老人·一辈先锋·一代青年"。改革开放是由一位老人开创的，由一辈先锋实现的，由一代青年传承的。按照这条主线，可以设计如下三个教学环节。

【环节一】启程：一位老人·一个创举(穷则变)；

【环节二】历程：一辈先锋·一种精神(变则通)；

【环节三】前程：一代青年·一份使命(通则久)。

(二)围绕教学主题优选教学方法

根据教学目标和教学内容，灵活选择教学方法，确保教学方法能够有效地促进学生理解并掌握知识点。教学方法包括传统的教学方法，如讲授法、讨论法、实验法、示范法等；也包括现代的教学方法，如案例式、议题式、体验式、项目式等；还包括热点分析、角色扮演、情境体验、模拟活动等方式。究竟是选用一种教学方法，还是优选一组教学方法，需要根据具体的教学情况而定。目前，思想政治课程标准提倡采用案例式教学、议题式教学和项目式教学。下面我们以议题式教学为例进行分析。

议题式教学首先面临的是如何设置教学议题。设置教学议题需要紧扣课程标准与教学目标，贴近学生生活与兴趣，促进学生核心素养发展，还要体现主题性和层次性、冲突性和挑战性、开放性和适切性等。比如，"伟大的改革开放"一课的教学主题是"精神与物质同在同辉"，围绕这一主题，需要体现改革开放精神——开拓创新、勇于担当、开放包容、兼容并蓄。改革开放之所以"伟大"，正是因为有这种精神。为此，可以把教学议题设计为如下所示。

【总议题】为何称改革开放是伟大的？

【分议题一】如何理解改革开放的革命性？

【分议题二】如何理解改革开放的深刻性？

【分议题三】如何理解改革开放的广泛性？

改革开放之所以伟大，主要体现在革命性、深刻性和广泛性等方面。其中，革命性是指改革开放能够解放和发展社会生产力，促进社会主义制度的自我完善和发展，推进马克思主义中国化；深刻性是指改革开放使人们的思维方式发生了深刻改变，需要解决的问题更加敏感、复杂，任务更加艰巨繁重，对于推进发展方式的系统性、整体性和协同性要求更高；广泛性是指改革开放涉及的领域多、范围广，基本上是全领域内的。只要将改革开放的革命性、深刻性和广泛性讲清楚了，其伟大自然就呈现出来了。

(三)围绕教学主题组织教学活动

在前面设计好的教学环节、教学议题的框架内，思政课教师可以围绕教学主题组织多样化的学生自主活动。这些活动可以是小组讨论、合作学习、角色扮演、实验探究等方式，也可以运用多媒体技术、实物展示、案例分析等手段。通过这些教学活动，激发学生的学习兴趣和参与度，丰富课堂内容，培养学生的创新精神和实践能力。

"精神与物质同在同辉"揭示了"伟大的改革开放"一课的教学主题。围绕这一主题，可以开展小组讨论，让学生互动、师生互动。针对三个教学分议题，分别让一、二小组讨论"如何理解改革开放的革命性？"，三、四小组讨论"如何理解改革开放的深刻性？"，五、六小组讨论"如何理解改革开放的广泛性？"。通过充分的探讨，每一个教学议题都推荐一人汇报，其他同学补充。最后，教师对学生的汇报进行归纳和总结。

三、注重目标达成

教学目标的达成主要体现在学生的学习成果上，也要与教学主题密切结合。它是指在教学活动中，学生通过学习和实践，达到了教师预设的教学目标，掌握了相应的知识和技能，实现了预期的学习效果。国家、教育行政部门和学校会设定教学目标，如提高学生的学科成绩，培养学生的综合素质，提升教学质量等。教师需要根据这些目标制订教学计划，并采用合适的教学方法和手段，引导学生积极学习，最终实现教学目标。例如，一位思政课教师设定了提高学生归纳和概括能力的目标，通过组织内容概括、申论分析、解决问题等方式来帮助学生提升概括能力。

(一)教学目标达成的标准

教学目标达成是一个综合性的评估体系，涵盖了知识、技能、学科核心素养等多个方面，旨在全面衡量学生的学习效果和发展水平。判断教学目标是否已经达成，可以通过检测学生学业质量的效果，判断其是否达到以下预期标准。

第一，符合预设目标。学生需达到课程标准中或教师预设的知识、技能、学科核心素养等目标。这些目标应具有明确性、可衡量性和可达成性，以确保学生能够清晰理解并努力追求。

第二，知识掌握程度。考核学生的知识掌握情况，是否准确理解了教学内容。具体来讲，就是学生应准确理解并掌握教学内容中的关键知识点，能够运用所学知识解决问题。思政课教师可以通过观察学生的课堂回答、作业、课下交流等情况进行评估。

第三，技能应用能力。评估学生的技能应用能力，是否能熟练操作或运用所学技能。也就是说，对于需要掌握的技能，学生应能够熟练操作或运用，这包括实验技能、计算技能、语言表达能力、问题解决能力等。思政课教师可以通过观察学生的实际操作、作品展示或项目完成情况进行评估。

第四，学科核心素养。考查学生的核心素养，是否培养了积极的学习态度和良好的道德品质、社会责任、担当精神等。这可以通过学生的课堂表现、参与度、团队合作情况，以及对社会问题的看法和态度来体现。

(二)教学目标达成的关键因素

影响教学目标达成的关键因素包括教师因素、学生因素和教学环境因素等方面。

第一,教师因素是影响教学目标达成的主体因素。它包括教师的教学水平、教学方法和教学态度等。教师的教学水平和专业素养直接影响教学效果,进而影响教学目标的达成;科学有效的教学方法能够激发学生的学习兴趣,提升教学效果,有助于教学目标的达成;教师的积极态度能够感染学生,营造良好的课堂氛围,从而促进教学目标的顺利实现。

第二,学生因素也是影响教学目标达成的主体因素。它包括学生的学习基础、学习态度和学习方法等。学生的学习基础是达成教学目标的前提,基础扎实的学生更容易理解并掌握新知识;积极主动的学习态度能够促使学生积极参与教学活动,努力提高自己的学习成果;适合的学习方法能够提高学生的学习效率,帮助他们更好地达成学习目标。

第三,教学环境因素是影响教学目标达成的介体因素。它包括教学设施、教学资源、课堂氛围等。良好的教学设施和资源为教师及学生提供了良好的学习环境,有助于教学目标的达成;和谐、积极的课堂氛围能够激发学生的学习兴趣和积极性,促进教学目标的顺利实现。

(三)教学目标达成的重要策略

教学目标达成的重要策略涉及明确教学目标,优化教学内容,采用科学有效的教学方法,关注个体差异,建立反馈机制,营造良好的课堂氛围,以及持续评估与改进等多个方面。

教学目标应具体、明确,可衡量,确保师生双方对教学目标有清晰的认识;根据学科特点和学生需求,优化教学内容,确保教学内容与教学目标紧密相关,以提高教学的针对性和实效性;采用多样化的教学方法,如探究式学习、合作学习等,以激发学生的学习兴趣和主动性,从而提升教学效果;针对不同学生的学习基础和特点,提供个性化的辅导和支持,确保每名学生都能在原有基础上获得进步;及时收集学生的学习反馈,了解学生的学习情况和需求,并根据反馈结果调整教学策略和方法;建立和谐、积极的课堂氛围,鼓励学生积极参与教学活动,勇于表达自己的想法和观点;定期对教学目标达成情况进行评估,分析其存在的问题和不足,以便更好地调整和改进教学策略与方法。

思考与探究

1. 什么是说课？为什么说"它是一种具有中国气息的教研活动"？

2. 说课与上课的联系和区别表现在哪些方面？

3. 可以把说课分为哪些类型？

4. 如何理解程序性说课？

5. 主题性说课的内容包括哪些方面？

附录：思想政治课学习方式一体化研究

思想政治课一体化是 2019 年 3 月 18 日由习近平总书记在学校思想政治理论课教师座谈会上提出的。他强调，要把统筹推进大中小学思政课一体化建设作为一项重要工程，推动思政课建设内涵式发展。为了落实这次重要讲话的精神，中共中央办公厅、国务院办公厅于 2019 年 8 月 14 日印发了《关于深化新时代学校思想政治理论课改革创新的若干意见》，中宣部、教育部于 2020 年 12 月 18 日印发了《新时代学校思想政治理论课改革创新实施方案》，分别对思想政治理论课的课程目标、课程体系、课程内容、教材体系、教师队伍等一体化建设进行了具体部署和细化，尤其是对学习方式一体化提出了明确的要求：小学阶段重在开展启蒙性学习，初中阶段重在开展体验性学习，高中阶段重在开展常识性学习，本专科阶段重在开展理论性学习，研究生阶段重在开展探究性学习。接下来，我们遵循学生的认知规律和阶段性特点，分别对这五种学习方式进行深入剖析。

第一节　小学阶段的启蒙性学习

思想政治课一体化是指在大中小学各阶段，根据立德树人根本任务的要求，进行统筹规划，形成与不同年龄段学生的身心特点相适应的教学目标、教学内容、教学方式及评价方式等。小学阶段重在开展启蒙性学习，是与小学生的身心特点相适应的。那么，什么是启蒙性学习呢？所谓启蒙，包括两层含义，一是开导蒙昧使其明白事理，二是通过启蒙教育普及新知①。启蒙性学习是指对一些不知道新理论，也不具备验证科学知识能力的人(尤其是儿童)，采用一种简单的方法让他们记住并应用科学知识。对于小学《道德与法治》而言，启蒙性学习是把文本内容用学生喜闻乐见的活动形式贯穿起来进行信息吸纳的过程。通过叙事表达和游戏化、生活化的学习方式，使小学生"看到什么""听到什么"，初步领悟蕴含在课程之中的价值取向，逐步做到"记住要求、心有榜样、从小做起、接受帮助"，扣好人生第一粒扣子。下面以小学《道德与法治》三年级上下册为例，对启蒙性学习进行具体分析。

一、在"成长叙事"学习中认识道德生活

所谓叙事，是指人们用语言文字或符号叙述所经历的有寓意的事件，通常包括故事(内

---

① 康德. 历史理性批判文集[M]. 何兆武，译. 北京：商务印书馆，1990：22.

容)和话语(方式)两个部分。①叙事就像"结构性胶水"(拜姆伯格语，2007)一样，可以将散布在时空中的行动碎片黏合在一起，使我们能在不同时空中活动而不至于散落飘零；也像"忠诚道路"(科可瑞恩语，2014)一样，可以在自我叙事或他人叙事、显性叙事或隐性叙事中掌握与传递道德知识，建构个人品德。统编小学《道德与法治》教材，以叙事思维取代了论证思维，尤其是将"成长叙事"贯穿于教材的始终。也就是说，不论是文学叙事、历史叙事，还是他人叙事、宏大叙事，都十分重视叙事与自我的联系，体现学生的生活和自我成长。教材在内容体系、结构关系、叙事主角、叙事的自觉性激发等方面，都比较重视贴近学生生活的成长故事。例如，三年级上册包含四个单元，分别是"快乐学习""我们的学校""安全护我成长""家是最温暖的地方"，它们分别对应学生学习生活叙事、学校生活叙事、安全生活叙事和家庭生活叙事等。这是对教材原有内容的根本性变革，不是以道理、要求和知识为基本内容，而是以学生的成长故事为主要内容。再如，三年级下册的第一单元"我与我的同伴"，其主题是"同学相伴的叙事"，"同学"自己成了主角。本单元第 1 课"我是独特的"、第 2 课"不一样的你我他"、第 3 课"我很诚实"和第 4 课"同学相伴"，主角都是"我"。当然，作为主角的学生，有时候是作为个体的"我"，有时候是作为群体的"我们"。

其实，这些故事就发生在学生身边，与学生的成长紧密结合在一起。这些故事，有的是让学生树立自信，勇敢地对自己说一声"我要再试一次"，从而逐步消除心理上的阴影和思想上的障碍；有的是让学生培养耐心和毅力，并持之以恒，以取得最后的收获；有的是让学生学会交往，善于与他人相处，乐观地面对社会和人生；有的是让学生学会宽容和换位思考，消除不必要的纷争，使人们和谐、社会安宁；有的是让学生学会感恩，懂得在自己成长过程中父母、亲朋、老师及社会各行各业人员对自己的帮助和照顾；有的是让学生树立法治意识，在法治社会建设中能够很好地行使自己的权利，履行自己的义务；有的是让学生树立科学精神，学会合乎规律、理性地认识问题、分析问题和解决问题；有的是让学生树立政治认同，爱党、爱国、爱家乡，具有爱国情、强国志、报国行……这些故事告诉学生应该如何面对个人和社会。就个人而言，主要是培养学生健康的心理、道德、思想、政治等素养；就社会而言，主要是明白我国的国情、国策和国标(即国家的奋斗目标)。总之，这些故事能够使学生认识到宽容的意义、感恩的价值，认识到团结的力量、助人的乐趣，认识到付出的回报、奉献的荣光，最终认识和体悟到人生的真正意义和价值。这样的学习，同时也是学生真真切切地在经历着道德生活。

---

① 高德胜. 论小学《道德与法治》教材的"叙事思维" [J]. 课程·教材·教法，2019(06)：11-20.

二、在个人经验与社会文化融合中体验道德情感

关于个人经验与社会文化的融合问题，维果茨基已经进行了深刻的阐述。他把学生的个人经验称为自发概念或日常概念，把社会文化称为科学概念。这两个概念产生的路径和机理是不同的。自发概念的产生一般是和儿童与物品直接接触相联系的，以及伴随来自成年人对这些物品的解释；科学概念的产生则是从与客体的间接关系开始的，其路径是从概念到物品。儿童一开始上课便学习确定概念之间的逻辑关系，然而，这个概念是往内部发展的，即它打通通向客体(物品)的道路并与这方面已有的经验相联系，吸收这个经验。这样，自发概念和科学概念便在同一个儿童的脑海里大致处于同一水平，即难以在儿童的思维里区分出他是在学校里获得的概念，还是在家里获得的概念。

维果茨基认为，科学概念和自发概念的发展过程也是相互联系的。一方面，儿童自发概念的发展达到一定的水平，才能使他们更好地掌握科学概念和认识它。另一方面，自发概念的发展取决于科学概念，科学概念已经完成了儿童的自发概念尚需完成的发展阶段。也就是说，科学概念是通过自发概念向下生长发展的，自发概念是通过科学概念向上生长获得的。"科学概念的发展是在认识性和随意性的范围里开始并继续向下延伸进入个人经验和具体性范围的。自发概念的发展则开始于具体性和经验的范围并进一步向概念的高级特性推进：认识性和随意性。这两条对立的发展路线之间的联系无疑显示了自己真正的本质：这就是最近发展区和现实发展水平之间的联系。"[1]科学概念的发展要求自发概念达到一定的水平，才能在最近发展区中出现认识性和随意性；科学概念改造了自发概念并且将它们提到高级水平，实现它们的最近发展区。

统编小学《道德与法治》教材，以社会文化赓续儿童经验，使社会文化进入儿童经验之中，同时，也使社会文化成果在儿童的经验中得到分享。在二者的交融中，学生通过阅读或观察能够产生真切的道德体验和道德情感。例如，三年级上册第11课"爸爸妈妈在我心中"，教学时可事先设置交流环节——"在生活中，你有过担心、心疼和思念父母的时候吗？"通过课堂讨论，形成比较一致的主张，然后带领学生自主阅读"阅读角"的《爱的味道》。通过这些活动，学生能产生情感上的连通与共情，认识到自己做的一些力所能及的事情、自己对父母表达的爱，能够使父母感到温馨、暖心和幸福，同时认识到孝道是中华民族的传统美德。这样就能在个人经验与社会文化的不断交融中实现贯通，丰富学生的道德情感，加深学生对道德生活的认知。

---

① 余震球选译. 维果茨基教育论著选[M]. 北京：人民教育出版社，2005：272.

三、在"自主道德学习"中践行道德行为

自主道德学习属于一种学习品质，指的是学生在具体教学条件下的高质量的道德学习。它与机械学习和被动学习相对应。教学研究表明，将自主道德学习应用于小学《道德与法治》教学，学生在这种活动中可获得一定的快乐和喜悦，推动主观能动性的充分发挥。自主道德学习主要体现为以下三个方面。一是从活动体验中得到快乐和喜悦。教学中的活动体验包括游戏、角色扮演、各种竞赛等，在这些活动体验中，学生的身体、各种感官、各种心理因素都处在积极活动的状态之中，能够满足学生好动的天性。二是从学习成果中获得快乐和喜悦。新教材有许多内容需要学生自己去发现、去思考、去辨析，并且由他们自己做出表达等作业成果。这一切都会使他们感到某种程度上的自我实现，得到某种成就感，从中获得快乐和喜悦。三是从积极交流交往中获得快乐和喜悦。新课程中的小组学习、合作学习、项目学习等，能满足个体与他人交往的需要。在这些交往中，学生能感受到人与人之间的融合和沟通的快乐，获得集体或小组的认同，认识到自己在小组合作中的力量，并发现自己与他人之间的许多共同感受，这些都是让学生感到快乐的事情。

教师要积极创造学生自主道德学习的情境，为他们提供必要的学习资源，并给予适当的方法指导。自主的道德学习不是天生的，也不是一蹴而就的，它需要教师进行有计划、有目的的培养。例如，针对三年级下册第 1 课"我是独特的"中自我认识这一内容，教师就可以给学生提供几个认识自己的途径，即从日常活动中认识自己，从他人的评价中认识自己，从自己的理想中认识自己，以及从自己的秘密中认识自己等。再如，对于三年级上册第 4 课"说说我们的学校"中热爱自己的学校这一内容，教师可以提示学生从"我喜欢的校园一角"入手，然后让他们走进校史馆，走近学校荣誉墙，并引导学生回忆丰富的校园活动。①总之，只有教师为学生搭建了自主道德学习的"支架"，学生才能有效地展开自主学习，从而践行道德行为。

除此之外，启蒙性学习还应该使用灵活多样的方法建构学生的道德品质，如事件体验法、角色扮演法、熏陶感染法、榜样示范法、情境式教学、问题式教学、对话性教学和绘本式教学等。

第二节　初中阶段的体验性学习

《关于深化新时代学校思想政治理论课改革创新的若干意见》明确指出："遵循学生

---

① 章乐. 引导儿童生活的建构：小学《道德与法治》教材对教学的引领[J]. 中国教育学刊，2018(01)：9-14.

认知规律设计课程内容，体现不同学段特点……初中阶段重在开展体验性学习。"初中阶段重在开展体验性学习，是与初中生的身心特点相适应的。那么，什么是体验性学习呢？所谓体验，是指通过亲身实践所获得的经验，有人把它界定为"一种图景思维活动"。体验性学习是指根据学生的认知特点和规律，通过创造实际的或重复经历的情境，呈现或还原教学内容，使学生在亲历的过程中有所收获的学习形式。体验性学习具有情境性、主动性和过程性等特点。体验性学习包括阅读体验、辩论体验、角色扮演体验、小组讨论体验、情境体验、操作体验、实践体验和探究体验等。初中《道德与法治》要以学生的体验为基础，引导学生明确"是什么"，坚定"四个自信"。下面我们对体验性学习进行具体分析。

一、用好教材辅助栏目，为体验式学习构建范式

教材辅助栏目是教材的重要组成部分，是为帮助学生提升学习效果和兴趣而设置的一种配套材料。这些栏目包括图片、时间线、地图、名人言论、书信、谜语、文物、案例、课前导研、课后问题、活动拓展等。教材辅助栏目不仅能补充和拓展教材内容，还有助于教师更好地开展课堂教学，同时帮助学生加深对知识的理解和记忆，提升学习效率。

初中《道德与法治》教材的辅助栏目主要包括"运用你的经验""探究与分享""阅读感悟""相关链接""方法与技能""拓展空间"等六个方面，教师应很好地加以利用。例如，"运用你的经验"是以"情境"加"问题"的形式呈现的。教学中要鼓励学生积极表达与分享，让学生在分享中反思进而获得感悟。在《道德与法治》八年级下册"治国安邦的总章程"一课中，"运用你的经验"辅助文引用了人民英雄纪念碑碑文和宪法序言，能够让学生感受中国人民坚韧不拔的奋斗精神，从而增强情感体验。

"探究与分享"是以"活动"加"问题"形式呈现的，侧重于认知探究，强调揭示认知矛盾冲突或不同经验的碰撞，突出学生的思维过程，让学生在情境活动中获得体验。在《道德与法治》八年级下册"加强宪法监督"一课中，要求学生填写宪法宣誓誓词并进行宪法宣誓模拟活动，这些活动体验有助于学生进一步理解宪法的权威，并养成自觉践行宪法的习惯。

二、创设适切学习情境，为体验式学习创建支架

学习情境是指学习过程中为了高效获知而通过不同手段创设的情境。从学习情境的内容来看，它包括两个方面：一是一切作用于学习主体，并能引起学生产生一定情感反应的客观环境；二是与学生学习的内容相适切的包含问题的生活事件。这种生活事件，既是事件又是问题，但不是知识内容本身。从学习情境的结构来看，它包括情境素材和学科任务

两个方面。情境素材即已经结构化的事例、图文、音像资料或活动；学科任务即基于情境素材而提出的问题、活动和体验要求、需要完成的学科任务等。其中，情境素材是设置学科任务的前提和基础，学科任务则是围绕学科内容和学习目标从情境素材中引发出来。教学中要把二者很好地结合起来。

例如，《道德与法治》九年级上册"与世界深度互动"一课，可以设计如下情境：2024 年 5 月 5 日至 5 月 10 日，习近平主席对法国、塞尔维亚、匈牙利进行了为期 8 天的友好访问……让我们跟随习近平主席的足迹，共同探讨我国在与其他国家深度互动中展现的影响力。

探究问题一：越来越多的外国人学习中文，你怎么看待这一现象？

探究问题二：应对全球问题，中国提出了怎样的理念和治理观？

探究问题三：我们应该如何对待人类文明？

这个情境设计能够让学生切实体会大国风范，有助于"与世界深度互动"教学内容的学习，为体验真实发生的情境奠定了基础。

三、组织真实学科活动，为体验式学习提供载体

新课程标准非常重视跨学科学习、学习进阶、理解性教学、表现性评价等，也十分重视"学科实践"，强调学生在"经历感悟""认知体验""情感体验""活动体验""行动实践"中实现学习目标。思想政治学科活动是指以学习和研讨思想政治学科的知识或培养学生某一方面的能力为主要目的的活动。它是对课程计划中的思想政治学科进行课外拓展学习和研究的活动，以满足部分学生对思想政治学科深入理解和研究的愿望。学科活动不是对思想政治学科教学的重复，而是拓展和加深，具有研究或实际应用的性质。其主要形式有讲座、阅读、演讲、讨论、参观、实验、竞赛、晚会、报告会等。

例如，在《道德与法治》八年级上册"服务社会"一课中，教师播放了电视剧《觉醒年代》中陈延年的事迹。随后，在 PPT 上打出"青年时代的壮举，就是把自己奉献给这个国家。让我们的子孙后代享受前人披荆斩棘的幸福"。接着，教师布置了一项任务：请给陈延年写封回信，并在讲台上与陈延年烈士进行一场跨越时空的对话。在三名学生进行对话时，教师要适时引导，将活动和学生的情感推向高潮，使全体学生在活动体验中实现情感的升华。

四、引导学习反思评价，让体验式学习延展升华

学习反思评价是指学生在学习过程中，对自己的学习行为、学习成果、学习方法等方面进行自我审视、自我评价和自我调整的过程。它具有自主性和过程性，强调学生的主动

参与和对学习过程的动态关注。学习反思评价有助于学生认识自己的优势与不足，进而调整学习策略，提升学习效果。

学习反思评价包括两个层次。一是对体验中获得的认知、情感和技能的总结与提升。例如，在《道德与法治》七年级上册"活出生命的精彩"一课结尾阶段，教师首先播放了"张桂梅老师的手"这一短视频，然后引导学生思考：怎样才能活出生命的精彩？请同学们分享自己的看法。在学生分享过程中，教师适时点拨，引导学生反思归纳，让学生获得充分的思维体验。二是对学习过程和结果进行评价。学习反思评价是体验性学习的重要内容，是体验真实发生的重要体现，也是培养学生元认知能力的重要途径。教师要引导学生还原体验事实、现场、细节，捕捉体验活动的关键行为及其真实表现，分析学生体验背后的价值观念和思维方法，并组织学生对体验过程和效果做出判定。

第三节　高中阶段的常识性学习

《关于深化新时代学校思想政治理论课改革创新的若干意见》明确提出："遵循学生认知规律设计课程内容，体现不同学段特点……高中阶段重在开展常识性学习。"高中阶段重在开展常识性学习，是与高中生的身心特点相适应的。那么，什么是常识性学习呢？所谓常识，是指人们比较熟知的、有效的知识，又指人们在生活中形成的共同价值。[①]常识性学习就是个体通过亲身体验或者接受通俗化的知识和价值获得关于事物认知的活动。就高中思想政治课而言，常识性学习是把文本内容用学生比较熟知的"理论"贯穿起来进行信息吸纳的过程。这种"理论"可能是马克思主义的基本原理，可能是党的重要历史经验，也可能是社会学科的一些基本理论，抑或是社会普遍认可的公理和人们的惯常思维等。学生在进行思想政治课学习时，需要运用一些相对应的方式方法，把他们熟知的"理论"作为重组教材内容的主线，有机融入具体的学习环节和学习过程之中。接下来，我们对常识性学习进行具体分析。

一、以马克思主义基本原理统领文本内容

常识性学习首先可以运用从抽象上升到具体的方法把马克思主义基本原理与文本内容有机结合起来。从抽象上升到具体的方法是马克思分析资本主义经济时使用的独特方法，它是指客观地分析事物各种规定之间的内在联系，确定每一规定在具体的总体中的地位和作用，以便在概念或范畴的互相联结上，从起点经过中介到达终点而形成一个反映着客观必然联系的逻辑体系。其中，"具体"是指理性的具体，是抽象的规定在思维过程中的具

---

① 陈亚军. 站在常识的大地上：哲学与常识关系刍议[J]. 哲学分析，2020(03)：88-100.

体再现。[①]思想政治课是落实立德树人根本任务的关键课程，承担着对学生进行马克思主义的世界观、人生观、价值观、历史观和道德观教育的重要任务，完全可以参照这一方法来安排和设计学生的学习。经过义务教育阶段的学习，高中生已经掌握了一定的马克思主义的基本理论和基本原理，即常识性知识。指导学生学习时，思政课教师要"化繁为简"，先归纳出课文中内含的马克思主义的基本原理，然后"化简为繁"，以该原理为统领重组、增减或删除教材内容，从而使学习有明确的逻辑思路和主线，达到以理统史、以理统例、以理统料之功效。

指导学生学习时，教师如果善于运用从抽象上升到具体的方法，就能够层次分明、逻辑清晰；如果不善于使用，就会出现学习内容的简单罗列和铺陈，缺乏内在逻辑，学习呈现出片状结构，而非网状结构。例如，《中国特色社会主义》第一课第一个框题"原始社会的解体和阶级社会的演进"包括"从原始社会到奴隶社会"和"从封建社会到资本主义社会"两目。指导学生学习时，不少教师会把学习环节设计为："原始社会、奴隶社会、封建社会、资本主义社会"或者"从原始社会到奴隶社会、从奴隶社会到封建社会、从封建社会到资本主义社会、资本主义社会经济危机"等。这样的学习设计，缺乏内在贯通的逻辑主线，难以达到以点带面、以少胜多的效果。《中国特色社会主义》是高中思想政治课新设置的课程模块。此模块采取社会发展史的叙述框架，按照理论与实践、历史与现实、中国与世界相结合的叙述逻辑，从人类社会发展史，特别是中国近代历史发展的视野出发，实现人类社会发展史与中国特色社会主义教育目标的对接，凸显了马克思主义唯物史观。其中，生产力和生产关系、经济基础和上层建筑之间的矛盾是推动人类社会发展的基本矛盾，也是马克思主义基本原理，教师可以充分运用这一原理进行学习内容的设计。劳动工具是生产力中的标志性要素，并且"考古"能够再现历史，呈现当时的社会场景，因此，教师可以以不同社会形态的标志性生产工具为线索，进行学习内容的统领性设计。原始社会的标志性生产工具是石器(包括新石器和旧石器)，奴隶社会是青铜器，封建社会是铁器，资本主义社会是大机器。这样，可以把学习环节设计为：原始社会的解体、阶级社会的产生及发展两个环节。而统领这两个环节的主线或暗线是从石器到青铜器，从青铜器到铁器、大机器。这种以"生产工具"为纲，统领生产关系的关键要素及其他相关资料，能够实现纲举目张的效果，达到"化繁为简"和"化简为繁"的有机结合。

二、以党的宝贵历史经验重组学习内容

常识性学习也可以运用理论联系实际的方法把党的宝贵历史经验与学习内容很好地衔接起来。理论联系实际是马克思主义主要的理论品质和"活的灵魂"，也是中国共产党的

---

① 宫敬才. 马克思逻辑与历史有机统一方法真相还原[J]. 现代哲学，2018(04)：1-12.

三大优良作风之一。毛泽东曾把它形象地比喻为"有的放矢"，并指出："马克思主义的'本本'是要学习的，但是必须同我国的实际情况相结合。我们需要'本本'，但是一定要纠正脱离实际情况的本本主义。"①科学理论是人们经过对事物的长期观察与总结，由表及里、去伪存真，先进行归纳再进行逻辑证明，得到的关于客观世界规律的正确的理解和论述。它对于指导实践的成功有重大的意义。一百年来，中国共产党领导全国各族人民进行伟大奋斗，在进取中突破，于挫折中奋起，从总结中提高，积累了宝贵的历史经验。《中共中央关于党的百年奋斗重大成就和历史经验的决议》(2021 年 11 月 11 日)把党的宝贵经验概括为"十个坚持"，即坚持党的领导、坚持人民至上、坚持理论创新、坚持独立自主、坚持中国道路、坚持胸怀天下、坚持开拓创新、坚持敢于斗争、坚持统一战线、坚持自我革命。这"十个坚持"是以党的百年历史为深厚底蕴，以新时代开创未来为深远视野，以全党集体智慧为思想源泉，以马克思主义执政党的宏伟抱负为思维境界，总结出集历史和未来、理论和实践于一体的宝贵经验。指导学生学习时，教师可以运用这些宝贵经验组织《中国特色社会主义》教材相关内容的学习。

《中国特色社会主义》第三课第二个框题"中国特色社会主义的创立、发展和完善"包括两目："改革开放以来党的全部理论和实践的主题"和"中国特色社会主义的道路、理论、制度、文化"。中国特色社会主义是改革开放以来党的全部理论和实践的主题，它既是道路，也是理论，还是制度和文化，又分别是中国特色社会主义的必由之路、行动指南、根本保障和精神力量。其中，第一目主要讲的是中国特色社会主义理论体系和习近平新时代中国特色社会主义思想。针对这个内容，如果就事论事来讲，既缺乏内在的逻辑关系，也比较乏味，导致学生学习困难；如果用党的宝贵历史经验"两个结合"来贯穿和渗透，就能够起到提纲挈领之功效。一百年来，中国共产党之所以能够形成马克思主义中国化的系列理论成果，是因为我们党把马克思主义基本原理同中国具体实际相结合、同中华优秀传统文化相结合。中国特色社会主义理论体系和习近平新时代中国特色社会主义思想就是这"两个结合"的生动注脚，它们既一脉相承，又与时俱进。"一脉相承"是说，改革开放 40 多年来，我们所形成的中国特色社会主义理论体系(包括邓小平理论、"三个代表"重要思想、科学发展观)和习近平新时代中国特色社会主义思想，都属于中国特色社会主义这个大范畴。它们在理论观点上是一以贯之的，所要回答的首要问题、产生的文化背景、面对的基本国情、坚持的基本路线和经济制度、所要实现的奋斗目标都是相同的。"与时俱进"是说，中国特色社会主义理论体系和习近平新时代中国特色社会主义思想，是一个把马克思主义基本原理同中国具体实际相结合、不断丰富和发展的科学体系。邓小平理论是应历史的需要而起，是"文化大革命"使中国遭受巨大灾难的结果，它成功开创

---

① 毛泽东. 毛泽东选集(第一卷)[M]. 北京：人民出版社，1991：111-112.

了中国特色社会主义；"三个代表"重要思想是在世纪之交苏联解体、东欧剧变和国内社会生活发生广泛而深刻变化的背景下形成的，它成功地把中国特色社会主义推向 21 世纪；科学发展观是在我国新世纪新阶段的阶段性特征和世界发展遇到一系列严重问题的基础上形成的，它在新的历史起点上成功坚持和发展了中国特色社会主义；新时代中国特色社会主义思想是在统筹把握中华民族伟大复兴战略全局和世界百年未有之大变局的国际国内实际基础上形成的，它使中国特色社会主义进入了新时代。每一个重大理论的形成，都与不同时期的中国具体实际紧密结合。学习该内容时，运用"一脉相承"和"与时俱进"这一主线贯穿，学生既能够提纲挈领地领会，又能够轻松自如地掌握；既能够学得轻松有趣，又能够善于泛化和迁移，如附图 1 所示。

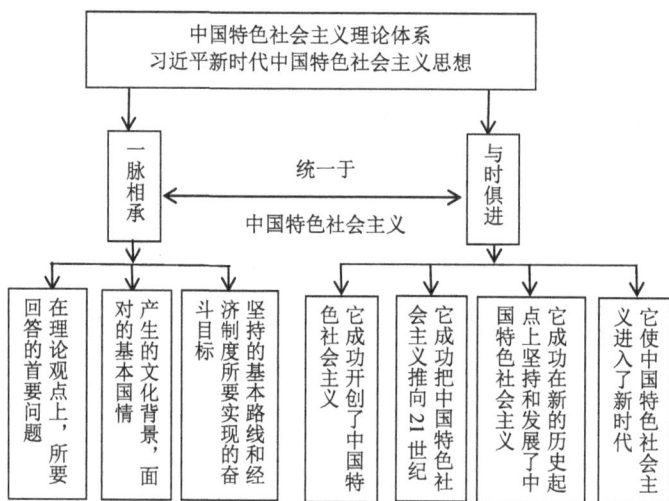

附图 1　"改革开放以来党的全部理论和实践的主题"学习设计

三、以其他学科理论或人们的惯常思维融通教材内容

常识性学习还可以运用"语言转化"的方法把其他学科理论或人们的惯常思维与教材内容有效地融通起来。学生在学习时，需要进行多种语言转换：从教材语言转换成预习语言、笔记语言，再转换成学生语言，最后转换成学科思维。从"教材语言"转换到"学科思维"的过程中，如果从"教材语言"转换成"笔记语言"是思想政治课学习的基础性要求，那么从"笔记语言"转换成"学科思维"就是思想政治课学习的进阶性要求。一般来讲，学科思维是指将相关学习内容转化为学生的思维方法，对学生分析和处理实践中的现实问题具有方法论的指导意义的思维呈现形式。[①]形成学科思维，是学生对相关知识学习

---

① 李晓东. 中学思政课教学需要实现的两次"飞跃"[J]. 中国教师，2020(10)：18-21.

内化的理想层次，是学生高阶学科能力的真实体现。思想政治课是落实立德树人根本任务的关键课程，其目的不仅仅是让学生记住一些现成的结论，而是通过价值引导，使学生形成正确的政治立场和思维方式。因此，思想政治课学习要充分发挥教材的铸魂育人功能，深入挖掘思想政治学科核心素养，实现学习语言的积极转换，促进学科思维的真正形成。

要形成真正的学科思维，需要学生深入认识并理解教材的相关内容，形成具有整体性和深刻性的学科认知。教材本身具有层次性和递进性，需要教师注意运用"语言转换"的方法，通过"问题链条"的设计引导学生，以"阶梯式上升"形式逐步推进。因此，思想政治课学习不能平铺直叙、平淡无奇，要通过不断的追问和引导，使学生对相关问题的认识不断深化。例如，《中国特色社会主义》第三课第一个框题"伟大的改革开放"包括两目："改革开放的进程"和"改革开放的意义"。该内容通过阐述改革开放的历程和取得的主要成就，引导学生感受改革开放给中国带来的深刻变革，使学生理解改革开放的伟大之处。学习本课内容时，如果按部就班或照本宣科，就难以揭示出文本的内容主题，学习效果会不太理想；如果按照人们普遍的惯常思维来思考，把"改革"与"开放"分开分析，并分别讲清楚二者产生的不同原因，就能够明确本课的教学主题和改革开放精神。其实，在改革开放初期，改革是先于开放的。1978 年，改革首先从农村开始，家庭联产承包责任制是从试点到向全国全面铺开的；之后改革向城市推进，从经济领域到政治领域、文化领域等纵向深入。改革主要解决的是生产关系制约生产力发展的问题。相对来讲，开放比改革要晚一些。1980 年，开放首先从沿海的点开始，之后是沿海的面，再之后是由沿边的点到面。开放主要解决的是缺资金、缺技术的问题，即落后问题。1992 年，当我国实行社会主义市场经济之后，改革和开放合二为一，并且相互促进，共同发展。教师通过对教材内容的分析，能够揭示出本课的教学主题——"精神与物质同在同辉"。改革开放既体现为一种精神，也有巨大的物质成就。这种精神就是改革开放精神(即开拓创新、勇于担当、开放包容、兼容并蓄)。它是由一位老人开创的，由一辈先锋实现的，由一代青年传承的。所以说，改革开放具有革命性、深刻性和广泛性，是伟大的。

第四节　本专科阶段的理论性学习

《关于深化新时代学校思想政治理论课改革创新的若干意见》明确提出："遵循学生认知规律设计课程内容，体现不同学段特点……本专科阶段重在开展理论性学习。"本专科阶段重在开展理论性学习，是与大学生的身心特点相适应的。那么，什么是理论性学习？理论性学习是指通过阅读、听讲、研究等方式，获取和掌握理论知识的学习过程。它是建立知识体系、提高思维能力的重要途径。就思想政治理论课而言，理论性学习特指对马克思主义基本理论等先进理论的学习，它侧重于对马克思主义基本理论的理解和记忆，需要学生系统、深入和广泛地开展学习，同时注重与实践紧密结合。下面我们对理论性学习进行具体分析。

一、以培养理论思维为着眼点统领整个教学

"一个民族要想站在科学的最高峰，就一刻也不能没有理论思维。"①理论性学习旨在通过思想政治理论课的学习，帮助大学生形成理论思维，达到理论、思维和能力的有机统一。本专科阶段的思想政治理论课程(即大学本科为"5+1"或专科为"3+1")在培养理论思维方面有所不同，因而需要根据各科目的重点来组织教学。

第一，"马克思主义基本原理"重在构建系统思维。系统思维是一种从整体和全局上把握问题的思维方式。它强调把想要达到的结果、实现该结果的过程、过程优化及对未来的影响等一系列问题作为一个整体进行研究。系统思维注重原则性与灵活性的有机结合，强调从整体和全局的视角去分析、理解和解决复杂问题。学习"原理"，主要是把握马克思主义的世界观和方法论，即从纵向维度把握什么是马克思主义，从横向维度理解马克思主义的当代价值，使学生学会将马克思主义理论发展历程与理论本身相结合，将马克思主义经典作家的人格魅力与理论魅力相结合，将当代世界发展与中国的实际进步相结合，从而领悟马克思主义的科学真谛。

第二，"毛泽东思想和中国特色社会主义理论体系概论"和"习近平新时代中国特色社会主义思想概论"重在树立求是思维。求是思维是指人们主观能动地符合客观实际的一种思维方式。它强调不迷信权威，辩证地听取权威的意见，并结合客观实际进行实践检验；强调不满足于经验，要总结经验，形成理论，并在实践中发展和完善。求是思维的核心是实事求是，即追寻事物的本质和规律，并付诸实践。学习"概论"，主要是把握中国共产党人在实践基础上形成的马克思主义中国化的理论成果，尤其是习近平新时代中国特色社会主义思想，让学生明白马克思主义中国化的核心在于与中国实际相结合、与中华优秀传统文化相结合，深化对"何为、为何、如何中国化"三层维度的理解，促进学生求是思维的养成。

第三，"中国近现代史纲要"重在形成历史思维。历史思维是以唯物史观为指导，将一定的对象置于历史方位中进行思考的思维方式，是人们理解和认识世界的重要工具。历史思维包括对历史事实的了解，对历史事件和人物背后的原因和影响进行推理，以及通过历史的经验来指导现实生活和未来。它强调时间的连续性和发展性，注重因果关系，要求从整体上把握历史事件，关注它与社会、经济、政治、文化等各方面的关系。学习"纲

---

① 中共中央马克思恩格斯列宁斯大林著作编译局编. 马克思恩格斯文集(第九卷)[M]. 北京：人民出版社，2009：437.

要"，主要是帮助学生学会把握历史主流，看清前进方向；善于总结历史经验，汲取智慧和力量；懂得客观评价历史，抵制历史虚无主义。

第四，"思想道德与法治"重在淬炼价值思维。价值思维是指在现实社会关系和实践活动中，思维者根据自身的标准，选择、对待和评价客体，使客体主体化，从而产生价值的思维活动。它十分重视长期发展，而不是短期利益，是人们在生产、生活中非常重要的思维方式。学习"德法"，主要是让大学生形成主动构建"小我"与"大我"相贯通、道德与法律相统一的价值思维，培养大学生成为识大局、尊法治、修美德的社会主义合格建设者和可靠接班人。

第五，"形势与政策"重在塑造战略思维。战略思维是指主体对关系事物全局的、长远的、根本的重大问题的谋划、分析、综合、判断、预见和决策的思维方式。它以思维的整体性、全局性、前瞻性和创造性为基本特点，强调从根本、全局、长远上把握各种本质关系，并制定战略目标，主要解决"怎么做"的问题。战略思维不仅应用于军事领域，也广泛应用于政治、经济、文化、信息、外交等诸多方面。学习"形势与政策"，主要是培养学生立足全局看局部、基于长远看现实、透过现象看本质的战略思维。

二、以课堂教学为立足点实现多种方法综合

培养大学生的核心素养，要求我们充分发挥思想政治理论课在落实立德树人根本任务中的关键作用，重视课堂教学，拓展实践教学，运用网络教学，确保思想政治理论课能够深入人心，转化为实际行动。

第一，课堂教学重视多种教学方法的融通。为了使思想政治理论课能够适应不同专业大学生的需要，需要具体问题具体分析；又因为思想政治理论课的教学方法主要是系统的、正面的和"灌输式"的，所以要注意课堂教学的科学性和艺术性的统一，综合运用合适的、多元的教学方法。例如，以专题报告、课前演讲等学生自主学习形式，引导学生学习常识性知识；以交流论坛、课堂辩论等形式，带领学生学习争议性知识；以经典渗透等方式，引导学生学习原理性知识。

第二，实践教学重视多种教学途径的结合。目前，新课程改革特别重视学科实践教学。学科实践是大学生在教师的指导下参加与学科相对应的社会实践，并自主进行综合性学习活动。这一活动主要包括三大类：以研究为主的方法，如制定方案、调查、访问、观察、实验、统计、信息收集与处理等；以社会实践和社区服务活动为主的方法，如参观、考察、服务、宣传、义务劳动、经济活动等；以项目设计和技术实践为主的方法，如项目立项与研究、设计、制作、研制、种植、养殖、信息发布，以及科技小发明、小制作等技术实践。学科实践活动能激发大学生探究的兴趣，培养他们实事求是的科学态度，以及社

会责任感和使命感。

第三，网络教学注重线上线下教学的转换。构建高校"大思政"格局，不仅要重视实体思想政治教育，而且要重视虚拟思想政治教育，充分利用网络资源的优势，实现思想政治理论课教学的网络化、信息化和智能化。大学生是互联网的"高黏度"用户群体，依托虚拟课堂，促进学生线上析理与线下笃行交互作用，能够为理论性学习拓宽渠道，为学生的全面发展提供载体。

三、以评价体系为验证点促进学生真学真用

评价具有激励和导向作用，通过构建形成性评价和表现性评价，激发大学生真正学习和应用理论。

第一，以形成性评价激发大学生真学理论。形成性评价是指在教学过程中，为了解大学生的学习情况，及时发现教学中的问题而进行的评价。它是一种阶段性、过程性评价，目的是随时了解大学生学习思想政治理论课的态度、动机和投入度，验证他们掌握马克思主义理论的程度，让他们真学真悟，而不是看似学习，实则心不在焉或一知半解。形成性评价经常采用非正式考试或单元测验的形式来进行，如循证评价、同辈互评和自评等。

第二，以表现性评价促进大学生真用理论。表现性评价是通过大学生的行动、表演、展示、操作和写作等真实的表现来评价他们综合能力的一种评价方法。这种能力是大学生知识、思维、技术的整合和运用，尤其是用理论思维来指导实践，能够促进大学生真用理论。表现性评价主要包括评价目标的设计、表现性任务的布置和评价标准的设定等。通过这种安排，我们可以观察学生的行为表现，分析其潜在的思维动态，并根据评价结果提供正确的引导，促进学生真用理论，确保理论性学习取得实效。

第五节　研究生阶段的探究性学习

《关于深化新时代学校思想政治理论课改革创新的若干意见》明确提出："遵循学生认知规律设计课程内容，体现不同学段特点……研究生阶段重在开展探究性学习。"研究生阶段重在开展探究性学习，是与研究生的身心特点相适应的。那么，什么是探究性学习？探究性学习是指学生从自然、生活或社会中选择和确定所要探究的问题，以类似科学研究的方式，主动获取知识、应用知识、解决问题的一种学习活动。就思想政治理论课而言，探究性学习是学生在课程学习中，通过自主探索、研究和实践，深入理解思想政治理论，培养分析问题和解决问题的能力，其特点表现为主动性、实践性、综合性、开放性等。接下来，我们深入分析探究性学习。

一、创设探究情境，激发学生的学习热情

设置探究情境是探究性学习的逻辑起点。探究情境是教师在教学过程中创设的情感氛围，这种情境具有生活性、情感性、学科性和问题性等特点。探究情境既包括学生所处的物理环境，也包括学校的各种软件设施，还包括教师的技能技巧和责任心等。它能够充分调动学生学习的主动性和积极性，启发学生思维，开发学生心智。

《新时代中国特色社会主义理论与实践》教材涉及新时代中国特色社会主义经济建设、政治建设、文化建设、社会建设、生态文明建设、国防和军队建设、人类命运共同体构建，以及党的建设等诸多内容。在进行教学设计时，可以用实际的生活事例、社会热点问题和传媒新闻事件等创设情境，也可以用实践活动、信息技术和科研成果等创设探究情境。以教材第一章"中国特色社会主义进入新时代"为例，在教学中可以利用外国网友的质疑，设计"中国还是发展中国家吗"这一探究情境。设计这一情境的目的是让学生自主分析"我国进入新时代，是否还是发展中国家？"围绕这一情境，引导学生从三个方面进行思考：一是进入新时代我国社会主要矛盾的变化；二是新时代我国社会主义初级阶段的基本国情和世界最大的发展中国家的国际地位仍然没变；三是新时代需要一以贯之坚持中国特色社会主义。创设这样的教学情境，学生会有一种被代入感，愿意主动思考探究，有比较高的学习热情。

一般来讲，情境的设置应该服务于问题、服务于探究活动，注意，要有完整的要素、明确的主题和清晰的指向，要有现实性和现场感，特别是要有连续性，即一节课就是一个连续的情境，如同"线穿珍珠"一样。由于学生在日常生活中已经形成相关的认识经验，所以教师在情境选择上应尽量以学生原有的生活经验为原点，使之成为新知识的生长点，以激发学生的学习动力。

二、设计探究问题，引领学生的学习主题

高质量的问题是开展探究性学习的关键。目前，有些探究性学习中提出的问题比较随意，既不是学习和教学的重点难点，也不能启发学生的思维，提升学生的觉悟。特别是这些问题没有按照大概念理论进行设计，缺乏主题的连贯性和层级递进性，也缺乏一定的认知冲突和思想冲突，导致探究学习的质量不高，效果不太理想。因此，提出的问题必须紧扣主题，具有层次性和递进性，并内含必要的冲突性。

例如，教材第三章第四节"推动'一带一路'建设"，涉及一些敏感话题，其中"中国为什么要援助非洲"就存在不同观点乃至争议。这个问题在教材中没有现成的答案，也

不是三言两语能够说清的，却与教材内容能够很好地契合，是一个具有探究价值的好问题。本节课包含我国经济发展的内循环和外循环、国家安全、国际关系的决定性因素等内容。通过对学习目标进行分析，可以把中心问题细化为三个子问题：谁在真正援助非洲(与美国比较)？中国是在非洲推进"新殖民主义"吗？中国援助非洲是"穷大方"吗？这三个子问题分别与国际关系的决定性因素、国家安全、经济发展的内外循环，以及我国外交政策相衔接。这种具有统领性的探究性问题一般来自现实生活，并经过了设计者的适当加工和整合。

在开展探究性学习时，应该明白主题是探究性学习的核心，设问是探究性学习的关键。开展探究性学习时，切忌随意确定主题、信口发问。所探究的问题必须经过精心设计、巧妙安排，以最大限度地激发学生的探究欲望，激活学生的思维，坚守学习主题，从而实现价值引导。

三、实施探究行为，把控学生的学习节奏

实施探究行为是探究性学习的重点。探究性学习是一个充满观察、实验、模拟、推断、争论和思辨的过程。在这一过程中，应为学生提供足够的时间和空间，引导他们积极投入到自主、合作、探索的学习活动中。同时，要避免流于形式，防止表面上看似活跃，实际上却仍是程式化地进行"教师导向性强"的探究性学习。其实，在探究性学习中，讨论是课堂生活的常态，小组合作学习是学生开展探究性学习的主要途径，也就是在小组合作学习中如何很好地开展讨论，既坚持主题而有序，又有异议而丰富；既使角色分配合理，又不使一个学生成为旁观者。

探究实施过程中应注意两个环节。一是师生互动、解决问题。解决问题的主角应该是学生自己，学生首先结合自己的生活经验提出出现这种情况的理由和解决这一问题的办法。二是知识归纳、推广结论。学生在解决问题的过程中会用到教材中的很多知识，而这些知识在运用过程中可能是片面的、孤立的，教师要帮助学生整合知识，指出理论之间、理论与材料之间的本质联系，尤其要帮助学生将这些知识运用到生活中，即"从生活到教学"和"再从教学到生活"的转换。

以上五种学习方式共同构成了思想政治学科学习方式一体化的基本路径。其实，每一学段的学习方式都有"重在"二字，指的是本阶段要以此学习方式为主，并不是不需要或者排斥其他学习方式。就如同思想政治课是落实立德树人根本任务的关键课程一样，"关键课程"不是"唯一课程"，其他课程也有落实立德树人根本任务的重要作用，它们应该与思想政治课同向同行。思想政治课的学习方式应该是相互贯通、你中有我、我中有你，

应该是灵活多样，而不是刻板教条的。我们应将每个学段"重在"的学习方式与各自学科的学段性质、培养目标和学习内容有机结合，同时考虑学生的认知心理、思维特点、接受能力和学习习惯。这样，思想政治课就能在课程体系中发挥政治引领和价值引领作用，落实立德树人根本任务，努力培养担当民族复兴大任的时代新人，以及培养德智体美劳全面发展的社会主义建设者和接班人。

参 考 文 献

著作类:

[1] 中共中央马克思恩格斯列宁斯大林著作编译局编. 马克思恩格斯文集(第九卷)[M]. 北京：人民出版社，2009.

[2] 毛泽东. 毛泽东选集(第一卷)[M]. 北京：人民出版社，1991.

[3] 邓小平. 邓小平文选(第三卷)[M]. 北京：人民出版社，1993.

[4] 习近平. 论教育[M]. 北京：中央文献出版社，2024.

[5] 习近平. 思政课是落实立德树人根本任务的关键课程[M]. 北京：人民出版社，2020.

[6] 教育部课题组. 深入学习习近平关于教育的重要论述[M]. 北京：高等教育出版社，2020.

[7] 中华人民共和国教育部制定. 义务教育道德与法治课程标准[M]. 北京：北京师范大学出版社，2022.

[8] 中华人民共和国教育部制定. 普通高中思想政治课程标准(2017 年版 2020 年修订)[M]. 北京：人民教育出版社，2021.

[9] 康德. 历史理性批判文集[M]. 何兆武，译. 北京：商务印书馆，1990.

[10] 魏巍. 谁是最可爱的人[M]. 北京：人民文学出版社，2020.

[11] 余震球选译. 维果茨基教育论著选[M]. 北京：人民教育出版社，2005.

[12] 顾明远，孟繁华. 国际教育新理念[M]. 海口：海南出版社，2001.

[13] 叶澜. 回归突破："生命•实践"教育学论纲[M]. 上海：华东师范大学出版社，2015.

[14] 黄甫全，王本陆. 现代教学论学程[M]. 北京：教育科学出版社，1998.

[15] 王本陆. 课程与教学论[M]. 北京：高等教育出版社，2004.

[16] 陈玉琨. 教育评价学[M]. 北京：人民教育出版社，1999.

[17] 余文森. 核心素养导向的课堂教学[M]. 上海：上海教育出版社，2017.

[18] 窦桂梅. 小学语文质量目标手册(6 年级上册)[M]. 成都：四川教育出版社，2010.

[19] 郝双才. 如何做一个智慧的思政课教师[M]. 北京：中国社会科学出版社，2022.

[20] 张聚成. 中学思想政治课教学策略的优化[M]. 沈阳：辽宁大学出版社，2022.

论文类:

[21] 韩震. 新编普通高中思想政治教材的理念与特点[J]. 课程•教材•教法，2020(01).

[22] 韩震. 中小学发挥思政课立德树人关键作用的路线图[J]. 思想政治课教学，2023(04).

[23] 陈亚军. 站在常识的大地上：哲学与常识关系刍议[J]. 哲学分析，2020(03).

[24] 宫敬才. 马克思逻辑与历史有机统一方法真相还原[J]. 现代哲学，2018(04).

[25] 陈友芳. 普通高中思想政治学业质量标准教学操作性转化的策略研究[J]. 课程•教材•教法，2023(11).

[26] 陈友芳，徐岚. 从定义到语言：思想政治课概念教学的转变——兼谈《经济与社会》教学[J]. 思想政治课教学，2020(03).

[27] 高德胜. 论小学《道德与法治》教材的"叙事思维"[J]. 课程·教材·教法，2019(06).

[28] 金梦兰. 历史主动精神的思政课教学价值[J]. 思想政治课教学，2022(07).

[29] 金梦兰. 论思政课话语的政治性、学理性和艺术性[J]. 思想政治课教学，2020(11).

[30] 李晓东. 中学思政课教学需要实现的两次"飞跃"[J]. 中国教师，2020(10).

[31] 郭戈. 要充分认识三科统编教材的重大意义[J]. 课程·教材·教法，2021(06).

[32] 王承玥. 创造性使用教材 构建活动型学科课程[J]. 思想政治课教学，2023(01).

[33] 马敏. 以史育人，以文化人：普通高中历史统编教材之我见[J]. 课程·教材·教法，2020(06).

[34] 刘粉莉. 依标用本育素养 旧貌新颜焕生机：新课标视域下现行教材使用策略[J]. 中学政治教学参考，2024(02).

[35] 齐刚，宋以生. 让思政课教学更加立体[J]. 思想政治课教学，2024(08).

[36] 庞君芳，朱永祥. 高中生理想信念教育状况的调查与建议[J]. 课程·教材·教法，2020(05).

[37] 章乐. 引导儿童生活的建构：小学《道德与法治》教材对教学的引领[J]. 中国教育学刊，2018(01).

[38] 姚小林. 呼应主题再认识 回转开悟增实效[J]. 中学政治教学参考，2024(09).

[39] 刘石成. 高质量思政课教学的优化设计[J]. 思想政治课教学，2024(03).

[40] 付有能. 普通高中思想政治教科书的活动设计及其教学实施[J]. 课程·教材·教法，2021(05).

[41] 徐芝路，刘敏. 用好教材栏目 探索原创命题[J]. 中学政治教学参考，2024(10).

[42] 陈春芳，方拥香. "主题——议题——问题"的教学模式构建[J]. 思想政治课教学，2023(06).

[43] 周增为，杨兰. 基于核心素养的课程目标一体化设计：《义务教育道德与法治课程标准(2022 年版)》课程目标解读[J]. 课程·教材·教法，2022(09).

[44] 吴玉军，魏立诚. 中国共产党人精神谱系视域下的革命英雄进思政课程教材研究[J]. 课程·教材·教法，2023(05).

[45] 冯诗诗. 深挖学生素材 启迪思想智慧[J]. 中学政治教学参考，2024(10).

[46] 刘粉莉. 学科思维的表现性评价设计与操作[J]. 中学政治教学参考，2024(30).

[47] 吴荣华. 优化问题设计 践行深度教学[J]. 思想政治课教学，2024(05).

[48] 杨兰，吴晓云. 思政课教师对统编教科书的理解与使用：基于全国调研数据的分析[J]. 课程·教材·教法，2023(12).

[49] 李俊英. 思政课"行走课堂"的内涵、价值与实施[J]. 中学政治教学参考，2024(41).

[50] 许大成. 基于统编教材使用的思政课教学改进[J]. 思想政治课教学，2020(02).

[51] 程训岭. 精准设计教学活动的四个维度[J]. 中学政治教学参考，2024(46).

[52] 张良. 重大主题教育如何融入中小学课程[J]. 课程·教材·教法，2024(04).

[53] 马福运，范俊萌. 学生眼中的"大思政课"：价值意蕴、现实境遇及建设思路[J]. 课程·教材·教法，2024(06).

[54] 杨亮. "举一致用"的大概念教学框架设计[J]. 思想政治课教学，2023(03).

[55] 高海军. 从"教材"到"学材"：统编教材的应然转向[J]. 中学政治教学参考，2023(25).

[56] 李勤. 简实教学从研读教材起步[J]. 思想政治课教学，2020(07).

[57] 武小东. 践行教育家精神 勇担育人新使命[J]. 中学政治教学参考，2024(13).

[58] 鲁国富. 一节"没有完成教学任务"的公开课[J]. 思想政治课教学，2020(09).

[59] 黄琳琳. 提升幸福力：初中思政课教学的应有之义[J]. 中学政治教学参考，2024(06).

[60] 胡邦霞. "简约本真"的思政课教学构建[J]. 思想政治课教学，2021(02).

[61] 陈斌. 项目化学习视角下思政课"点线面体"教学[J]. 中学政治教学参考，2022(10).

报纸类：

[62] 本报记者靳晓燕. 编好三科教材 培育时代新人：教育部教材局负责人就普通高中三科教材统编工作答记者问[N]. 光明日报，2019-08-28(06).

[63] 习近平在山西考察工作时强调：扎扎实实做好改革发展稳定各项工作 为党的十九大胜利召开营造良好环境[N]. 人民日报，2017-06-24(01).

[64] 习近平在山西考察时强调：全面建成小康社会 乘势而上书写新时代中国特色社会主义新篇章[N]. 人民日报，2020-05-13(01).

[65] 习近平春节前夕赴山西看望慰问基层干部群众[N]. 人民日报，2022-01-28(01).

[66] 中共中央 国务院关于弘扬教育家精神加强新时代高素质专业化教师队伍建设的意见[N]. 人民日报，2024-08-27(01).

后　记

　　2022 年，拙著《如何做一个智慧的思政课教师》由中国社会科学出版社出版发行。该书以思想政治课教学瓶颈问题为抓手，分别对思想政治课的学科性质、课标意识、破题立意、语言转换、教学设计、课程资源、教学模式、课堂生成等问题进行了针对性分析，阐明逻辑事理，提出具体对策，对提升思政课教师教学智慧进行了尝试性探讨。该书自出版以来，虽然社会反响良好，但我总觉得意犹未尽，有些想说的话还没有表达，有些想做的事还没有付诸实践。

　　有了要表达的想法，于是我就把听课的二三十个笔记本都拿出来，摆在桌子上，看看教师在教学中存在的共性问题有哪些。首先映入眼帘的是板书不规范的问题，其次是语病问题，之后分别是导入问题、结尾问题、案例选择问题等。当细细品味笔记本中的"标注"时，我忽然发现，原来最大的问题是分析教学内容不深不透，即学科素养与教学能力的问题。这个问题涉及一连串的相关教学问题，如教学目标、教学主题、学生学情、教学策略、教学设计、教学流程、教学反思等。这么多教学问题，若要写，究竟从何入手呢？确实使人犯难。如果从教学技能方面来写，一是微格教学的多种教材已经包含了这方面内容，二是无法覆盖存在的众多学科素养与教学能力问题；如果从学科或教材建构的体例来写，有的已经在《如何做一个智慧的思政课教师》一书中表达得非常清晰，再写就显得多余了。我左思右想，不得其法，想征求一下好友的意见，没承想，被泼了一盆冷水："谁不是教了三四十年的书，就你的想法好！"随之产生了放弃的念头。

　　过了一个时段之后，又有了重新探究这个课题的想法。究竟是什么力量促使我鼓起勇气的呢？原因有三个。

　　第一，学生的鼓励。去年一位毕业生来看望我，我们聊起了他的学校生活和上课情景，他还给我看了两张我上课时学生偷拍的照片。最后，他提到了自己博士毕业后的就业去向，尤其是刚成为教师时应该注意的事项。就注意的问题，我讲了很多事项和一些技能技巧，并随口说道："本来想写一本此类的书。"学生马上说："老师，写吧！这本书出版肯定很有价值。"我不自觉地就答应了。既然答应了学生，就不能食言，于是我开始重新思考这个问题。

　　第二，学生反馈信息的鞭策。目前，毕业生的就业压力很大，行话就叫"内卷很严重"。我校学科教学(思政)专业每年招收的研究生有二十名左右，我主要讲授"思政学科前沿问题研究"和"微格教学"两门课程。前者属于理论类课程，后者属于实践类课程。代课时我尽心尽力，给学生提出明确的希望达到的应然目标，清楚地指出学生在教学中存在的问题并要求他们改正。像所有教师一样，我把想到的都讲了，能指出的都要求了。没想到，学生在应聘时给了我一些意外的信息："老师，我面试后成绩第一。应聘的学生都说我是代过三年课的教师。微格教学太有用了。""老师，这次应聘招 14 人，笔试时我排名第 12，入围了。面试后我成了第 4 名，逆袭了 8 名。您的课讲得太好了。""老师，我逆袭了 5 名，现在排名第 2，入围了。谢谢您！谢谢您的课！"这些反馈信息，既是对我的肯定，使我倍感欣慰，认识到自己已有教学经验的价值；也是对我的鞭策，激励我把这些有益的教学经验分享给更多的思政课教师。这样，就有了初步的写作主题——思政课教师教学导引。

第三，刀郎给自己压担子的触动。大家都知道，刀郎于 2023 年 7 月 19 日发行音乐专辑《山歌寥哉》，2023 年 8 月 16 日入驻抖音号和视频号，定期发布自己的音乐作品。正当歌迷们欣赏这场音乐盛宴时，2023 年 12 月 6 日，刀郎突然宣布暂时停更。他是这样说的："向大家请个假，我要暂时停止更新音乐视频了，这个时间最短的话是一年，长则两年或者三年。"为了完成继《弹词话本》《山歌寥哉》之后的另外一张专辑，刀郎需要大量的时间去做田野工作，去积累、去思考，"特别是趁现在脑子还算清爽、能写，还有创作的激情，身体还行，还能有足够的精力到处去走走看看，所以我还想给自己施加一副担子，希望还能有更进一步的进步空间"。这段话对我的触动很大。刀郎有大钱赚却不赚，还要给自己压担子，这是只有有音乐情怀境界的人才能做到的。这直接催生了我更大的教育情怀和更高的教育境界，我一定要完成此项任务，使思政课教师少走些弯路，尽快成长与提高。

确定了写作主题和坚定了写作态度之后，接下来就是怎样写的问题。既然从教学技能和学科建构体例入手都不可取，而且要涵盖思政课教师众多的学科素养与教学能力，那么，我们换一个思路，从"教学设计表格形式"所包含的内容入手，结果豁然开朗。现在目录中的 12 个章节就是按照此内容要求排序的。其中，第一章"选择恰当的讲课题目"和第十二章"转向主题性说课"虽不属于教学设计的内容，但它们非常重要。为了使本书内容更加完整，不留遗憾，我把它们分别放在最前和最后的章节，这就像是给教学设计戴上了帽子、穿上了靴子。第七章"创造性地使用统编教材"、第八章"教学明线与暗线交相辉映"、第九章"设计妥帖的教学议题"是从第六章"妙设完美的教学流程"另立出来的。其实，教学流程的内容不仅仅是这三个方面，应该还有其他多个内容，如案例教学、项目式教学、辨析式教学等。"思想政治课学习方式一体化研究"是思想政治学科一个非常重要的内容，本来应该在《如何做一个智慧的思政课教师》一书中出现，但由于当时编辑已经三校完成，无法增加和更改内容，故而放在本书的附录中。整体上看，这样的谋篇布局有所取舍，涵盖了思政课教师的学科素养与教学能力存在的主要问题，并进行了有针对性的分析和挖掘，具有一定的逻辑性、系统性和完整性。同时，既然是思政课教师教学导引，就要让教师一看就能明白教学的机理，一学就能掌握其中的要领。而要达到这个目标，就必须写得深入浅出、有理有据，即思想深邃而语言通俗，内容前卫而表达简洁，理论深刻而课例明晰。因此，在写作时，尽量少用一些引号，少让"他"说，而著者要多说，笔记中的"标注"要多说；少一些过多的理论阐释，多一些经典的案例剖析；少一些抽象的拐弯抹角的表达，多一些直截了当、开门见山的叙事。这样的逻辑思路和表达风格，能够使思政课教师掌握分析教学问题的具体方法，直抵教学问题的本质，从而举一反三，触类旁通。

本书是高师院校大中小学思政课一体化建设研究 [山西省哲学社会科学重点马克思主义学院建设专项课题(2024MZ011)]、一体化推进习近平总书记对山西工作的重要讲话重要指示精神"三进"研究[山西省哲学社会科学规划课题(年度一般课题——基础研究)(2023YJ112)]、山西省红色文化资源融入思政课教育教学研究[山西省高等学校教学改革创新项目(思想政治理论课)(2021JGSZ02)]等的阶段性研究成果。本书的出版得到了太原师范学院马克思主义学院的积极指导和大力资助，谨致诚挚的谢意！同时，本书在编写的过程中，参考了一些相关的著作和论文，没有一一注释，敬请作者谅解！承蒙石伟老师厚爱，他和清华大学出版社的其他老师为本书的出版付出了辛勤的劳动，在此表示衷心的感谢！

限于作者水平，本书难免有不妥之处，敬请读者批评、指正！

郝双才

2024 年 9 月 25 日